高职高专“十二五”规划教材·公共基础类

大学生安全知识手册

主　编　刘碧堂　冷晓海
副主编　谭酬志　王义林
王春泉　吴兴林

西北工業大學出版社

【内容简介】“大学生安全教育”为高职高专各专业公共基础课程之一。本书共分13章，从人身财产安全、消防安全、交通安全、网络安全、生活安全、心理健康与安全、遵纪守法、高校周边安全、防自然灾害、大学生外出旅游安全、突发公共事件安全、急救技能和常识等方面，较为全面、系统地向大学生介绍了有关法律、法规和安全知识，旨在提高大学生的安全防范意识和自我保护能力，为大学生顺利完成学业以及毕业后走向社会、报效祖国提供安全保障。全书集理论性、知识性、实用性于一体，文字通俗易懂，适合在校大学生阅读和学习。

本书可作为高职高专安全教育方面的教学用书，也可作为社会安全教育培训机构的教材或参考用书。

图书再版编目（CIP）数据

大学生安全知识手册/刘碧堂、冷晓海主编. —西安：西北工业大学出版社，2014.8
高职高专“十二五”规划教材. 公共基础类
ISBN 978-7-5612-4091-5

Ⅰ.①大… Ⅱ.①刘… ②冷… Ⅲ.①大学生—安全教育—高等职业教育—教材
Ⅳ.①G645.5

中国版本图书馆CIP数据核字（2014）第193936号

出版发行： 西北工业大学出版社
通信地址： 西安市友谊西路127号　　邮编：710072
电　　话：（029）88493844　88491757
网　　址： www.nwpup.com
印 刷 者： 北京合众伟业印刷有限公司
开　　本： 787 mm×1 092 mm　1/16
印　　张： 13.5
字　　数： 326千字
版　　次： 2014年8月第1版　　2014年8月第1次印刷
定　　价： 26.00元

前　言

近年来大学生安全问题越来越引起学校和社会的关注和重视，增强大学生的安全意识，提高大学生的安全防范能力，是一项紧迫的任务。大学生是祖国的未来，民族的希望，能够平安、顺利地完成学业，是大学生健康成才、从校园走向社会的重要条件，也是建设和谐校园的必然要求。

大学生在校期间不仅要学习科学文化知识，提高实践能力，更要提高综合素质，实现全面发展。掌握丰富的安全知识和安全技能，是大学生综合素质的重要体现。每一名大学生都应该熟悉身边环境里的各类风险，知道如何避免危险的发生，遇到危险能够从容应对，在危难之中懂得保护自己和救助他人，而这些知识都需要通过学习才能更好地被掌握。

“大学生安全教育”为高职高专各专业公共基础课程之一。本书是面向大学生的安全教育教材，全书共分 13 章，从人身财产安全、消防安全、交通安全、网络安全、生活安全、心理健康与安全、遵纪守法、高校周边安全、防自然灾害、大学生外出旅游安全、突发公共事件安全、急救技能和常识等方面，较为全面、系统地向大学生介绍了有关法律、法规和安全知识，旨在提高大学生的安全防范意识和自我保护能力，为大学生顺利完成学业以及毕业后走向社会、报效祖国提供安全保障。全书集理论性、知识性、实用性于一体，文字通俗易懂，适合在校大学生阅读和学习。

本书既可作为高职高专安全教育方面的教学用书，也可作为社会安全教育培训机构的教材或参考用书。

本书由江西生物科技职业学院刘碧堂、冷晓海担任主编，谭酬志、王义林、王春泉、吴兴林担任副主编，魏玲、罗虹、韩莹莹、曾妍参加编写。

在本书编写过程中，参阅了国内外大量的专业书籍，在此对相关作者表示感谢。

由于水平所限，书中难免有疏漏之处，恳请广大读者批评指正。

编　者

2014 年 5 月

目　录

第一章 绪论

案例引导

2005年，全国高校保卫学会对13个省、自治区、直辖市76所高校的调查报告显示，1999年至2000年，高校校园内共发生各类案件9 278起，非正常死亡164人。其中北京、南京、武汉、重庆4个地区的院校中被歹徒杀害的教授、学生有16人。有关部门统计：近年来高校每年非正常死亡学生人数约占学生总数的万分之0.5，以1999年为例，700多万在校大学生中有3 000名以上非正常死亡。至于失窃现象，近年来以单车、书包、手机、钱包为热点的话题比比皆是。学生失窃后情绪受到影响，家长怨声载道，同学间关系产生隔阂。严峻的社会治安状况直接影响到高校校园安全。然而，目前校园的安全管理工作也存在着不可忽视的隐患：高校保卫工作无执法权；目前全国高校校园基本上呈开放式，校内成了老人晨练的场地、青年人打球的场所、小孩子活动的“公园”、商务人员推销的“大商场”、书店的“流动站”、电信的售卖点、外来人员参观的“博物馆”，严重影响教学、科研和办公秩序；高校均缺乏处置突发事件的能力。

第一节　高校安全管理现状

大学时代是人一生中最为活跃的时期，所以大学校园总是充满着朝气和活力。但是高校并非“世外桃源”，与现实社会无时无刻不在发生着各种各样的联系，在静谧和欢乐的校园中也存在着许多大学生必须时刻关注的安全问题，或是潜在的，或是明显的，或是因无知造成的，或是由明知故犯带来的。如果高校对安全管理不给予充分的重视，那么将会导致惨痛的结果。我国高等教育事业的快速发展为大学生成长、成才创造了良好的机遇和条件。广大青年学生在大学里学习知识、增长才干、完善自我，毕业后步入社会，为国家经济和社会发展做出贡献。大学生的人身、财产安全和身心健康，是大学生在校学习、生活的基本保障，也是大学生成长、成才的先决条件。如果一名大学生因为各种安全事故或违法犯罪案件，造成生命凋零、身体残疾，或是身陷囹圄、学业荒废，不仅个人的遭遇令人感到痛惜和遗憾，也是国家和社会的极大损失。

一、高校安全管理面临新的挑战

近几年来，我国高校规模扩大、人数急剧增加、内部管理体制改革进程逐步深化、学生心理健康状况欠佳以及高校本身的安全教育管理滞后等新情况，给高校安全管理带来了新的挑战。

由于高校规模的扩大，建设新校区和多校区办学已成为普遍现象，有的高校包括二级学院在内，校区多达六七个，学生人数急剧增加。1999年至2002年我国高校每年都是以32%的幅度扩大招生，2006年普通高等学校计划招生人数更是达到了570万。尊重人才、崇尚科学已成为全社会的共识，自考生、函授生及各类培训人员络绎不绝。高校真是“车如流水马如龙”。在新形势下，高校的扩大规模是必要的，顺应了国民经济的发展，顺应了日益增长的对高等教育的需求，也为高校整合教育资源、提高办学效率、增强竞争优势起到了积极作用，但同时也给高校的安全管理工作带来了新的压力。尤其是有些高校新校区建在城乡接合部，周边环境复杂，给安全管理带来新的问题。

随着规模的扩大，各种贵重器材也在不断增加。仅以电化教育设施为例，多媒体设施及相应的各类电视机、录像机、投影机、摄像机、编辑机等设备价值成百上千万元。且师生手中的手机、收录机、MP3、照相机、笔记本电脑、单车等，都有很高的拥有量；随身携带现金、有价证券的也越来越多。这些东西体积小、价值高，犯罪分子行窃容易得手，销赃又易出手，已成为盗窃作案的重要目标。有些盗窃团伙，甚至在学校附近租赁住房，建立据点，专以偷盗学校和师生财产为业。

二、高校内部体制改革带来新的安全问题

随着高等教育体制改革的深入，尤其是在高校后勤管理社会化改革全面启动以后，高校逐渐打破了长期以来形成的封闭、半封闭状态，对社会实现全方位开放。这种开放对高等教育走上“学校办教育，社会办学校”的良性发展具有积极影响。学校后勤管理部门与学校管理系统剥离成立后勤实体，原来的高校后勤管理者转变为经营者，行政性服务转化为企业化运作，改革后的后勤集团在管理水平和服务质量上有了很大提高。但后勤管理服务社会化以后也产生了一系列的问题，给安全管理带来隐忧。首先，大量外来人员在校内打工，增加了校内工作人员的数量，给安全管理带来难度。这些打工人员整体素质不高，法纪观念不强，行为习惯不好，安全文化知识甚至日常安全常识缺乏。加之流动性大，和校内职工甚至领导有千丝万缕的联系，不易管理。校园内经常发生的集团盗窃、打群架、群体性卫生安全事故等，往往和这些人员有关。其次，高校后勤化改革在我国是新生事物，后勤集团服务范围的扩展和质量的提高需要一个渐进的摸索的过程。因此，在后勤集团所能提供的服务和学生的要求之间往往存在一定的差距，后勤集团和大学生之间的矛盾、摩擦、冲突乃至法律纠纷也在一定程度上有所增加，从而为高校安全管理带来了新的问题。

三、高校学生心理健康状况欠佳给高校安全带来新的冲击

当前的高校学生中独生子女多。这些独生子女虽然有他们多方面的优越性，但也存在不健康心理。比如他们往往自我意识强，唯我观念重，互助精神差，心理承受能力弱，独立生活能力低，等等，有不少学生心理成长跟不上生理成长的步伐。虽然他们已经是成年人，但其心理还处于儿童时期父母的监护状态之下，比较幼稚，也相当脆弱。

高校扩招，高校办学模式多样，常使学生入学分数参差不齐，学生整体素质下降，给高校安全带来不少冲击。目前中小学重智育，轻德育，“一好遮百丑”，忽视学生品德和健康心理的培养。这样的学生一进入大学，便缺乏面对生活的勇气和办法，往往一遇挫折就束手无策，轻则愁眉苦脸，唉声叹气，重则自暴自弃，甚至做出一些不合常理或违法乱纪的事。有的学生遇到学业、家庭、经济、就业、感情、荣誉等方面的问题时，就心态失衡，痛不欲生。如果得不到及时发现和疏导，就可能走上自杀、杀人等不归路。

此外，高校取消了考生的年龄限制，大学生群体的年龄差距加大，彼此之间的心理、生理差别增大，彼此之间的摩擦、纠纷就会增多。还有，在多民族地区和民族大学，多民族学生在一起，由于彼此民族习惯不同，也容易产生误解和矛盾。大学生和外界的接触增多，社会的不良风气以前所未有的方式侵害着他们。

互联网信息的泛滥和良莠并存考验着学生的道德水平、安全意识，学生的世界观、人生观、价值观、道德观都受到前所未有的冲击。

四、高校安全教育管理滞后跟不上形势发展的新要求

近几年高校安全管理的形势比较严峻。据资料介绍，北京市的大学生在 2004 年至 2005 年的两年时间里，大学生遭遇交通事故死亡 21 人。2005 年上半年大学校园内部发生火险 8 起，学生自杀 10 人。在该市大学所有案件中盗窃和诈骗案占 80%。

面对如此严峻的安全形势，为顺应社会对大学生素质要求不断提高的潮流，高校把工作重点仍然放在扩大学生知识面、优化知识结构、提高综合素质和毕业学生就业率等方面，而没有根据形势的新要求，适时调整工作思路，充实安全教育内容，加大安全管理力度。有的学校甚至对安全教育管理仍然处于麻木不仁的状态，“说起来重要，做起来次要，忙起来不要”。高校的安全保卫体制也存在运转不灵、反应迟钝的现象。治安保卫人员责任心不强，素质不高，审查不严，工作不力。部门间由于重视程度不同，认识不一致，难以做到密切配合，齐抓共管。

可见，现行的学生安全工作在许多方面跟不上形势发展的新要求。

第二节 高校安全问题的具体表现

虽然目前高校安全得到了高度重视并采取了诸多有效措施，但安全管理方面仍存在很大的漏洞，安全事件仍时有发生，一些安全管理问题需要长期关注和不懈努力。

一、消防安全管理问题

消防意识不强和管理还不够到位，学生在室内抽烟、擅自违规使用大功率电器；电器、电路存在老化问题，有可能造成短路起火，甚至酿成火灾。消防设施如消防器材、安全通道及标识等也都不同程度地存在配备不到位或不完善的问题。由于高校发展规模扩大，学生公寓多，学生聚居密度高，校园消防安全尤其是学生公寓和礼堂、会场、食堂、超市等人群聚集的公共场所的消防安全尤为重要。消防问题一旦发生重大事故，则后果不堪设想。尤其应该引起高度重视，精心防范。

二、交通安全管理问题

高校校园现在一般都面积较大，校内均有机动车道，客车、货车、小轿车、摩托车均有通行，不少高校出口处即为交通要道，学生采购物品、休闲或其他消费，常常出入校门时要穿越交通要道，若安全意识不强或管理设施不到位，也常常酿成严重交通事故甚至人员伤亡。

三、校园治安管理问题

校园治安问题可区分为校园内自身引发和校园外部力量进入导致两种类型。就校园内而言，高校大学生是来自于不同地区、不同民族并带有不同生活习惯与成长个性的青年，在平时的学习与生活中难免会因这些差异而引发矛盾，常因相互之间不能及时调和而引起冲突甚至升级为暴力事件。个别学生素质不高，物品失窃现象也会时有发生。这反映学校并未给予大学生必要的安全心理教育。就外力因素而言，由于高校的扩大与发展，学生人数的增多，学校也成了不法分子觊觎的对象，校外人员进入校园盗窃、行凶抢劫以及诈骗等刑事案件亦时有发生。学校的安全保卫工作有待进一步完善。

四、校园周边环境安全管理问题

现在的大学校园，尤其是新校区，大都建在城乡接合部，治安状况比较复杂。这不仅表现在校园周边有许多集散户，成分较为复杂，同时也是青年学生经常出入的地方。有些地方还有不少私营网吧、小饭店、个体的出租房等，这些地方常常发生与学生相关的安全事件。高校自身缺乏有力的解决措施。

五、由心理问题引发的安全问题

大学生进入大学前就经历了高中阶段的紧张学习和迎考,身心健康已经受到一定程度的影响。进入大学后，又面临着环境、学习、人际关系等方面一系列新的适应问题。面临着社会的、家庭的、经济的、学习的乃至今后就业预期的种种压力。个别身体健康状况较差、心理比较脆弱的同学，产生了严重的心理问题和精神障碍。有些大学生由于自身不能很好调适,又得不到外部关怀和及时疏导，而发展成为精神疾病患者，甚至发生轻生自杀或攻击他人等重大安全事件。对大学生的心理健康教育应引起各高校的重视。

六、因学校自身管理因素可能引发的安全问题

学校与学生的关系是一种管理与被管理的关系，也是一种服务和被服务的契约关系。现在的大学生，一般自我意识都比较强，依据法律进行自我保护的意识也比较强。同时他们也有不够成熟，理解和处理问题有时会比较片面或偏激的一面。学校在实施管理和服务的诸多方面都可能产生或引发安全问题。如公寓管理、水电供应安全、食品安全、餐饮供应的质量和价格以及各类教学、服务、教材收费，各类管理制度和管理措施的执行等，这些都可能引发校方与学生之间的纠纷、摩擦，如处理不当，亦可能产生安全问题，甚至酿成影响稳定的重大事件。此外，一些属于高校特点而拥有的放射源、剧毒化学药品、实验室的管理安全问题，也不容忽视。

第三节　解决高校安全管理问题的措施

一、校领导要高度重视安全管理，建立校园安全法规

校领导应该始终坚持把高校安全工作作为高校工作的一个重要方面，高度重视校园安全并

摆上重要的议事日程，要经常研究，切实抓好。要继续加强各项安全工作的制度化建设，建立健全涉及校园管理、公寓管理、公共设施管理、实验室及危险品安全管理、学生管理、大型活动管理、交通安全、消防安全、食品安全等一系列全面、系统的安全管理规章制度，规范校园的日常安全管理，使行政管理程序化。学生管理、教学、后勤等各部门要按照各自的分工各负其责，辅导员队伍、物业管理队伍应直接面对学生做好服务和管理工作。真正使安全管理横向到边，纵向到底，不留安全管理死角。不论发生什么安全问题，都有人问，有人管，而且要及时管，及时解决，进而形成高校安全工作的长效机制。

二、在校园内加强安全及普法宣传，使人人树立安全意识

高校人人树立安全意识，是保障高校安全的一项基础性工作。要通过多层次、多形式的安全宣传教育工作，使广大教职工和学生牢固树立安全意识。如开展交通安全、消防安全教育，开设安全讲座，播放交通安全、消防安全警示影片，宣传安全法律法规等。要广泛开展法制宣传，明确各自的权利和义务。引导师生认真学习了解学校的各项规章制度，学习一些国家有关的法律知识和日常生活安全急救措施，并学会运用它们来帮助别人和保护自己。这些不仅可以确实保护自身的安全，还可以尽可能在第一时间救助他人。还要组织师生员工进行防火安全、应急疏散、火场逃生自救等方面的知识和技能培训和应急疏散方面的演练。

三、大力加强安全意识教育，培养学生自护能力

大学生面临一个新的环境，社会阅历较浅，缺乏应有的安全知识、法律知识，安全防范意识较差。这些客观的现实，以及少数大学生被非法侵害和参与违法犯罪的教训，提醒我们，必须重视并做好对大学生的安全教育。要通过上法律课、安全课以及入学安全教育等各种形式，向全体学生普及法律知识，传输安全知识，增强全体学生的自我防范、自我保护能力，增强全体学生的遵纪守法观念，从而提高全体学生的整体素质，使学生关心校园治安，积极参加校园治安综合治理，为改善校园治安环境和治安秩序贡献自己的力量。

四、加大投入，落实必要的物防、技防措施

保障高校安全，要有一定的投入。所谓花钱买平安，是必要的。在现阶段，一些传统的安全措施，如高校围墙、公寓低层的防护窗等仍是必要的。道路交通中的标志、减速装置，消防设施和器材等的投入也是必要的。校内各建筑设施务必消防达标，并经验收合格。要完善实验室的安全管理措施，确保实验室安全。还要逐步加大如监控等的技防投入。这些都是保障高校

安全的物质基础。

五、加强心理健康教育，保障大学生安全健康成长

从高校现实情况看，所发生的一些非正常死亡事件，甚至一些高校发生的恶性案件，有相当一部分与学生心理疾病有关。因此，要十分关注学生心理健康。尤其对通过测试已经了解到的有严重心理障碍的人群，要给予特别关注。要通过建立心理咨询中心，分析心理障碍存在的根源，适时做好心理调适，以走出心理误区，减轻心灵的重负。要帮助学生“减压”并消除心理挫折，真正达到心态的和谐。在日常的教学中，教师要积极参与到学生的学习活动中，帮助学生解决疑难问题，并对学生的思想状况给予积极健康的引导，注重培养与学生的亲和力，认真学习“八荣八耻”，培养正确的人生价值观，使校园形成一种荣辱与共、健康向上的奋进精神和以人为本、团结协作的亲和氛围，最大限度地减少矛盾与冲突。

六、加大宣传力度，共同创造安全健康的外部社会环境

剖析诸多校园伤害事故案例，会发现其中的校园安全暴力、非法出版物、伪劣用品等因素都是一些社会问题的反映。因此，解决学生安全问题，应该从解决社会问题入手。学生安全健康问题，是一个系统工程，必须进行综合治理。目前的紧要任务首先应是建立社会各界联动机制，形成学校、社会、家庭共同参与的学生安全防御体系。比如，公安、交通、工商、卫生防疫与教育部门共同维护学校及周边地区的治安消防、交通、市场经营秩序和食品卫生安全，消除各种安全隐患，时刻关注学生们的健康成长环境。

第二章　人身财产安全

案例引导

某校学生宿舍住有6个刚入学的学生，6个人在互做自我介绍之后将各自姓名、籍贯都张贴在门上，不想却引发一桩“同乡诈骗案”。

一天中午，一个20来岁的人前来，直呼室内一个山东籍学生陈某的名字，自称是本校三年级同专业的学生，也是山东人氏，陈某以为异地遇见老乡，十分高兴，同室其他人也为之庆幸。略事寒暄，来人提出因住院需借一点钱，并说“在家靠父母，出外靠朋友”。陈某一听慷慨应诺，随即掏出200元。该人激动地表示“真是人不亲土亲，如不嫌弃愿交个朋友”，说罢，立下借据。事后，陈某找遍校园，也找不到这个“老乡”。一年后那个主动上门认老乡的家伙被公安机关抓获后才知道是个专门诈骗的流窜分子。

作为在校大学生，大多数人都喜欢交朋友。诚然，多个朋友多条路，但是，交朋友切不可一味地跟着感觉走，交朋友既要热情诚恳，又要谨慎有余，要时刻保持清醒的头脑，切忌感情战胜理智。遇到问题要多问几个为什么？怎么办？

以上案例所提到的上当受骗的大学生皆是由于缺乏防骗知识，警惕性不高而造成的，大学生要从中吸取深刻教训。

第一节　人身非法侵害及其预防

一、人身非法侵害的常见类型

（一）危及生命安全的非法侵害

据统计，高校中发生的危及生命安全的非法侵害主要有以下几种类型。

(1) 酗酒后斗殴杀人。校内外人员或者大学生酗酒后，失去理智，由打架斗殴导致大学生被杀害。

(2) 失恋后不能正确对待，报复行凶杀人。极个别大学生不能正确对待失恋，恋爱失败，反目成仇，采取了杀人的极端行为。

(3) 网上交友不慎引来杀身之祸。有的学生上网交友采取了不慎重的态度，没有深入了解对方便亲密接触，结果引来杀身之祸。

(4) 夜深单独去治安复杂地区被歹徒杀害。大学生尤其是女大学生夜间单独行动，具有一定的人身危险。

(5) 内部矛盾处置不当酿成伤害致死。大学生之间在一起共同生活，难免发生各种矛盾。对矛盾处置不当，激化而引起伤害致死案件。

(6) 缺乏警惕，在社会生活中遭遇坏人，受骗上当被害身亡。大学生在社会上，有的因为不重视安全，缺乏警惕被杀害。

(7) 涉及大学生被绑架后遭杀害、被精神病患者杀害等情况也有发生。

(二)人身健康非法伤害

人身健康非法伤害分为精神伤害和身体伤害。校园内的伤害案件时有发生，这些伤害案件给大学生的学习、生活带来了很大的负面影响。

1．校园非法滋扰对大学生造成的精神伤害

校园非法滋扰是指外部人员通过不同方式对校园内人员和校园内各种秩序的侵犯。一些行为不轨的人混入学校后到处闲逛，他们借一点点小事就会故意寻衅滋事，制造事端，谩骂甚至于威胁他人，常常把学校搅得鸡犬不宁。

所以，校园非法滋扰是对大学生的一种精神伤害。

2．打架斗殴等治安案件对大学生造成的人身伤害

(1) 打架斗殴在校园内时有发生，有社会人员和校内家属殴打大学生的，也有大学生之间互殴的。打架斗殴的原因很多，有的是喝酒过量，失去控制能力引起的；也有的是个人逞强，因琐碎小事引发的，而受害者往往是在校的大学生。

(2) 防范意识弱，晚间到偏僻地点活动，遭人身伤害。校园内外偏僻地点，特别是到了晚间，往往是不法之徒伺机作案的场所。这些地点容易发生伤害大学生的案件。

(3) 交友不慎，引狼入室，导致人身伤害。个别大学生，在社会活动中，结交一些朋友，在没有深入了解对方底细的情况下，便带进校内，最后发生矛盾被伤害。

(三)非法性侵害

在校园中，女大学生正值青春年华，但同时又缺少安全防范意识，她们成了犯罪分子性攻击的主要对象。校园内发生的性侵害严重危害女大学生人身安全，影响她们健康成长，对她们心理也造成极大的伤害。

有以下特征的女大学生易受到非法性侵害：作风轻浮、精神空虚、寻求刺激的；贪图钱财，对性诱惑抵制能力不强的；文静懦弱、自卫能力不强的；单独行动、孤立无援的。校园中性侵害案件的主要方式如下：

1．强迫的方式

主要是采取暴力手段或利用凶器进行威胁，对女生进行性侵害。暴力侵害的主体比较复杂，有的是社会上的犯罪分子，也有些是校园内部人员。这些人经常混入教学场所、女生宿舍楼或在校园偏僻处伺机作案，也有的本是以抢劫盗窃为目的，见女生过于软弱发展为强奸犯罪。

2．交友的方式

借交朋友的方式，向女方提出非分的要求。还有的是因恋爱关系破裂或单相思，走向极端，发展为暴力强奸。

3．骚扰的方式

这种方式主要是指社会上的非法人员结伙闯入校园，寻衅滋事，或是校内某些品行不端的人在变态心理的驱使下，对女生进行各种骚扰活动。一旦有机可乘，就会发展为强迫式性侵害。

4．胁迫的方式

这种方式主要是指某些心术不正，或是利用受害者有求于己的处境，或是抓住受害人的个人隐私、某些错误等作为把柄，进行要挟胁迫，使其就范。

5．社交引诱的方式

这种犯罪行为的主体多是受害人的相识者，与受害人有社会交往，利用机会或创造机会把正常的社交引向性犯罪。

6．欺骗的方式

这种方式主要是指男性用许诺、说大话、说谎话等手段骗取女生的信任，最后达到性侵害的目的。

（四）拐卖

拐卖是指不法分子以出卖为目的，利用欺骗、利诱等方法，使被侵害人轻信后，置其于控制下，而后卖掉赚钱的行为。

大学生作为高智商的人，被拐卖的问题却屡屡发生。究其原因，有的是因为想找个好工作，轻信人贩子能给自己安排一份好工作的许诺上当被拐卖；有的是因缺乏生活常识，失去警惕喝了人贩子下有迷魂药的饮料，在不清醒状态下被拐卖；有的因交朋友上当被拐卖；有的因想占便宜，轻信人贩子丰厚利益许诺被拐卖等。在被拐卖的大学生中，有本科生，也有研究生，确实发人深省。

1．女大学生被拐卖的原因分析

个别女大学生之所以会轻易被人贩子得手拐卖，除了不法分子的狡猾外，就女大学生自身的原因看，主要有以下几点：

(1) 缺乏社会经验。对于人贩子设计的一个个光环、各种假象，不能有效辨别，及时识破。

(2) 缺乏警惕性。对初识者或陌生人轻易相信，思想上失去防线。

(3) 有想占便宜的思想。当人贩子以利益等许诺时，经不住诱惑而上当。

2. 人贩子惯用的拐卖伎俩

(1) 麻痹女大学生的思想警惕性，解除其思想防线。以花言巧语热情“帮助”或给小恩小惠，首先取得女大学生对其的好印象，消除戒备心理。

(2) 投其所好。以利益、名誉诱之，通过接触或事先了解，针对女大学生的思想和需要，投其所好，给以许诺，设法使其上钩。

(3) 假交朋友。

二、人身非法侵害的预防

人身安全是大学生赖以生存和完成学业的首要条件，是大学生最根本的安全。大学生要充分认识到预防人身侵害的重要性，不断提高防范意识，做好人身侵害的预防。

(一) 人身侵害恶性案件的预防

恶性案件的发生虽然有一定的突然性和偶然性，但如果大学生有一定的预防人身侵害的知识，防范意识强，措施到位，许多恶性案件是能够避免的。

1．大学生要提高预防恶性案件的意识

(1) 积极参加学校的安全教育，认真学习必要的安全知识，了解一些高校发生的恶性案件案例，提高自己的防范意识和能力。

(2) 正确认识发生在校内外的学生被害案件，从中吸取经验教训。

(3) 有社会责任感和公共道德，发现恶性案件的苗头或案件现场，要及时报案并积极协助公安机关和保卫部门破案。

2．预防恶性案件的主要原则

(1) 发现异常情况，及时采取措施。恶性案件的发生，往往是有先兆的。作案人在作案前，在精神上、行为上会出现一些异常情况。如果及时发现异常情况，并向学校老师、领导或保卫部门报告，采取预防措施，恶性案件在一定程度上是可以避免的。

(2) 及时制止恶性案件苗头的发展。有些恶性案件是由普通斗殴行为演变而成的。对同学因矛盾和纠纷发生的斗殴，应及时劝阻制止，控制案件的发展。

(3) 冷静、理智处理人际关系。有些恶性案件是因处理人际关系不善而激化的。大学生要学会正确处理人际关系，同学间提倡相互理解、忍让，冷静和理智。

(4) 努力提高自身的防范意识和防范能力。一些大学生被杀害，往往都和本人缺少防范意识和防范能力有关。女生夜晚单独去较偏僻的地方活动或晚间乘坐“黑出租车”等，很可能导致被伤害。如果同学们具备较高的防范意识和防范能力，一些恶性案件是可以避免的。

(二) 人身非法伤害案件的预防

(1) 提高防范意识，增强自我保护能力，晚间尽量不要到偏僻场所，外出时尽量结伴而行。

(2) 在公共场所要远离那些寻衅滋事的人员，遇到别人的挑衅，不予理睬，不感情用事；不为小事和他人发生纠纷，避免受到进一步的伤害；可以报告公安保卫部门。

(3) 要有法制观念，不做违法违纪的事，不侵害他人利益，不影响他人正常学习和休息。

(4) 交友慎重，应避免交一些“不三不四”的朋友，男女之间交朋友更应该谨慎。

(5) 克服老乡观念和哥们义气，不参加团伙，不参与打架斗殴，做文明的大学生。

(三) 性侵害的预防

女大学生预防性侵害，要从我做起，树立预防性侵害的意识，加强自防自卫。具体要做到以下几点：

(1) 夜间出行危险性大，因此要多走明亮、往来行人较多的大道；最好结伴而行，不要单独行走。

(2) 尽量少和陌生人交往，遇到陌生人纠缠要尽快摆脱。

(3) 在与异性朋友交往中，要有原则分寸，把握好尺度。

(4) 有的高校保卫部门提供对女生夜间校园内护送服务，如有需要可求助。

(四) 被拐卖的预防

(1) 保持思想上的警惕性。特别是独自一个人外出或活动时，任何情况下不要放松思想防线，遇事多问几个为什么。

(2) 不要有占便宜的思想。特别是无缘无故的利益突然降到你面前时，一些堂而皇之地“君子”向你许诺时，切忌莫轻信，坚信天上不会掉馅饼。

(3) 不要随便吃喝初识人的东西。

(4) 慎重交朋友。特别是对于对方的邀请，不要轻易应邀，一旦应邀时，最好能把自己去的地方、联系方式、大概回来的时间告知有关同学，做好预防。

第二节　高校侵财案件及其预防

一、高校侵财案件的主要形式

大学生校园内财产被侵犯的主要形式有盗窃、抢劫、抢夺和诈骗。

(一) 盗窃

盗窃是大学校园里的多发性案件，一般占高校中发生的刑事案件的 80%以上。

在大学里，大学生的以下三类物品容易被盗：一是现金、存折、汇款单和银行卡等。二是贵重物品。近来被盗的贵重物品是手机、笔记本电脑、数码相机等。需要指出的是，几十年来，自行车一直是盗窃的重点目标，被盗数量不断增长。三是衣物等生活用品或学习用品。

在大学校园里，学生宿舍、教室、图书馆、食堂、运动场馆等公共场所是学生财产容易被盗的重点场所。

1．盗窃分子盗窃大学生宿舍财产的主要手段

(1) 顺手牵羊。窃贼乘主人不备，将放在桌上、床上的笔记本电脑、钱包、手机、手表及电子词典、随身听等或将晾晒在阳台、走廊中的衣服偷走。

(2) 入室盗窃。窃贼撬门或翻窗入室，将贵重物品尽数盗走。

(3) 先窃钥匙，再盗物品。先设法窃取学生宿舍的钥匙，然后尾随学生认清他(她)的宿舍，再趁宿舍无人之际用钥匙开门，进行盗窃。

(4) 以虚假身份骗取信任后，进入学生宿舍，甚至住进学生宿舍，然后伺机盗窃。

2．盗窃分子在公共场所盗窃大学生财产的主要手段

(1) 顺手偷走。趁学生上厕所、借还书刊、购买饭菜等暂时离开教室、阅览室、餐厅座位之际，将学生留下的手机、书包、学习用品、衣物等偷走。

(2) 翻包偷兜。趁学生人包短时分离之机，或者趁学生在运动场所锻炼身体，衣物、书包放在场边之机，翻书包、掏衣兜，将其现金和贵重物品偷走。

(二) 抢劫和抢夺

抢劫和抢夺是大学生财产被侵犯的主要形式之一，也是危害大学生财产安全的主要违法犯罪行为。

据统计，2005 年 11 月至 2007 年 12 月，北京高校发生师生被抢劫案件 11 起。其中 2005 年 11 月至 12 月 1 起，2006 年 5 起，2007 年 5 起。按受害人划分，共 12 人受害。其中学生 11 人，教师 1 人；学生中男生 5 人，女生 6 人。按作案时间划分，发生在夜晚的 9 起，下午的 2 起。按作案地点划分，校内 7 起，校外 4 起。被抢劫的主要物品有现金、手机、笔记本电脑、首饰等。造成人身伤害的 6 人(学生)。

分析上述统计，可以概括出近年来涉及高校师生的抢劫案件有以下特点。

(1) 抢劫案件仍时有发生，甚至有入室抢劫案发生。

(2) 受害人多是学生，同时伴有人身伤害。

(3) 发案时间主要在夜晚，大多数发生在校园内。

(4) 被抢劫物品主要是现金、手机等。

(三) 诈骗

高校发生的诈骗案件的主要形式有：借熟人关系进行诈骗；以中介为名进行诈骗；以遇到某种祸事急需别人帮助的名义进行诈骗；还有的是先以小利取信，再行诈骗。诈骗的特点，是编造出种种谎言，制造出各种假象，骗取受害人的信任，在受害人同意的情况下，将受害人或者受害单位的公私财物非法占为己有。

最近，又出现了新的诈骗形式——用发短信的方法骗取银行卡持有人的钱财。这类案件，在我国大部分地区不断发生。据统计，2006 年和 2007 年，北京某高校发生涉及师生员工的银行卡异地消费、网上购物、中奖、承包工程等形式的诈骗案共计 20 起，涉及事主 20 余人，被骗现金 152 600 余元、手机 4 部。2007 年 10 月 15 日，北京某高校一教授接到其学生在外地意外正在抢救急需治疗费用的信息后即汇款 11 万元，事后发现被诈骗。

二、高校侵财案件的预防

大学生财产被侵犯，客观原因是犯罪分子的存在，并且实施了盗窃、抢劫、抢夺、诈骗等行为；主观原因是一些大学生缺乏防范意识，思想麻痹大意。

违法犯罪分子盗窃大学生财产之所以屡屡得手，主要是利用了学生保管现金和贵重物品上的一系列漏洞，一是现金、贵重物品常常放在明处，容易被偷窃；二是麻痹大意，放松警惕，被人拿走自己的现金、贵重物品、衣物时，往往不能及时发觉；三是离开宿舍时不锁门、不关窗，睡觉时不插门、不关窗，给犯罪分子以可乘之机。

大学生要增强个人财产得保护意识，要牢固树立防盗窃、防抢劫抢夺、防诈骗观念。大学校园时常有盗窃分子出入，他们的眼睛时时盯着缺乏经验的大学生。学生中也有个别品行不端，实施盗窃的人员。所以，一定要提高警惕，时时处处做好治安防范。

1．预防盗窃的方法

大学生要根据盗窃分子的作案规律有针对性地做好防范，不给犯罪分子以可乘之机。

(1) 妥善保存好现金、存折、汇款单和银行卡等。在宿舍里，上述物品不能放在桌上、床上等明处。现金最好的保管办法是存入银行，设好密码。银行卡、存款单据、汇款单据要与身份证、学生证等有效证件分开存放，妥善保管，防止同时被盗走。

(2) 保管好自己的贵重物品。手机、笔记本电脑和数码相机等不用时要放在抽屉、柜子里，并且锁好。寒暑假离校应托给可靠的人保管，不要放在宿舍里，防止被盗。

(3) 养成随手关窗、锁门的好习惯。离开宿舍时，即使时间很短，也要关好窗、锁好门、防止窃贼溜门窗实施盗窃。

(4) 在教室、图书馆学习及在食堂吃饭时，不要用书包占座位，不在书包里存放现金、贵重物品等，严防人包分离。

(5) 锻炼身体或到公共浴池去洗澡时，不携带贵重物品和现金。

(6) 做好自行车防盗。新车要安装坚固的车锁，存放在相对安全的场所；在公共场所将车存在存车处，不要随便乱放。

(7) 谨慎交友，不留陌生人员入住学生宿舍。

大学生还要注意不买赃车。买赃车是违法行为，而且还会助长盗贼的盗车行为。

2．预防抢劫和抢夺方法

(1) 外出时不要携带过多的现金和贵重物品，如果必须携带大宗现金或较多的贵重物品，应请同学随行，乘坐出租车。

(2) 财不外露，不向人炫耀自己的金钱和贵重物品，并应当将其妥善保存。

(3) 尽量不要夜深人静、午休时单独外出。

(4) 发现可疑人跟踪尾随，要提高警惕，可以大胆回头多盯对方几眼，或大叫熟人的名字，并立即向有人、有灯光的地方走。

(5) 当在路上的骑车人感到自行车骑不动时，要先抓牢车筐内的物品或背好包后，再下车查看，防止在下车查看车的瞬间车筐内的物品被抢。

(6) 出行在外，走路时尽量离机动车道、非机动车道远一点，书包挎在右侧，防止被歹徒飞车抢包。

3．预防诈骗的原则

(1) 要做到遇事不感情用事，不要被“哥们义气”所迷惑。社会上的一些骗子，有的组成团伙，雇佣一些老人、年轻妇女，租借小孩，编出种种落难的故事，专门骗取善良人的钱财，对此要小心分辨。

(2) 切忌贪小便宜。对于意外飞来到“横财”“好处”，特别是陌生人所许诺的利益，一定要深思，不动心。克制贪图便宜的心理，不要被诈骗分子所俘虏，自己的财产也才有安全保证。

(3) 对不了解的人，不可轻信，不可盲从。遇“财运”要多思考，分析其中是否有诈。

(4) 预防短信骗钱，关键是不要轻信虚假信息，遇事不慌乱。持有银行卡的人，收到陌生人发来的短信时，要保持警惕性，不要轻易相信，必须要核实。核实的方法是，打电话到银联或者发卡银行进行查询。查询电话：建行 95533，中行 95566，工行 95588，农行 95599，交行 95559，招行 95555，银联 95516。

三、发生侵财案件后的处置

1. 发生盗窃案件后的处置

发现宿舍财物被盗，头脑要冷静，不要急于入室查找自己丢失的物品。首先要保护好现场，任何人不要进入室内。其次，要马上报告学校保卫部门或公安机关，请他们来勘查现场。第三，配合公安保卫部门查破案件。如果发现存折、银行卡或汇款单失窃，要马上去银行、邮局挂失。

发现丢失贵重物品、自行车等，要及时向学校保卫部门报告，讲明丢失或被盗情况及有关物品的特征等。夜间遭遇入室盗贼，应沉着应对。如能力许可，可将犯罪嫌疑人制服，或报警求助。千万不能一时冲动，造成不必要的人身伤害。

2. 发生抢劫、抢夺时的处置

一般情况下，作案人员有备而来，并携带刀子等凶器。学生在既无思想准备，也无防卫工具的情况下，要保持足够的警惕，要尽力保护财物不被抢，更要保护自己的人身安全。在人员聚集地区遭到抢劫，应大声呼救，震慑犯罪分子，同时尽快报警；在僻静地方或无力抵抗的情况下，应放弃财物，保全人身，待处于安全状态时，尽快报警。面对被抢劫、抢夺时，要沉着冷静，尽量记住犯罪分子的体貌特征、所持凶器；如果犯罪分子逃跑，你应大声呼叫，请求周围群众协助捉拿，迫使其放弃所抢物品；同时要记住逃跑车辆特征、车牌号及逃跑方向。案件发生后，要尽快向公安机关报案，如果案件发生在校园里，也可向学校保卫部门报案。

3. 发现被诈骗时的处置

在校内发现受骗，要及时报告所在院系领导和学校保卫部门；在社会上受骗，要及时报告公安机关。要克服不愿报案的思想，不能因为顾虑自己受骗情况被公开，个人隐私可能被暴露而不报案。不去报案，骗子会抓住你的弱点继续向你施骗，或者继续危害社会。发现受骗后，还要注意保留相关证据，积极协助公安机关破案，最大限度地挽回损失。

第三节　大学生性侵害案件及其预防

一、发生在校园中的性侵害形式

1. 暴力式侵害

这主要是指侵害主体采取暴力手段、语言恫吓或利用凶器，进行威胁，对女同学实施性侵害的行为。暴力侵害的主体比较复杂，以社会上的犯罪分子混入校园进行强奸为目的，混入女生宿舍或校园内偏僻处伺机作案；也有的是以抢劫、盗窃为目的，见有机可乘或因受害人处置不当而发展为强奸犯罪；还有的是因恋爱关系破裂或单相思，走向极端，发展成为暴力强奸。这种方式对被侵害对象造成很大伤害，甚至死亡。

2. 流氓滋扰式侵害

这主要是指社会上的流氓结伙闯入校园，寻衅滋事，或是某些品行不端正人员在变态心理的驱使下，对女同学进行各种性骚扰。这些人对女同学的侵害方式，多为用下流语言调戏，以推拉撞摸占便宜，往身上扔烟头，做下流动作等。如在夜间，女同学孤立无援，或处置不当等情况下，也可能发展为暴力强奸或轮奸。

3. 胁迫式侵害

这主要是指某些心术不正者，或是利用受害人有求于已的处境，或是抓住受害人的个人隐私、某些错误等把柄，进行要挟、胁迫，使其就范。

4. 社交性强奸

这种犯罪行为的主体多是受害人的相识者。因同事、同学、师生、老乡、邻居等关系与受害者本有社会交往，却利用机会或创造机会把正常的社交引向性犯罪。受害人身心受到伤害后，往往还出于各种顾虑不敢揭发。

二、容易遭受性骚扰性侵害的时间和场所

1. 夏天是女大学生容易遭受性侵害的季节

夏天天气炎热，女生外出机会增多。夏天校园内绿树成荫，罪犯作案后容易藏身或逃脱。

同时，由于夏季气温比较高，女生衣着单薄，裸露部分较多，因而对异性的刺激增多。

女子防身术

2．夜晚是女大学生容易遭受性侵害的时间

夜晚易受性侵害是因为夜间光线暗，犯罪分子作案时不容易被人发现。所以，在夜间女大学生应尽量减少外出。

3．公共场所和僻静处所是女生容易遭受性侵害的地方

公共场所如教室、礼堂、舞池、溜冰场、游泳池、车站、码头、影院、宿舍、实验室等人多拥挤，不法分子常常乘机袭击女生；僻静之处如公园假山、树林深处、狭道小巷、楼顶晒台、没有路灯的街道楼边，尚未交付使用的新建筑内，下班后的电梯内，无人居住的小屋、陋室、茅棚等。若女生进入这些地方，由于人员稀少，极易遭受性侵害。

三、女大学生容易受性侵害的类型

在性犯罪中，凡女性，无论老幼都有被侵害的可能，而以16～29岁的女性为主要侵害目标。女大学生多数年龄在17～22岁之间，正是青春年华，在年龄、身体条件、社会经验等多方面都是犯罪分子首选的性侵害对象。从高校女生受到性侵害的实际情况来看，下面几种类型女学生易受攻击：

(1) 经常出入社会公共场所，装扮时髦，行为不羁的女生；

(2) 性格懦弱，胆小怕事的女生；

(3) 作风轻浮，胡乱交友的女生；

(4) 独处于学生教室、寝室、实验室、运动场或其他隐蔽场所的女生；

(5) 怀有隐私，容易被他人要挟的女生；

(6) 贪图钱财，贪图享受，缺乏观察识别能力的女生；

(7) 意志薄弱，难拒性诱惑以及精神空虚，无视法纪的女生；

(8) 夏季衣着单薄，裸露部分较多，曲线毕露的女生；

(9) 夜晚长时间、独自在室外活动的女生。

四、女大学生防止遭遇性侵害的注意事项

(1) 加强自我防范意识，增强法律观念，做到知法、用法。

(2) 不要轻易相信结识的朋友，更不要单独跟随新认识的人去陌生的地方。

(3) 培养坚强的意志品质和观察事物的能力，识别是非曲直，不要被花言巧语所蒙蔽。

(4) 住宿、出行，尽量结伴，时间、场所要正确选择，特别是约会要选择安全的环境。

(5) 正确处理与异性交往的尺度，不要接受超过一般的馈赠，对过分的举动要明确表明自己的反对态度。

五、女大学生遭遇性侵害时的处理办法

(1) 遇到性侵害时，首先要保持清醒的头脑，保持镇静，临危不惧。大义凛然、临危不乱的态度可以对罪犯起到震慑作用，使犯罪分子在心理上感到胆怯。

(2) 寻求适当机会和方式逃脱。例如可先假装同意，使犯罪分子放松警惕，然后趁他脱衣，使尽全力将他推倒，及时逃跑，并在逃跑时继续呼救。或者出其不意，猛击其阴部，使其丧失侵害能力，趁机逃脱。如果穿的是高跟皮鞋，还可以以此作为武器，当被犯罪分子推倒在地时，可用鞋尖猛击其头部或阴部，再趁机逃跑。

(3) 采取积极的防卫措施，利用身边的器物或日常生活用具防卫。当发生性侵害时，要想一想自己身上有无可以用作防卫的工具，如水果刀、指甲钳、发夹等，观察周围的环境有没有可以利用的器物，如棍棒、酒瓶、砖、刀械等，受到侵害时，可以用其击打犯罪分子要害部位，如头、眼睛、关节等部位，使其丧失侵害行为的能力，趁机逃跑。

(4) 遭遇陌生人侵害时，要努力记住犯罪分子的体貌特征，保护好现场及物证，及时报案。

六、女大学生宿舍应注意的安全问题

(1) 经常检查门窗。如发现门窗损坏，及时报告有关部门修理。

(2) 就寝前，要关好门窗，在天热时也不能例外，特别是住在一楼的女生，就寝时一定要关好门窗，拉好窗帘，防止他人偷看和入室作案。

(3) 在校外租房的女生尽量保证两人以上，随时关门，不要让陌生人进入室内。

(4) 女生宿舍内不要留宿异性，尽量避免单独和男子到宿舍会面。

(5) 住集体宿舍的女生，夜间上厕所，要格外小心。如厕所照明设备已坏，应带上电筒，上厕所前先仔细查看一下。有的犯罪嫌疑人事先躲藏在厕所里，利用女同学上厕所时伺机偷窥，甚至猥亵或强奸。

(6) 如有人敲门，要问清是谁再开门。如发现有人想撬门砸窗闯进来，一方面积极寻求救助，一方面努力寻找自卫的工具，做好反抗的准备。

(7) 节假日期间，其他同学回家，最好不要独自一人留宿。回宿舍就寝时，要留心门窗是否敞开，防止有犯罪分子潜伏待机作案。如遇异常情况，可请一、二位同学同时进去，以确保安全。

(8) 无论一人或多人在宿舍，当犯罪分子来侵害时，都要保持冷静，做到临危不惧，遇事而不乱。一方面求救，另一方面与犯罪分子作坚决斗争。

七、女大学生出行应注意的安全问题

(1) 夜间行走要保持警惕。要走灯光明亮、往来行人较多的大道。对于路边黑暗处要有戒备，最好结伴而行，不要单独行走。如果走校外陌生道路，要选择有路灯和行人较多的路线。

(2) 女大学生外出时，最好结伴而行，遇有陌生男子问路，不要带路；向陌生男人问路，不要让他带路。

(3) 不要穿过分暴露的衣衫和裙子，防止产生性诱惑，短裙过膝，上衣要包肩、不低胸、不露腰；不要穿行动不便的高跟鞋。

(4) 不要搭乘陌生人的机动车、人力车或自行车，防止落入坏人圈套。

(5) 遇到不怀好意的男人挑逗，要及时斥责，表现出自己应有的自信与刚强。如果碰上坏人，首先要高声呼救，假使四周无人，切莫慌张，要保持冷静，利用随身携带的物品，或就地取材进行自卫反抗，还可采取周旋、拖延时间的办法等待救援。

(6) 一旦不幸遭受侵害，不要丧失信心，要振作精神，鼓起勇气同犯罪分子做斗争。要尽量记住犯罪分子的外貌特征，如面貌、体型、语言、服饰以及特殊标记等等；要及时向公安机关报告，并提供证据和线索，协助公安保卫部门侦查破案。

第四节　传销活动及其预防

一、传销活动的危害

2005 年重庆市破获一起涉及全国 10 余个省市数十所高校的 2 000 多名大学生被骗参与传销活动的案件；2006 年 11 月福州市破获一起海归博士利用网络传销案，涉及金额达亿元。2006 年 9 月开始，南京某商贸有限公司以销售会员卡和项目合作等名义，收取 150～1 000 元不等的入门费，发展大学生从事传销活动，涉及南京 33 所高校 834 名大学生。2008 年 6 月 10 日，贵州一名大学生被 7 名犯罪嫌疑人结成的传销团伙通过互联网发布的招聘信息诱骗，因其未满足传销团伙的勒索要求被杀害分尸。

传销活动在大学校园的渗透应加以警惕。一些传销组织或人员，打着职业介绍、招聘兼职等幌子，利用同乡、同学、同宗、同好等关系，不择手段地利诱欺骗高校学生，学生上当受骗的情况时有发生，严重损害了学生身心健康，不同程度地影响了高校的和谐稳定，也扰乱了社会主义市场经济秩序。因此，传销也被一些学者冠以“经济邪教”之名。

二、传销与直销的区别

直销是指直销企业招募直销员，由直销员在固定营业场所之外向最终销售者推销产品的经销方式。

传销是指组织或者经营者发展人员，通过对被发展人员以其直接或者间接发展的人员数量或者销售业绩为依据计算和给付报酬，或者要求被发展人员以交纳一定费用(或购买某种商品或提供一定服务等)为条件取得加入资格等方式谋取非法利益，扰乱经济秩序，影响社会稳定的行为，俗称“拉人头”“老鼠会”等。

传销与直销在培训内容、组织模式、奖励机制等方面的区别虽不明显，但二者却有本质区别。直销企业均为合法注册，推销的是真正的产品，而传销组织或经营者无须注册，以拉人头方式推销三无产品，搞的是欺诈活动。

三、大学生参与传销的原因

1．经济因素

有的大学生家庭困难，有的大学生幻想一夜暴富，容易被传销组织和人员抛出的高额回报所欺骗。

警惕传销

2．就业创业因素

有的大学生急于找到理想的工作，有的大学生“建功立业”观念强烈，传销组织和人员打着“新一代改革者”“放下面子创业”“团队拼搏”等幌子，使大学生受骗、上当。

3．心理因素

传销者的“洗脑”和“亲情管理”在一定程度上满足了部分学生在校园和社会上无法实现的心理和情感需要。

4．社会阅历等因素

误入传销的多为20岁左右的年轻人，而大学生往往涉世未深，极易受骗。有的大学生理想信念缺乏，只用短期效益来衡量一件事情是否有益，易被传销者编织的财富谎言俘虏。

5．高校管理因素

高校一方面对传销的本质和危害的宣传力度不够，对学生的针对性和说服力不够强。另一方面对学生的行为管理有缺陷和漏洞，如考勤不严格等，使传销有可乘之机。

6．社会管理因素

工商行政管理机关对虚假广告的监管以及公安机关对传销案件的查处力度有待进一步加强。

四、严防传销进校园

1. 政府和社会预防

1998年国务院有关文件就规定了大学生、军人、公务人员均不得参加直销。2005年国务院同时颁布了《直销管理条例》和《禁止传销条例》。2007年教育部、公安部、国家工商行政管理总局联合发出《关于开展防止传销进校园工作的通知》，为打击传销提供了法律和政策依据。政府各级教育行政部门、公安机关、工商行政管理机关一手抓宣传教育和管理，一手抓严厉打击，同时密切配合解救受骗学生，落实“标本兼治，着力治本”的方针。

2. 学校预防

在高校广泛开展禁止传销宣传教育活动，使广大学生认清传销的违法犯罪性质、欺诈本质和严重危害，帮助学生提高识别能力，增强防范意识，自觉抵制传销。加强学校安全管理和学生管理，严禁任何传销组织及人员在校园内进行任何形式的宣传、蛊惑及诱骗活动。及时了解掌握学生思想动态，依托班级、社团、辅导员、班主任等引导学生自我教育、自我管理。针对寒暑假及学生开展社会实践等重点时段，加强对外出实习学生、毕业班学生等重点群体的教育和管理。

3. 学生自我预防

大学生应通过各种渠道了解传销的危害、防范传销的基本知识及打击传销的政策与法律法规，提高思想认识，增强识别传销的能力和防范传销欺诈的意识，并且通过学生群体的自我教育，相互提醒，把预防传销的客观要求转化为学生的自觉行动。

五、误入传销的应对措施

传销组织及传销人员不断变换手法，打着形形色色的旗号，挂羊头卖狗肉，骗钱害人。他们租用民房，化整为零，组建以“家庭”为基本单位的窝点，实行严格的内部管理，对新进入者进行“洗脑”，“灌输”致富理论，派人24小时陪护，在欺骗、劝诱的同时，还采取威胁、暴力、限制人身自由等手段使被骗者就范。

大学生如落入“传销陷阱”中，不要轻易与传销者发生冲突，不要不计后果地急于脱身，要想办法寻找机会安全逃离传销组织及其人员的控制，或伺机报警，等待政府有关部门的解救。总之要把保护好自己的人身安全放在第一位，不要因为交了“入门费”或者购买了物品等经济原因或者年轻气盛、头脑发热而意气用事，以免受到传销组织及其人员人身伤害；更不要一时想不开或急于逃脱而跳楼，以免自己受到意外伤害。

安全指南

校内安全注意事项

1. 不要将钱款、存折、手机等贵重物品随意乱放在教室、宿舍窗台、褥子、枕头或靠近窗户的桌上等处，应妥善存放在安全位置。钱款及时存入银行，存折、卡密码不要用出生年月和身份证号码。

2. 室内无人时必须关闭电源、锁好门窗，以防火灾或被盗。

3. 不要将门、箱锁的钥匙随意乱放，发现丢失应及时更换门、箱锁；门窗不安全时应及时报值班室整修加固。

4. 不要使用蜡烛等易燃物，不要私拉乱接电话线、电源线和电脑线，不要违章用电，禁止使用电炉子、热得快、电饭锅、酒精炉、煤气灶等，以免引起火灾。

5. 将毛毯、皮衣、西服、风衣等贵重衣物晾晒室外时，应注意看管，离开时及时收回；在窗台绳上晒衣物时要将衣物夹牢以免被风刮掉丢失。

6. 到教室、学习时，不要将现金、存折、手机等贵重物品放在书包内。离开时务必将书包带走。

7. 到餐厅就餐时不要用装有现金、手机等贵重物品的包占位，要看管好自己的物品。

8. 不要带现金、手机等贵重物品去浴室洗浴。

9. 不要将钱物和银行信用卡借给你不熟悉的人，不要将家庭住址、电话、父母姓名告诉他们，也不要跟不熟悉的人到校外活动，以免上当受骗。

10. 女生不要独自一人在教室。不要单独外出游玩或见网友。

11. 参加勤工助学活动要通过勤工助学指导中心介绍，注意自己人身安全，自己联系勤工助学活动要到勤工助学指导中心登记，将其真实住址、姓名、电话号码告诉院系老师备查，不要盲目接受上门或打电话来找家教、打工人员的请求。

12. 教学楼、宿舍楼走廊的应急灯、安全出口标志灯是保障同学人身安全的“救命灯”，请同学们关心爱护，千万不要拔掉电源插头，更不要将电源做他用。发现没插好电源请立即插好，保证有效使用。

13. 同学们要互相关心，共同搞好安全防范工作，发现宿舍被盗，请不要进屋触碰物品，保护好现场及时报警，发现可疑的人和事应立即报告校区保卫处。

延伸阅读

《人身及财产损害赔偿法规自助》

作者：法律出版社法规中心

出版社：法律出版社

目前侵权纠纷众多，纷繁复杂，人们在日常工作、生活中遇到权益受到损害的情形下，越来越倾向于依靠法律解决纠纷、维护自身权益。本书所涉内容基本涵盖了日常工作、生活的各个方面，为读者提供了全面的法律依据。同时，除收录了与本专题相关的法律、行政法规、部门规章及其他规范性文件外，还收录了最高人民法院发布的相关专题的典型案例，以有助于加强本书的实用性。

《财产的保护神——生活中你必须了解的50个物权法问题》

作者：赵英　郁林

出版社：法律出版社

这是一部关于人们如何确认自己的财产、支配自己的财产、保护自己的财产的图书。它从物权法中重点选择了与普通公民生活最相关联的50个问题，以实际案例为切入点，结合物权法的相关规定，对50个问题做出深入浅出的法律解析，并针对生活中可能遇到的麻烦和问题，对如何运用法律来预防纠纷、解决争议进行了简明扼要的提示，让读者在轻松阅读的同时，又能比较全面地了解到这部重要法律与自己的财产和生活相关的紧要之处。

《财产的神话》

作者：[美]克里斯特曼

译者：张绍宗

出版社：广西师范大学出版社

本书展示了有关分配公正的争论，围绕着对所有权结构的讨论，作者检讨了私有产权的传统概念，提出“拥有某物”意味着什么样的新理论——一种对于任何分配公正理论都有重要意义的理论。对于理解市场经济在社会主义国家中的确立，也别有启发。这种所有权的新观点，以新的眼光重新定位分配公正的平等主义原则，向那些反对大平等、力图保护财产所有权的批评家提出挑战。

第三章 消防安全

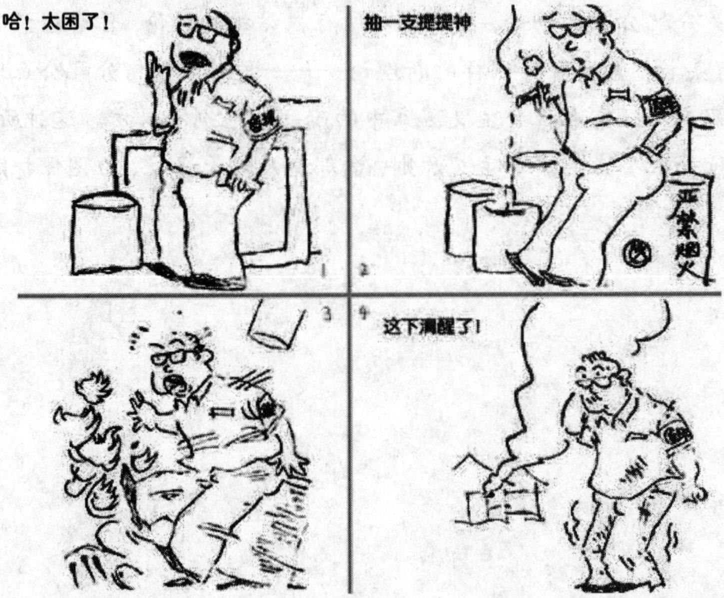

案例引导

2008 年 10 月 2 日晚 8 时 25 分许，某高校一学生公寓 301 宿舍发生一起火灾事故，致使配置给该宿舍使用的箱子架、物品柜等设施因火灾被损，另有价值 5 000 余元的学生个人财物被烧毁。经查，这起火灾事故是有学生违反学生公寓管理制度在宿舍内私自使用大功率电器时而造成的（寝室当时无人）。具体原因是：插在主接线板的电热杯放在箱子架顶层，水烧干后自燃，并引燃临近的易燃品，如箱子架上所放的书籍、衣物、被子等，最终酿成火灾事故。

第一节 火灾及其预防

一、火灾的种类及危害

火灾是指在时间和空间上失去控制的燃烧所造成的灾害。

火灾的种类主要是根据引起火灾的物质不同而划分。内部常见的火灾，大体可以分为以下六类。

1．气体火灾

它是从管道或其他设备中泄露出来的可燃气体，如煤气、天然气、液化气、乙炔等，遇火燃烧而引起的火灾。

2．液体（油品）火灾

它大多数是由贮罐或容器泄露出油品，如原油、煤油、汽油、苯、酒精等易燃、可燃液体遇火引起的火灾。

3．固体（可燃物）火灾

它是由普通建筑物、家具、木料、纸张、纤维、纺织品、涂漆物件、固体燃料等可燃物质失火引起的火灾。

4．电气火灾

它是由电气配线、电动机、变压器等电气设备使用的绝缘材料变质、漏电引起的火灾。

5．金属火灾及其他火灾

金属火灾是由镁、铝、钛、锆等具有燃烧性质的金属粉，遇到火源燃烧发生的火灾。

火灾具有极大的危害性。火灾可以给人类造成巨大的灾难和创伤。

二、发生火灾的主要原因

(1) 明火引燃。如在床上点蜡烛，吸烟者乱扔未熄灭的烟头和火柴等，在宿舍内焚烧杂物，在宿舍内使用煤气、液化气不当，使用煤油炉、汽油、酒精等易燃易爆物不当等。

(2) 乱拉乱接电线和保险丝，如因电线短路或接触不良发热而引起火灾；有的甚至用铜丝或铁丝代替保险丝，使电路过载发生故障时不能及时熔断而造成电线起火。

(3) 使用电器不当，如电灯泡靠近可燃物长时间烘烤起火；使用电热器无人监管而烤燃起火；长时间使用电器不检修，电线绝缘老化、漏电短路而起火等。

(4) 在宿舍使用大功率电器，高校宿舍内的线路是按日常照明等情况而设计的，如使用电炉、电饭煲、电热杯、热得快等电器常使电线过载发热而起火。

三、校园主要的消防隐患

(1) 普通教室课堂上进行的实验和演示需用火、用电或化学危险物品。

(2) 视听教室的演播室、电子计算机中心等部位所用吸音材料不少是可燃材料，并安装了碘钨灯和聚光灯等照明设备。

(3) 后勤维修用火用电多，同时还经常使用易燃液体。

(4) 实验室内贮有一定量的易燃易爆化学危险品，如使用和保管不当，极易引发火灾。另外，在实验进程中常用明火进行加热、蒸馏等实验操作，以及使用电热仪器时用电量过大等都可能出现危险。

(5) 学生宿舍、大教室、俱乐部、图书馆、食堂等人员集中的场所安全疏散出口不足，甚至被堵塞，一旦发生火灾，极易造成人员伤亡。

(6) 食堂、实验室、宿舍等场所用火用电量大，特别是食堂以煤气、液化石油气等作为燃料，极易发生爆炸起火事件。

(7) 有些学生不执行学校的安全规定，随意拉扯电源使用电炉做饭、电热杯或“热得快”烧水、电暖风或电热毯取暖、电熨斗熨烫衣物。有些学生使用酒精炉、煤油炉做饭，还有的夜间熄灯后点蜡烛看书，由于使用不当或无人看守而引起火灾。

四、火灾的预防

(1) 防止发生火灾的关键是做好火灾的预防。《中华人民共和国消防法》和各级政府、各级公安消防部门制定的消防条例和规定，以及学校的各项安全管理制度，是学生必须遵守的准则。这些法律、法规和安全管理制度，都是火灾事故教训的总结，要预防火灾，就必须认真学习掌握、严格执行、自觉遵守。

(2) 在教室、实验室、研究室学习和工作时，要严格遵照各项安全管理规定、操作规程和有关制度。使用仪器设备前，应认真检查电源、管线、火源、辅助仪器设备等情况，如放置是否妥当，对操作过程是否清楚等，做好准备工作以后再进行操作。使用完毕应认真进行清理，关闭电源、火源、气源、水源等，还应清除杂物和垃圾。涉及使用易燃易爆危险品时，一定要注意防火安全规定，按照规定一丝不苟地进行操作。

(3) 在宿舍，应自觉遵守宿舍安全管理规定，不在宿舍内吸烟；不乱拉乱接电线；不使用电炉、热得快、电热杯、电饭煲等学校禁止使用的电热设备；不在宿舍使用明火；不将易燃易爆物带进宿舍；使用台灯不要靠近枕头、被褥和蚊帐等；不在宿舍内焚烧物品；发现安全隐患及时向管理人员或有关部门报告；爱护消防设施和灭火器材，不随意移动或挪作他用；室内无人时，应关掉电器和电源开关等。这些似乎都是老生常谈，但却是防患未然的基本防火常识。

表 3-1 高校宿舍普遍安全隐患调查表

调查内容 \ 选项	存在隐患	不存在隐患	其他(说不清)
宿舍内是否存在私接电线的现象	71%	24%	5%
宿舍内是否存在不按时整理宿舍卫生的现象	67%	26%	7%
高温体附近是否有易燃物	37%	55%	8%
是否在睡觉前切断电源	46%	44%	10%
储存柜子门的四角是否有相应措施防止碰伤	39%	53%	8%
床梯是否坚固	82%	6%	2%
是否使用蚊香	43%	51%	6%
是否休息后叠好被子出门	51%	34%	5%
墙体上挂钩是否牢固	67%	34%	9%
床头架是否有采取相应措施防止物品从床头坠落至下铺	31%	64%	5%

第二节 发生火灾时的应对措施

一、灭火的基本方法

根据物质燃烧的原理，灭火的基本方法就是破坏燃烧必须具备的基本条件和燃烧反应过程所采取的一些措施。

1．冷却灭火法

就是根据可燃物质发生燃烧时必须达到一定温度的条件，将灭火剂直接喷洒在燃烧着的物件上，使可燃物的温度降低到燃点以下而停止燃烧。常用的方法有用水或用二氧化碳进行冷却灭火等。

2．隔离灭火法

就是根据发生燃烧必须具备可燃物质的条件，将燃烧物体与附近的可燃物隔离或疏散开而使燃烧停止。

3．窒息灭火法

就是根据燃烧需要足够空气的条件，采取适当措施，防止空气(氧)流入燃烧区，或者用惰性气体稀释空气中氧的含量，使燃烧物质因缺乏氧气而熄灭。

4．抑制灭火法

就是使灭火剂参与燃烧的连锁反应，使燃烧过程中产生的游离基消失，形成稳定分子或低活性的游离基而使燃烧反应停止。常用的方法有，“1211”“1202”干粉灭火器灭火。

采用哪种灭火方法，应根据燃烧物质的性质，燃烧的特点和火场的具体情况而定。

二、发生火灾时的应对措施

任何一起火灾，都有一个从小到大的发展过程，通常分为三个阶段，即初起阶段、发展阶段和猛烈阶段。火灾的初起阶段，火源面积较小，燃烧强度弱，易于扑救，只要发现及时立即用灭火器材灭火，均能将火扑灭。

(1) 大学生发现的火灾一般均在初起阶段，因此当发现起火时不要惊慌失措，要勇敢地以最快速、最有效的办法加以扑灭。常见的灭火器材有清水泡沫、二氧化碳、干粉、1211、1301等灭火器，各种灭火器有各自不同的特点和使用方法。

清水泡沫灭火器：适于扑灭一般及油类火灾，但不能用于扑救带电设备的火灾。使用时，将其倒过来稍加摇动药剂即可喷出。

二氧化碳灭火器：适于扑灭一般及电气设备火灾，但不能扑救金、钾、钠、镁、铝等金属物质引起的火灾。这种灭火器的开关有两种形式，一种是旋转式的，像拧开水龙头开关一样；另一种是压握式的，使用时要先拔掉插销，用一只手拿好喷射气体的喇叭筒，另一只手压握手把(像自行车刹闸一样)。

干粉灭火器：适于扑救一般及油类、有机溶剂和电器失火。使用这种灭火器时，要先拔保险插销，然后压握手把即可，有喇叭状的喷射筒的要将喷射筒对准燃烧物。

1211 和 1301 灭火器：这是高效灭火器，适用于扑灭一般的液体、气体、电气设备、精密仪器、计算机房火灾，它具有绝缘性好、对金属蚀性小、久存不变质且灭火后不留痕迹等优点，使用方法与使用干粉灭火器的方法相同。

在使用上述灭火器时，均应注意在确保自身安全的前提下尽可能靠近燃烧点，对准火焰的根部扫射推进，这样才能取得好的灭火效果；同时在灭火时，要尽量使自己处在上风位置。

(2) 扑救火灾时，应注意先切断火场的电源和气源；同时要注意先转移火场及其附近的易燃易爆危险品，实在无法转移的应当设法降温冷却。

(3) 火灾的发展阶段火势较猛，这种情况下应立即报“119”火警。报警时应沉着镇定，清楚扼要地讲明起火地点(单位、门牌号)、燃烧的物质、火势情况等，同时也应将自己的姓名和联系电话告诉对方，以便随时联系。报警完毕，应派人在校门口等候，以引导消防车迅速到达火灾现场。除了及时报“119”外，还应立即向学校保卫部门报告。

(4) 火灾发生后，如果被大火围困，最重要的是要保持头脑清醒，千万不能慌乱，应根据火势情况选择最佳的自救方案，争取时间尽快脱离危险区域。

三、怎样使用手提式干粉灭火器

高校内现配备的灭火器全部是手提式干粉灭火器，要学会其使用方法。

干粉灭火器使用步骤

(1) 使用手提式干粉灭火器时，应手提灭火器的提把，迅速赶到着火处。

(2) 在距离起火点 5 米左右处，放下灭火器。在室外使用时，应占据上风方向。

(3) 使用前，先把灭火器上下颠倒几次，使筒内干粉松动。

(4) 如使用的是内装式或贮压式干粉灭火器，应先拔下保险销，一只手握住喷嘴，另一只手用力压下压把，干粉便会从喷嘴喷射出来。

(5) 用干粉灭火器扑救流散液体火灾时，应从火焰侧面，对准火焰根部喷射，并由近而远，左右扫射，快速推进，直至把火焰全部扑灭。

(6) 用干粉灭火器扑救容器内可燃液体火灾时，亦应从火焰侧面对准火焰根部，左右扫射。当火焰被赶出容器时，应迅速向前，将余火全部扑灭。灭火时应注意不要把喷嘴直接对准液面喷射，以防干粉气流的冲击力使油液飞溅，引起火势扩大，造成灭火困难。

(7) 用干粉灭火器扑救固体物质火灾时，应使灭火器嘴对准燃烧最猛烈处，左右扫射，并应尽量使干粉灭火剂均匀地喷洒在燃烧物的表面，直至把火全部扑灭。

(8) 使用干粉灭火器应注意灭火过程中始终保持直立状态，不得横卧或颠倒使用，否则不能喷粉。同时注意干粉灭火器灭火后防止复燃，因为干粉灭火器的冷却作用甚微，在着火点存在着炽热物的条件下，灭火后易产生复燃。

第三节　发生火灾时的自救方法

大学生能自救，会逃生，是失火后保护自己或他人人身生命安全最重要的本领和必备的能力。当火灾发生后，靠一己之力无法扑灭和控制火势时，应如何自救逃生呢？

一、楼房发生火灾的自救逃生办法

1．冷静、镇定

通常人们陷入火海时都会惊慌失措，这时要强令自己保持镇定，树立信心。你可采取“三秒钟呼吸冥想法”，来帮助你进入“冷静状态”，然后观察火势，设法迅速脱离险境。

2．爬到门边，用手背试一试门是否热

之所以要爬行，是因为烟和热气比空气轻，都向上运行，而靠近地面的空气相对比较纯净，可以呼吸。如果站立起来，屋子里充满了烟气，呼吸几次一氧化碳就会使你窒息。之所以要试一试门是否热，是因为如果门热，说明外面的烟火已将门封住，如果打开，烟火会立即拥进房间，你也很可能顷刻丧命。这时应退到烟火还未到达的房间，把门关好。一个标准的木门可给你带来15分钟的安全期，期间足以让你沿第二条路线逃生。如果是金属门，可以给你带来更长的安全期。如果门凉，说明火灾还处于初期阶段，这时应迅速拉开门，沿平时的出口逃生。但要注意随手关门，这样可以控制火势发展。

3. 用毛巾保护自己

住楼房要逃离火区，多数要穿过烟雾弥漫的走廊。实践证明，使用湿毛巾滤烟是有效的。

(1) 将毛巾折叠，折叠的层数要以毛巾的质地而定，一般折叠八层为宜，这样滤烟率可达60%。

(2) 毛巾较薄，厚度不够时，可将毛巾弄湿，如果厚度折叠后可达八层以上，可不必弄湿，以便减少通气阻力，使呼吸不受影响。

(3) 一定要捂住口和鼻，使滤烟面积尽量增大。

4. 自制救生绳索

利用自然条件作为救生滑道。可撕开床单、窗帘，结绳系在室内的床架、管道上等，沿落水管道滑至下一层。万不得已跳楼时，跳楼前尽量拖一些棉被之类的软物品，或者尽量选择有盖的车棚、水池、草地等地点。

5. 正确选择疏散楼梯

选择疏散楼梯具体应注意以下几点：

(1) 严防贻误逃生的最佳时机。火灾一旦发生，切忌不要因孤独和恐惧心理，加之对安全疏散出口不熟悉，而都簇拥至经常使用的楼梯出口，争相夺路将楼梯出口堵塞，贻误最佳逃生时机。

(2) 如在高层建筑楼内，应注意观察，沿疏散指示标志指示的方向迅速逃出。

(3) 高层建筑楼内的楼梯按其防火安全性，一般都设计有敞开楼梯、封闭楼梯、防烟楼梯以及室外疏散楼梯。逃生时应迅速选择敞开和室外疏散楼梯。

(4) 沿敞开和室外疏散楼梯逃生时，要抓住扶手，谨防摔倒。

(5) 切忌乘坐电梯。由于烟囱效应，电梯井直通各个楼层，烟火热气流会很快涌入电梯内，同时在高温下，电梯会失控变形；由于灭火，喷洒的水也容易流到电梯内，在水渍的作用下，会造成触电的危险。

6. 正确选择避难房间

所谓避难房间，是指建筑物内专门设计的安全区。火灾发生后，万一不能及时逃离疏散，可选择避难房间暂避，等消防人员到来。选择避难房间的正确方法如下：

(1) 要选择临街的房间，便于和救援人员联系。

(2) 尽量选择有阳台的避难房间，便于通风，能降低烟的浓度，也便于和救援者联系。

(3) 选择从楼梯便于接近的避难房间。因为烟速为34m/s，大大超过人逃跑的速度，应急时，应选择从楼梯便于接近的避难房间。

7. 向公安消防机关报警

火灾发生后，如果条件允许，应在第一时间拨通火警电话“119”，将失火的准确位置、火灾现场的基本情况，自己的姓名迅速准确地报告给公安消防值班人员，同时积极灭火，设法逃生，待消防人员来救。

二、逃不出房间的自救办法

1. 与火搏斗

关紧迎火面的门(窗)，打开背火面的门(窗)。如果背火面的门(窗)也进烟了，就不能打开。

2. 把房间全部弄湿

这样可以降温，如果进火又可以延缓燃烧。毛巾、衣物弄湿塞住门缝；有排风扇的打开排风扇；窗帘等易燃物品撕下移开，能弄湿尽量弄湿，设法坚持到救护人员到来。

3. 充分利用阳台

一旦室内无法坚持，可迅速躲到阳台，靠在一角暂避楼内冲出的烟火熏烤，也可利用阳台转移到相邻房间、楼层或相邻的楼房、避难桥。设法联系救援人员。

三、身上着火的自救办法

(1) 身上着火忌奔跑。一旦身上着火，千万不能奔跑，因为奔跑会形成风(新鲜空气)助火势，就如同给火炉吹风，火会越烧越旺。同时带着火乱跑，还会把火种带到其他场所，形成新的燃点。

(2) 迅速脱掉衣帽。只要有可能设法迅速脱掉衣帽。如果已无法脱掉，可把衣物撕碎扔掉。这样不但身上着火就可以灭掉，也为以后治疗烧伤提供方便。

(3) 如果来不及脱掉衣物，可迅速倒地打滚，把身上的火苗压熄；有水源条件的，可用水将身上的火弄灭。

安全指南

怎样拨打火警电话

火警电话是专用紧急电话，现在全国统一规定使用的火警电话号码是“119”。当有火警时，第一，打电话时要沉着冷静，就近用寝室的外线电话直接拨打“119”，而后往学校的保卫部门打电话。这样做是为了避免来回折腾，延误时间，以致酿成严重火灾。第二，当听到对方报“消防队”时，即可讲清着火的对象、类型和范围。第三，要注意对方的提问，并把自己所用的电话号码告诉对方，以便联系。第四，当对方讲“消防队来了”，即可将电话挂断，并立即派人在校门口和必经的交叉路口等候，引导消防车迅速到达火场。

火场自救十三要诀

第一诀：熟悉环境，暗记出口

当你处在陌生的环境时，如入住酒店、商场购物、进入娱乐场所时，为了自身安全，务必留心疏散通道、安全出口及楼梯方位等，以便关键时候能尽快逃离现场。请记住：在安全无事时，一定要居安思危，给自己预留一条通路。

第二诀：通道出口，畅通无阻

楼梯、通道、安全出口等是火灾发生时最重要的逃生之路，应保证畅通无阻，切不可堆放杂物或设闸上锁，以便紧急时能安全迅速地通过。请记住：自断后路，必死无疑。

第三诀：扑灭小火，惠及他人

当发生火灾时，如果发现火势并不大，且尚未对人造成很大威胁时，当周围有足够的消防器材，如灭火器、消防栓等，应奋力将小火控制、扑灭；千万不要惊慌失措地乱叫乱窜，置小火于不顾而酿成大灾。请记住：争分夺秒扑灭“初期火灾”。

第四诀：保持镇静，明辨方向，迅速撤离

突遇火灾，面对浓烟和烈火，首先要强令自己保持镇静，迅速判断危险地点和安全地点，决定逃生的办法，尽快撤离险地。千万不要盲目地跟从人流和相互拥挤、乱冲乱窜。撤离时要注意，朝明亮处或外面空旷的地方跑，要尽量往楼层下面跑，若通道已被烟火封阻，则应背向烟火方向离开，通过阳台、气窗、天台等往室外逃生。 请记住：人只有沉着镇静，才能想出好办法。

第五诀：不入险地，不贪财物

在火场中，人的生命是最重要的。身处险境，应尽快撤离，不要因害羞或顾及贵重物品，而把宝贵的逃生时间浪费在穿衣或寻找、搬离贵重物品上。已经逃离险境的人员，切莫重返险地，自投罗网。 请记住：留得青山在，不怕没柴烧。

第六诀：简易防护，蒙鼻匍匐

逃生时经过充满烟雾的路线，要防止烟雾中毒，预防窒息。为了防止火场浓烟呛入，可采用毛巾、口罩蒙鼻，匍匐撤离的办法。烟气较空气轻而飘于上部，贴近地面撤离是避免烟气吸入、滤去毒气的最佳方法。穿过烟火封锁区，应佩戴防毒面具、头盔、阻燃隔热服等护具，如果没有这些护具，那么可向头部、身上浇冷水或用湿毛巾、湿棉被、湿毯子等将头、身裹好，再冲出去。请记住：多件防护工具在手，总比赤手空拳好。

第七诀：善用通道，莫入电梯

按规范标准设计建造的建筑物，都会有两条以上逃生楼梯、通道或安全出口。发生火灾时，要根据情况选择进入相对较为安全的楼梯通道。除可以利用楼梯外，还可以利用建筑物的阳台、窗台、天台屋顶等攀到周围的安全地点，沿着落水管、避雷线等建筑结构中凸出物滑下楼也可脱险。在高层建筑中，电梯的供电系统在火灾时随时会断电，或因热的作用电梯变形而使人被困在电梯内，同时由于电梯井犹如贯通的烟囱般直通各楼层，有毒的烟雾直接威胁被困人员的生命，因此，千万不要乘普通的电梯逃生。请记住：逃生的时候，乘电梯极危险。

第八诀：缓降逃生，滑绳自救

高层、多层公共建筑内一般都设有高空缓降器或救生绳，人员可以通过这些设施安全地离开危险的楼层。如果没有这些专门设施，而安全通道又已被堵，救援人员不能及时赶到的情况下，你可以迅速利用身边的绳索或床单、窗帘、衣服等自制简易救生绳，并用水打湿，从窗台或阳台沿绳缓滑到下面楼层或地面，安全逃生。请记住：胆大心细，救命绳就在身边。

第九诀：避难场所，固守待援

假如用手摸房门已感到烫手，此时一旦开门，火焰与浓烟势必迎面扑来。逃生通道被切断且短时间内无人救援。这时候，可采取创造避难场所、固守待援的办法。首先应关紧迎火的门窗，打开背火的门窗，用湿毛巾或湿布塞堵门缝或用水浸湿棉被蒙上门窗然后不停用水淋透房间 ，防止烟火渗入，固守在房内，直到救援人员到达。请记住：坚盾何惧利矛。

第十诀：缓晃轻抛，寻求援助

被烟火围困暂时无法逃离的人员，应尽量待在阳台、窗口等易于被人发现和能避免烟火近身的地方。在白天，可以向窗外晃动鲜艳衣物，或外抛轻型晃眼的东西；在晚上，可以用手电筒不停地在窗口闪动或者敲击东西，及时发出有效的求救信号，引起救援者的注意。因为消防人员进入室内都是沿墙壁摸索行进，所以在被烟气窒息失去自救能力时，应努力滚到墙边或门边，便于消防人员寻找、营救；此外，滚到墙边也可防止房屋结构塌落砸伤自己。请记住：充分暴露自己，才能争取有效拯救自己。

第十一诀：火已及身，切勿惊跑

火场上的人如果发现身上着了火，千万不可惊跑或用手拍打，因为奔跑或拍打时会形成风势，加速氧气的补充，促旺火势。当身上衣服着火时，应赶紧设法脱掉衣服或就地打滚，压灭火苗；能及时跳进水中或让人向身上浇水、喷灭火剂就更有效了。请记住：就地打滚虽狼狈，烈火焚身可免除。

第十二诀：跳楼有术，虽损求生

身处火灾烟气中的人，精神上往往陷于极端恐怖和接近崩溃，惊慌的心理极易导致不顾一切地伤害性行为如跳楼逃生。应该注意的是：只有消防队员准备好救生气垫并指挥跳楼时或楼层不高(一般4层以下)，非跳楼即烧死的情况下，才采取跳楼的方法。即使已没有任何退路，若生命还未受到严重威胁，也要冷静地等待消防人员的救援。跳楼也要讲技巧，跳楼时应尽量往救生气垫中部跳或选择有水池、软雨篷、草地等方向跳；如有可能，要尽量抱些棉被、沙发垫等松软物品或打开大雨伞跳下，以减缓冲击力。如果徒手跳楼一定要扒窗台或阳台使身体自然下垂跳下，以尽量降低垂直距离，落地前要双手抱紧头部身体弯曲卷成一团，以减少伤害。跳楼虽可求生，但会对身体造成一定的伤害，所以要慎之又慎。请记住：跳楼不等于自杀，关键是要有办法。

第十三诀：逃生预演，临危不乱

每个人对自己工作、学习或居住所在的建筑物的结构及逃生路径要做到了然于胸，必要时可集中组织应急逃生预演，使大家熟悉建筑物内的消防设施及自救逃生的方法。这样，火灾发生时，就不会觉得走投无路了。请记住：事前预演，将会事半功倍。

延伸阅读

《一间自己的房间》

作者：[英] 伍尔芙

出版社：人民文学出版社

本文是伍尔芙的经典制作，共由六章组成。作品突出了伍尔芙的女性(权)主义思想，其中心就是要求女性“成为自己”，成为一个独立的、不依附于男性而又与男性和整个世界和谐相处的自己，重建一个自足而又开放的女性自我。她还有一部意识流小说《雅各布的房间》，通过主人公雅各布游历过程中在寓所对旧房客留下的纸片和杂物展开联想，探讨生命的本质、时间和死亡等形而上学的问题。

《校园伦理智慧论》

作者：宋晔

出版社：高等教育出版社

本书就如何构建和谐的校园伦理关系、如何科学解决大学生成长过程中遇到的困惑等问题进行了学理性的探讨和论述。

《隐私的权利》

作者：[美]艾德曼 肯尼迪

译者：吴懿婷

出版社：当代世界出版社

《隐私的权利》让读者感觉到“放弃隐私可以成就更坚固的社群”这种主张已经站不住脚。这本书告诉读者，在面对公众的入侵时，隐私已经失去根基，是人们该重新检讨两者平衡问题的时候了。本书以翔实的研究和法律诠释，从隐私与执法、隐私与我们自身、隐私与媒体、隐私与偷窥狂、职场隐私与资讯六个部分向读者全方位展示了现代生活中许多不可侵犯的神圣空间。书中真实的故事引人入胜，结构紧凑而动人，告诉读者许多日常生活和市民应该知道的事、法律和人的权利。

第四章 交通安全

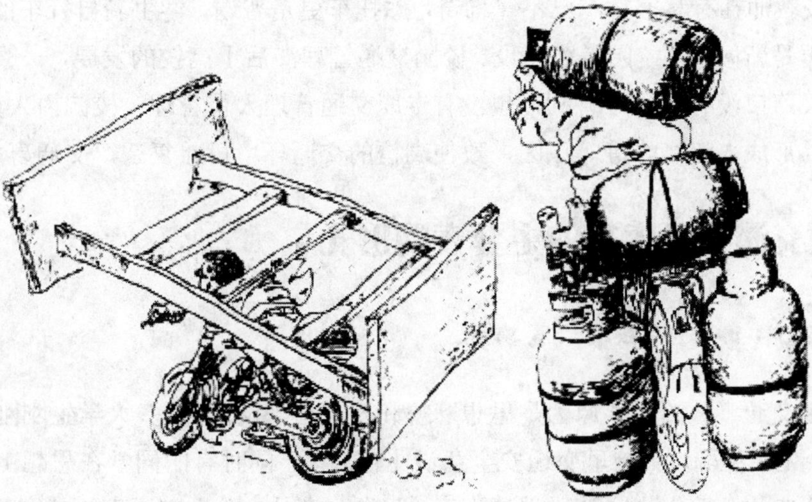

案例引导

2007 年 8 月，江西某高校一名大三的女学生，通过其表姐介绍在苏州一公司上班，因交通意识缺乏，在一次下班途中不遵守交通规则(未走斑马线横穿马路)，被一辆疾驶的公交车当场撞死，20 岁的年轻生命就这样灰飞烟灭了，她给自己家人带来了终身痛苦。

交通安全是指不发生交通事故或少发生交通事故的主观条件，即指交通参与者要严格遵守交通法规，提高警惕，不因麻痹大意而发生交通事故。大学生交通安全是指大学生在校园内和校园外的道路行走、乘坐交通工具时的人身安全。只要有行人、车辆、道路这三个交通安全要素存在，就有交通安全问题,也许只是一个小小的意外，就会造成严重后果，断送美好的前程，甚至生命。

第一节　交通事故原因及主要表现

一、大学生交通事故发生的主要原因

随着高校改革的不断深入，高校与社会的交流越来越频繁，使校园内人流量、车流量急剧增加。许多高校教师拥有私家轿车已不算稀奇，摩托车更是普遍，学生骑自行车的很多，开汽车上学也已不再是新闻了。校园道路建设、校园交通管理滞后于高校的发展，一般校园道路都比较狭窄，交叉路口没有信号灯管制，也没有专职交通管理人员管理；校园内人员居住集中，上、下课时容易形成人流高峰等等原因，致使高校的交通环境日益复杂，交通事故经常发生。

二、大学生交通安全事故的主要表现形式

(一)校园内易发生的交通事故

校园内发生交通事故的主要原因是思想麻痹和安全意识淡薄。许多大学生刚刚离开父母和家庭，缺乏社会生活经验，头脑里交通安全意识比较淡薄，同时有的同学在思想上还存在校园内骑车和行走肯定比公路上安全的错误认识，一旦遇到意外，发生交通事故就在所难免。校园内发生交通事故的主要形式有以下几种：

1. 注意力不集中

这是最主要的形式，表现为行人在走路时边走路边看书边听音乐，或者左顾右盼、心不在焉。

2. 在路上进行球类活动

大学生精力旺盛、活泼好动，即使在路上行走也是蹦蹦跳跳、嬉戏打闹，甚至有时还在路上进行球类活动，更是增加了发生事故的危险。

3. 骑“飞车”

一般高校校园面积都比较大，宿舍与教室、图书馆等之间的距离比较远，所以许多大学生购买了自行车，课间或下课时骑自行车在人海中穿行是大学的一道风景线。但部分学生骑车技术也实在“高超”，居然能把自行车骑得与汽车比快慢，殊不知就此埋下了祸根。

(二)校园外常见的交通事故

1. 行走时发生交通事故

大学生余暇空闲时购物、观光、访友要到市区活动，这些地方车流量大，行人多，各种交通标志眼花缭乱，与校园相比交通状况更加复杂，若缺乏通行经验发生交通事故的概率很高。难怪上海一所著名大学的校长说：“在各个大学中普遍存在这样一种情况，少数学生书读得越多，越不会走路，遵守交通规则的意识越淡薄，不仅在校园里乱骑车、乱停车，在马路上违反交通规则的情况也时有发生。”

2. 乘坐交通工具时发生交通事故

大学生离校、返校，外出旅游、社会实践，寻找工作等都要乘坐各种长途或短途的交通工具。全国各地高校大学生因乘坐交通工具发生交通事故的情况时有发生，有时甚至造成群体性伤亡，教训十分惨重。

第二节　交通事故预防及处理

一、提高交通安全意识

不管是校内还是校外，发生交通事故最主要的原因是思想麻痹、安全意识淡薄。作为一名在校大学生遵守交通法规是最起码的要求。若没有交通安全意识很容易带来生命之忧。

二、自觉遵守交通法规

除提高交通安全意识、掌握基本的交通安全常识外，还必须自觉遵守交通法规，才能保证安全。以下两点是大家必须掌握并要在日常生活中严格遵守的。

1. 在道路上行走

在道路上行走，应走人行道，无人行道时靠右边行走。走路时要集中精力，“眼观六路，耳听八方”；不与机动车抢道，不突然横穿马路、翻越护栏，过街走人行横道；不闯红灯，不进入标有“禁止行人通行”“危险”等标志的地方。

2. 乘坐交通工具

乘坐市内公共交通工具时，等车停稳后，依次上车，不挤不抢。车辆行驶中不得把身体伸出窗外；乘坐长途客车、中巴车时不能贪图便宜，乘坐车况不好的车，不要乘坐“黑巴”“摩的”，因为这些车辆安全没有保障。乘坐火车、轮船、飞机时必须遵守车站、码头和机场的各项安全管理规定。

三、发生交通安全事故的处理办法

1. 及时报案

无论在校外还是在校内，一旦发生交通事故后，首先想到的应是及时报案，这样有利于事故的公正处理，千万不能与肇事者“私了”。若在校外发生交通事故，除及时报案外，还应该及时与学校取得联系，由学校出面处理有关事宜。

2. 保护现场

事故现场的勘查结论是划分事故责任的依据之一，若现场没有保护好会给交通事故的处理带来困难，造成“有理说不清”的情况。切记，发生交通事故后要保护好事故现场。

3. 控制肇事者

若肇事者想逃脱一定要设法控制，自己不能控制可以发动周围的人帮忙控制，若实在无法控制也要记住肇事车辆的车辆牌号等特征。

安全指南

不宜乘飞机的人群

1. 传染性疾病患者。如传染性肝炎、活动期肺结核、伤寒等传染病患者，在国家规定的隔离期内，不能乘坐飞机。其中水痘病人在损害部位未痊愈，不能乘飞机。

2. 精神病患者。如癫痫及各种精神病人，因航空气氛容易诱发疾病急性发作，故不宜乘飞机。

3. 心血管疾病患者。因空中轻度缺氧，可能使心血管病人旧病复发或加重病情，特别是心功能不全、心肌缺氧、心肌梗死及严重高血压病人，通常认为不宜乘飞机。

4. 脑血管病人。如脑栓塞、脑出血、脑肿瘤这类病人，由于飞机起降的轰鸣、震动及缺氧等，可使病情加重，禁止乘飞机。

5. 呼吸系统疾病患者。如肺气肿、肺心病等患者，因不适应环境，如果有气胸、肺大泡等，飞行途中可能因气体膨胀而加重病情。

6. 做过胃肠手术的病人，一般在手术后10天内不能乘坐飞机。消化道出血病人要在出血停止3周后才能乘飞机。

7. 严重贫血的病人。血红蛋白量水平在50g/L以下者，不宜乘飞机。

8. 耳鼻疾病患者。耳鼻有急性渗出性炎症，及近期做过中耳手术的病人，不宜乘坐飞机。

9. 临近产期的孕妇。由于空中气压的变化，可能致胎儿提早分娩，尤其是妊娠35周后的孕妇，更不宜乘飞机。

延伸阅读

《SAS个人安全手册》

作者：[英]喀麦隆

译者：李小七

出版社：天津教育出版社

本书作者是世界著名的特种部队的成员，书中介绍的确保个人安全的方法细致入微，可以说是出门在外的全方位自我防护指南，从旅行前的准备、选择飞机座位，到劫机和逃生策略、避免财物被盗、住饭店的注意事项、女性自我防卫术等多方面的防护技巧。它不仅是一本简单、实用、有趣的旅行安全指南，也是一本关于人类基本生存知识的百科全书，告诉你最危险所在以及防备的巧妙对策。这样，你既能享受旅行带来的刺激、快乐，也会让梦想安全地实现。

《城市个人安全手册》

作者：南都周刊

出版社：南方日报出版社

预防和打击犯罪从来都不只是警察的事情，政府和市民还有很多系统性的工作要做。在任何时候，任何城市，你都应该有一份个人安全手册，人们应该将重点转向预防受害，也就是当面临危险时，如何将个人损害降到最低。因此，了解和掌握个人安全知识，便成为人们保护自己的重要环节。

《化险为夷：野外生存急救手册》

作者：[美]克里斯·麦克耐卜

译者：徐笑春

出版社：海南出版社

本书是综合性的专门针对户外探险活动的生存急救实用指南，让你学习诸如诊断步骤、人工复苏和诊治休克这样的关键技术，还阐述了如何处置切割伤、烧灼伤、骨折和头部创伤，如何识别和避免中毒，以及如何从伤口中去除异物这样的问题，探讨了如何应对包括体温过低到中暑在内的由于温度和气候所导致的问题，配备有超过150幅专门精心绘制的说明性插图，提供了自成一体的完备知识点，涵盖了从火灾逃生指南到求救代码等生存知识。

第五章 网络安全

案例引导

2003 年 4 月份，某女大学生上网聊天，在网上与网友谈起了性问题，进而双方谈起了性交易，这名女大学生在网上说出了自己所处的网吧，网友带着几个人“打车”来将女大学生接到一家浴池，女大学生本意不想与他们发生性交易，但网友却想动真的，等女大学生意识到自己身处危险的时候，以自己是处女抬高价格，企图以此来制止对方的行为。网友以谈好价格为由欲强暴女大学生，女大学生以死来保护自己。此事惊动了警方，警方以涉嫌强奸罪刑事拘留了网友，以卖淫违反《中华人民共和国治安管理处罚条例》行政拘留女大学生 15 天。以上案例说明一些上网聊天者首先是放松了对自己的防范意识，不注意聊天内容，在虚拟的世界暴露自己真实的身份、真实的想法。在网上寻求知音、寻求刺激，导致自己的人身财产处于危险之中。对受害者而言，是思想上放松了对来自网上“感觉颇好”的网友的警惕，感觉相见恨晚，好不容易才找到了自己的知音，这样的人在年轻人中不乏其人，在一些成年人当中也是存在的。这些人在网上聊的“开心”，一味跟着感觉走，产生了对网友信任、依恋，才想去见面，等见面后有的失望，感觉对方与网上聊天的、与想象的相去甚远，有的过分沉溺在虚拟世界中不能自拔，自食苦果，更惨的是对身心的伤害。可见，虚拟世界中隐藏着更多的危险。

第一节　网络安全问题及预防网络犯罪

随着计算机网络技术的发展，网络的安全性和可靠性已成为不同使用层次的用户共同关心的问题。人们都希望自己的网络系统能够更加可靠地运行，不受外来入侵者干扰和破坏。所以解决好网络的安全性和可靠性问题，是保证网络正常运行的前提和保障。

在信息化飞速发展的今天，计算机网络得到了广泛应用，但随着网络之间的信息传输量的急剧增长，一些机构和部门在得益于网络加快业务运作的同时，其上网的数据也遭到了不同程度的攻击和破坏。攻击者可以窃听网络上的信息，窃取用户的口令、数据库的信息；还可以篡改数据库内容，伪造用户身份，否认自己的签名。更有甚者，攻击者可以删除数据库内容，摧毁网络节点，释放计算机病毒，等等。这致使数据的安全性和自身的利益受到了严重的威胁。

根据美国 FBI(美国联邦调查局)的调查，美国每年因为网络安全造成的经济损失超过 170 亿美元。75%的公司报告财政损失是由于计算机系统的安全问题造成的。超过 50%的安全威胁来自内部。而仅有 59%的损失可以定量估算。在中国，针对银行、证券等金融领域的计算机系统的安全问题所造成的经济损失金额已高达数亿元，针对其他行业的网络安全威胁也时有发生。

由此可见，无论是有意的攻击，还是无意的误操作，都将会给系统带来不可估量的损失。所以，计算机网络必须有足够强的安全措施。无论是在局域网还是在广域网中，网络的安全措施应是能全方位地针对各种不同的威胁和脆弱性，这样才能确保网络信息的保密性、完整性和可用性。

一、上网应承担的法律责任和应遵守的道德规范

1. 我国关于计算机及网络管理的法律规范

据统计，1991 年以来，我国颁布实施了几十部涉及计算机软件保护及著作权登记、计算机信息系统安全保护、计算机信息网络国际联网管理、计算机工程、电信管理、中国互联网络域名注册管理、中国多媒体通信管理、计算机信息系统保密、软件产品管理、电子出版管理、计算机病毒防治、互联网信息服务管理和互联网安全、电子邮件服务管理等诸多方面的法律法规，其中许多条款与公民个人有较直接的关系。特别是《全国人民代表大会常务委员会关于维护互联网安全的决定》(2000 年 12 月 28 日通过，以下简称《决定》)，该《决定》用 5 条 15 款明确规定了对利用互联网实施的违法行为，尚不构成犯罪的，要追究相应法律责任。这进一步表明，在中国法律管辖的范围内，所有利用计算机信息系统及互联网从事活动的组织和个人，都不得进行违法犯罪活动，否则，必将受到法律制裁。

2. 关于使用计算机中的违法行为问题

在我国，除了依照《中华人民共和国刑法》（以下简称《刑法》）和《决定》等法律法规应予制裁的计算机犯罪行为外，还有许多不构成犯罪但同样是以计算机为工具，具有计算机犯罪的特点——智能性、隐蔽性和社会危害性——的行为，也应当引起我们的高度警惕。

简单地说，计算机违法是指行为人以计算机为工具或以计算机资产为侵害对象进行的违法活动。更确切地说，是违反计算机及网络管理和安全保护法律法规的活动。

《决定》第六条规定：“利用互联网事实违法行为，违反社会治安管理，尚不构成犯罪的，由公安机关依照《治安管理处罚条例》予以处罚。违反其他法律、行政法规，尚不构成犯罪的，由有关行政部门依法给予行政处罚；对直接负责的主管人员和其他直接责任人员，依法给予行政处分或者纪律处分。利用互联网侵犯他人合法权益，构成民事侵犯的，依法承担民事责任。”

2006 年 3 月 1 日实施的《中华人民共和国治安管理处罚法》对有关计算机违法行为做了多条规定，大学生应当有所了解。

3. 上网应恪守的道德规范

(1) 讲究社会公德和 IT 职业道德，用掌握的计算机知识技术服务社会、造福社会。自觉

维护国家安全和社会公共利益，保护个人、法人和其他组织的合法权益，不以任何方式、目的危害计算机信息系统安全。

(2) 珍惜网络匿名权，作文明的网民。

(3) 尊重他人的隐私权，不进行人和电子骚扰。

(4) 尊重他人的财产权利，不侵占他人的网络资源或财产。

(5) 尊重他人的知识产权、通信自由和秘密，不进行侵权活动。

(6) 诚实守信，不制作、传播虚假信息。

(7) 慎独慎微、慎行慎言，勿以恶小而为之。

(8) 远离罪恶和色情信息，不查阅、复制、制作或传播有害信息。

二、利用网络侵犯财产的违法犯罪及预防

1. 利用网络侵犯财产的违法犯罪的主要形式

(1) 利用网络进行抢劫犯罪、抢夺公司财务。“网络抢劫”是网络侵财违法犯罪的主要形式之一。据《深圳商报》报到，深圳的 5 个不法分子设下陷阱，上网专钓同性恋网友。他们通过上网结识同性恋网友，约网友在旅馆开房间见面，然后将网友财物洗劫一空。还有某大学辍学女生涉嫌以“一夜情”为诱饵，使用强力麻醉药抢劫了 10 名男网友，被警方刑事拘留。

(2) 利用网络进行盗窃活动。网络盗窃活动形形色色，触目惊心。不法分子有的利用计算机网络盗窃银行巨额资金或者窃取他人银行存款。有的利用网络游戏系统漏洞，破解游戏系统的账号和密码，窃去上万张在线虚拟包月卡，获大量赃款。有的窃取其他网络玩家的装备和游戏币等“虚拟财产”，与其他玩家交易，换取人民币。

(3) 利用网络诈骗财产。互联网上发生数量最多的侵犯财产类违法犯罪是利用网络诈骗财物。《北京娱乐信报》报道：病毒、黑客和流氓软件这三个“火枪手”，已经开始拉帮结伙地骗取计算机用户和网民的钞票。瑞星公司发布的《中国大陆地区 2005 年度计算机病毒疫情暨网络安全报告》显示，利用“僵尸网络”赚钱的“黑客经济”产业链条已经在 2005 年底初步形成。有九成的黑客是瞄准用户钱袋的，而在此前，炫耀技术一直是病毒编写者的初衷。

(4) 利用网络诈骗勒索财物。在互联网上进行网络敲诈勒索的案件时有发生，其中也有涉及大学生的案件。《东南快报》刊登了《大学生拍下与北京女大学生性爱全过程后敲诈》的文章，天津某大学一个 25 岁的男生，利用 QQ 散布“加入会所、高薪回报”的诱饵，诱使 4 名女大学生“入会”，然后骗色、骗钱实施敲诈，北京市东城区人民检察院已对该男生以诈骗罪、敲诈勒索罪提起公诉。

(5) 利用网络盗接他人通信线路、复制他人电信号码的案件也多次发生。

2. 预防网络侵犯财产违法犯罪的原则

(1) 要对网络侵害行为保持高度警惕，加强上网的自我安全保护措施，积极预防黑客、病毒和非法软件的侵害，不要使你的计算机成为黑客的“肉鸡”。面对网路盗贼“一偷二抢三劫持四滋扰”的行径，同学们要严阵以待，保护好自己的现实财产或者虚拟财产。

(2) 不要贸然约会网友，如果约会务必慎重选择时间、场所和见面形式。最好选择白天，选择你熟悉而且人流较多的安全场所，并应提前约定“接头”暗号，以便暗中观察陌生网友。女生要约会异性网友见面，最好请亲友、同学帮忙参谋提高警惕。

(3) 对有以下特征的网站、网络交易要提高警惕。

1) 网站刊登虚假信息。在网页上标注的办公地址均属虚构，并在网站上私自粘贴工商红盾标识，甚至张贴虚假营业执照。有的电话接通后，拒绝透露网站办公地址。

2) “售价超低”。买家出售的物品比市场同类商品的价格低很多。对这类商品，务必要谨慎，因为有些不良的卖家就是利用低价陷阱蒙骗消费者。你应当上网看同类商品的信息，多方比较再下决定。

3) “评价超好”。新注册的网站，却在短时间内好评如潮。有关专业人士说，网上购物要尽量选信用度高的卖家交易，但也不能盲目相信星级，建议在下单前查看该网站的注册时间、交易的具体商品以及其他卖家的真实评价。

4) 私下交易。买家网上统一使用“支付宝”，实际成交时却要求私下交易。如果碰上卖家执意私下交易、货到付款或者使用“支付宝”付款。如果你不能到场交易，应尽可能让亲友帮助一手收货、一手交钱。

三、计算机犯罪

“计算机犯罪”是从20世纪40年代以来出现的一种新的犯罪形式，随着信息技术尤其是互联网的发展进步与广泛应用，其内涵和外延也在不断深入和发展。“计算机犯罪”并非刑法规范意义上的一个或一类罪名，它和“青少年犯罪”“暴力犯罪”“性犯罪”等术语一样，都是依据犯罪学研究的特点进行归类划分的犯罪学上的犯罪类型。在我国刑法上并不存在“计算机犯罪”这一类型罪名感念。

世界各国对“计算机犯罪”的定义各不相同。我国有关法规指出的定义是：“以计算机为工具或以计算机资产为对象实施的犯罪行为”。并进一步解释说：“这里所说的工具是指计算机技术知识所起的作用和非计算机技术知识所起的作用的犯罪行为。犯罪一词中包含了危害社会和应处以刑罚的含义。”

《刑法》第285条、第286条明确规定有“非法侵入计算机信息系统罪”“破坏计算机信息系统罪”。第287条规定：“利用计算机实施金融犯罪，盗窃、贪污、挪用公款、窃取国家机密或者其他犯罪的，依照本法有关规定定罪处罚。”

每一个使用计算机或利用互联网的大学生，都应当远离罪恶，避免危害社会和他人的合法利益。

第二节 大学生网络侵害预防及应对

一、大学生上网聊天交友应注意的问题

在网络这个虚拟世界里，一个现实的人可以以多种身份出现，也可以以多种不同的面貌出现，善良与丑恶往往结伴而行。由于受到沟通方式的限制，人与人之间缺乏多方面、真诚的交流，唯一交流的方式就是电子文字，而这些往往会掩盖了一个人原本应显现出来的素质，为一些居心叵测者提供了可乘之机，因此，大学生在互联网上聊天交友时，必须把握慎重的原则，不要轻易相信他人。

(1) 在聊天室或上网交友时，尽量使用虚拟的 E-mail，或 ICQ、OICQ 等方式，尽量避免使用真实的姓名，不轻易告诉对方自己的电话号码、住址等有关个人真实的信息。

(2) 不轻易与网友见面，许多大学生与网友沟通一段时间后，感情迅速升温，不但交换的真实姓名、电话号码，而且还有一种强烈见面的欲望。

(3) 与网友见面时，要有自己信任的同学或朋友陪伴，尽量不要一个人赴约，约会的地点尽量选择在公共场所，人员较多的地方，尽量选择在白天，不要选择偏僻、隐蔽的场所，否则一旦发生危险情况时，得不到他人的帮助。

(4) 在聊天室聊天时，不要轻易点击来历不明的网址链接或来历不明的文件，往往这些链接或文件会携带聊天室炸弹、逻辑炸弹，或带有攻击性质的黑客软件，造成强行关闭聊天室、系统崩溃或被植入木马程式。

(5) 警惕网络色情聊天、反动宣传。聊天室里汇聚了各类人群，其中不乏好色之徒，言语间充满挑逗，对不谙世事的男女大学生极具诱惑，或在聊天室散布色情网站的链接，换取高频点击率，对大学生的身心造成伤害。也有一些组织或个人利用聊天室进行反动宣传、拉拢、腐蚀，这些都应引起大学生朋友的警惕。

二、大学生在浏览网页时应注意的问题

浏览网页是上网时做得最多的一件事，通过对各个网站的浏览，可以掌握大量的信息，丰

富自己的知识、经验，但同时也会遇到一些尴尬的情况。

(1) 在浏览网页时，尽量选择合法网站。互联网上的各种网站数以亿计，网页的内容五花八门，绝大部分内容是健康的，但许多非法网站为达到其自身的目的，不择手段，利用人们好奇、歪曲的心理，放置一些不健康、甚至是反动的内容。合法网站则在内容的安排和设置上大都是健康、有益的。

(2) 不要浏览色情网站。大多数的国家都把色情网站列为非法网站，在我国则更是扫黄打非的对象。浏览色情网站，会给自己的身心健康造成伤害，长此以往还会导致走向性犯罪的道路。

(3) 浏览 BBS 等虚拟社区时，有些人喜欢在网上发表言论，有的人喜欢发表一些带有攻击性的言论，或者反动、迷信的内容。有的人是好奇，有的人是在网上打抱不平，这些容易造成自己 IP 地址泄露，受到他人的攻击，更主要的是稍不注意会触犯法律。

三、大学生在进行网络购物时应注意的问题

随着信息技术的发展，电子商务进入人们的日常生活之中，人们对网络的依赖性正在逐渐增强，网络购物也成为一种时尚，但也有人在网上购买的刻录机，买到的却是乌龙茶，网络上大卖的 MP3 随身听，结果却是一场空。因此在进行网上购物时应注意如下几方面的问题。

(1) 选择合法的、信誉度较高的网站交易。网上购物时必须对该网站的信誉度、安全性、付款方式，特别是以信用卡付费的保密性进行考查，防止个人账号、密码遗失或被盗，造成不必要的损失。

(2) 一些虚拟社区、BBS 里面的销售广告，只能作为一个参考，特别是进行二手货物交易时，更要谨慎，不可贪图小便宜。

(3) 避免与未提供足以辨识和确认身份资料(缺少登记名称、负责人名称、地址、电话)的电子商店进行交易，若对该商店感到陌生，可通过电话或询问当地消费团体电子商店的信誉度等基本资料。

(4) 若网上商店所提供的商品与市价相距甚远或明显不合理时，要小心求证，切勿贸然购买，谨防上当受骗。

(5) 消费者进行网上交易时，应打印出交易内容与确认号码的订单，或将其存入电脑，妥善保存交易记录。

四、避免遭遇网络陷阱，防止网络欺骗

在网络这个虚拟世界里，一些网站或个人为达到某种目的，往往会不择手段，套取网民的

个人资料，甚至是银行账号、密码，达到个人目的。

(1) 不要轻易相信互联网上中奖之类的信息，某些不法网站或个人利用一些人贪图小便宜的心理，常常通过向网民公布一些诸如 E-mail、ICQ、OECQ 号码中奖，然后通过要求中奖人邮寄汇费、提供信誉卡号或个人资料等方式，套取个人钱物、资料等。

(2) 不要轻易相信互联网上来历不明的测试个人情商、智商、交友之类的测试软件，这类软件大多要求提供个人真实的资料，往往这就是一个网络陷阱。

(3) 不要轻易将自己的电话号码、手机号码在网上注册，一些网民在注册成功后，不但要缴纳高额的电话费，而且会受到一些来历不明的电话、信息的骚扰。

(4) 不要轻易相信网上公布的快速致富的窍门，“天下没有免费的午餐”，一旦相信这些信息，绝大部分都会赔钱，甚至血本无归。

五、增强法律意识，预防网络犯罪和利用网络犯罪

网络在为人们带来巨大便利的同时，一些不法分子也看准了这一点，利用网络频频作案，近些年来，网上犯罪不断增长。一位精通网络的社会学家说：“互联网是一个自由且身份隐蔽的地方，网络犯罪的隐秘性非一般犯罪可比，而人类一旦冲破了某种束缚，其行为可能近乎疯狂，潜伏于人心深处的邪念便会无拘无束地发泄。”一些大学生朋友学习一些计算机的知识后，急于寻找显示自己才华的场所，会在互联网上显一显身手，寻找一些网站的安全漏洞进行攻击，肆意浏览网站内部资料、删改网页内容，在有意无意之间触犯了法律，追悔莫及。也有的同学依仗自己技术水平高人一等，利用高科技的互联网络从事违法活动，最终走上一条不 归路。

(1) 正确使用互联网技术，不要随意攻击各类网站，一则这样会触犯相关的法律，二则可能会引火上身，被他人反跟踪、恶意破坏、报复，得不偿失。

(2) 不要存在侥幸心理，自以为技术手段如何高明。互联网技术博大精深，没有完全掌握全部技术的完人，作为一名大学生更要时刻保持谦虚的态度，不在互联网上炫耀自己或利用互联网实施犯罪活动。

安全指南

大学生网络成瘾的干预措施

1．轻度网络成瘾

首先，广泛开展“网络教育”。由于专业学习的需要，大学生们需要经常借助网络的平台开展相关学习和研究工作，针对学生密集接触网络的特点，学校的心理健康教育中心应该广泛开展网络知识的宣传、网络心理讲座、网络心理广场咨询等活动，努力在全校营造“健康网络，

和谐心理”的良好氛围，发挥网络“双刃剑”的积极作用，积极引导大学生合理使用网络。同时，心理健康教育中心要使用大学生健康状况调查表进行排查，对有问题的同学建立个人心理档案，要全面准确地把握轻度沉迷网络人群的情况，认真梳理和分析每一个人的具体资料，在学生工作干部的大力支持和配合下，制定个性化的心理治疗方案和帮扶转变计划。

其次，全面实施“心理班会”。专门针对轻度网络成瘾学生的“心理班会”有别于传统的说教式班会，主要是把别具一格的、有针对性的心理健康教育活动带进班级中，通过营造轻松、愉悦的气氛，让每位学生在活动中体验自己、感受他人，在分享中获得经验、进而成长。具体的实施过程是：在学校心理健康教育中心指导老师的统一部署和指导下，由接受过系统培训的院系辅导员、班主任等学生工作干部主持各项丰富多彩的主题班会。通过组织“心理班会”活动，可以有效帮助依赖网络的学生加强沟通，提高自信，缓解学习、生活的心理压力，增强他们的心理调适能力，尽早从网络成瘾中走出来。“心理班会”的全面实施使学生心理健康整体水平得到了提高，在注重专业知识学习的同时，更加关注自身心理素质的提高。

最后，长期参与“心理辅导”。院系的辅导员可以承担一定的心理辅导工作，这种心理辅导不能等同于心理咨询，因为院系辅导员主要从事学生的政治思想教育工作和日常行政管理工作，不是专业的心理咨询师，这种心理辅导是非专业性质的。但是不能低估心理辅导工作的作用，因为学生产生网络成瘾的原因是多方面的，与孤独、抑郁、低自尊等人格因素有关系，许多学生缺乏应对现实生活中的各种矛盾的能力转而在虚拟世界中寻求得到心理寄托和成就感。辅导员可以帮助学生分析现实生活中的情况，给予他们一些心理疏导，从而起到预防和缓解网络成瘾的发生。

2. 中度网络成瘾

首先，系统进行“心理咨询”。对于网络成瘾的干预，目前主要是进行个案治疗。中度网络成瘾的学生必须到学校心理健康教育中心进行评估诊断，接受长期、系统的个别咨询。具体的心理干预技术包括设定目标、自我暗示和提醒、厌恶疗法、转移注意法、制作个人清单等。目前高校较常用的行为治疗技术就是“厌恶疗法”，其做法是将要戒除的目标行为与某种不愉快的或惩罚性的刺激结合起来，通过厌恶性条件反射作用，使患者最终因厌恶而戒除或减少目标行为。橡皮圈疗法是最常用和简便易行的方法之一，做法是网络成瘾者在自己的手腕上套上橡皮圈，当他有上网的想法或冲动时，弹拉橡皮圈，产生疼痛感，边拉边记数，目的是通过这种厌恶刺激转移注意力。“制作个人清单”法主要写出自成瘾以来被忽略或减少的其他每项日常活动，并回想这些活动如何对充实、提高自己的生活质量有利，这样的练习将有助于成瘾者在面对网络和一度喜欢而已失去的活动时做出正确的选择，该项技术对大多数的网络成瘾者都是有效的。

其次，有效开展“团体辅导”。团体辅导是治疗网络成瘾的一种有效方法，可以招募自愿戒网的网络成瘾者组成互助成长小组，通过团体辅导的形式，调整、改善与他人的关系，学习新的态度与行为方式，找回健康人的心态，正确地理解和对待生活。通常学生们每周会面一次，每次的会面时间为2小时左右。干预的思路主要是通过系列主题活动，分4个层面进行干预。一是问题解决层面：通过“E网情深”活动，使团体成员客观评价自我的网络使用行为、动机及后果。二是认知和情绪反应层面：通过“天生我才”活动，认识自己，纠正认知偏差，改善情绪反应方式。三是人际交往层面：通过“那些花儿”活动，评估个人的人际关系网络，寻找社会支持资源。四是自我管理层面：通过“生活是个大馅饼”活动，制定策略，提高自我管理能力。研究发现：经过约3个月的团体干预，成瘾者在生活无序感、心理防御机制和人际关系方面均得到了显著改善，而这三方面与网络成瘾都有显著关系，成瘾者对网络的依赖也有大幅度下降。当然，在实践中对团体辅导治疗大学生网络成瘾的具体程序还需要不断改进，需要对其长期效果进行随访研究。

3. 重度网络成瘾

首先要不断强化“干预机制”。学校应该不断强化对网络心理危机的干预机制，采取多种有效措施提高心理危机处理的科学性和有效性。通过定期的沟通和交流，心理健康教育中心的老师应与脑科医院、兼职心理咨询师、辅导员以及学生骨干之间形成顺畅的沟通渠道，能保证一层层地及时评估、治疗和转介。在整个干预过程中，心理健康教育中心的老师应及时关注医院专家的诊断和治疗意见，组织兼职咨询师、心理辅导员对这些问题进行深入的个案讨论，必要时时刻保持与院系政工干部、家长、学生的及时沟通。

其次是借助医疗机构的“专业治疗”。药物治疗也是一种较为有效的辅助治疗手段。研究表明，通过使用抗焦虑类、抗抑郁类精神药物可以缓解重度成瘾者的不良情绪，为心理治疗创造有利条件。目前，药物干预加心理疏导已作为一种综合治疗手段在临床中得到广泛应用。

这种情况一般要由具有医学背景的医疗机构专业医生做出判断，并制定相应的干预和治疗措施，越早进行医院治疗与家庭护理，学生的心理恢复越好，重塑其因网络成瘾而受到严重影响的人格也越快。但是，目前大多数高校还缺乏足够的经过专业培训的心理危机干预从业者，缺乏能配合专门的医疗机构进行治疗的有效措施，面对比较严重的网络成瘾者时，学校难免陷于被动和无力应对的境地。因此，在高校中建立相适应的专业队伍应该是今后网络成瘾干预工作的一个重要突破口。

延伸阅读

《网络共和国——网络社会中的民主问题》

作者：[美]桑斯坦

译者：黄维明

出版社：上海人民出版社

本书主要讨论网络中的民主问题。虽然我们随时可以从网络中获得我们需要的信息，可以与别人联系，但作者认为网络技术并不是民主的福音。他认为通过网络人们更容易获得的是自己喜欢的信息，而拒绝接受自己不喜欢的信息，事实上人们得到的是窄化的信息，它的结果是使社会趋于分裂，各种仇恨群体更容易相互联系和影响，也更容易对社会发动攻击。作者认为政府应积极介入以提供一个多元的信息环境。

《尴尬的接近权——网络社会的敏感话题》

作者：[英]拉克斯

译者：禹建强　王海

出版社：新华出版社

我们生活在信息社会，人们认为，由于新传播技术的出现，获得来自全世界的无限信息将促进财富增长、人类健康和社会民主。但信息社会果真如此吗？由于信息接近权只圈定在世界的少数人口，实际上，谁将会收获新的信息和传播技术的果实呢？本书破除了信息社会的神话。这些学者没有一个有技术恐惧症，相反他们从大肆炒作中冷静下来，他们认为，不是新技术创造了新型社会，而是新技术掩盖了持续的不平等和社会分裂，给压制改革提供了政治方便。

《e矛e盾》

作者：白硕

出版社：清华大学出版社

本书是一本讲述网络信息安全知识的科普图书。书中以生动活泼的语言，大量真实的案例，介绍了黑客、病毒、密码、有害信息与垃圾邮件等方面的知识，以及与网络信息安全有关的组织体系、法律法规、标准等，最后阐述了网络信息战的基本原理和发展趋势。全书融知识性、趣味性于一体，深入浅出，文笔生动，是一本难得的启蒙读物。

第六章 生活安全

案例引导

2008 年 1 月 4 日，南京航空航天大学将军路校区材料科学与技术学院医学物理专业一名大二学生进行电工实验时不慎触电，送医院抢救无效后身亡。身亡学生系北京籍，事情发生在该校区实验楼二楼电工实验室，实验名为“三相异步电动机的继电接触控制”，上午 10 时开始，实验电压 380 伏，每个学生一个实验台。大约 11 点半，部分学生在做完实验后离开，实验室内剩下不到 20 人。这位学生说，他一次回头时正好看到，在实验室倒数第二排的曹其林双手与实验电路相连，浑身有如被电击，喊出“我……触……电……”的声音，嘴张着话却没有说完，这个画面持续了五六秒钟。随后曹倒在了身后的椅子上，双手与电路脱离。紧接着，他看到，曹的眼睛半睁，嘴张着欲说不能。他站起身来往走廊迈了一小步，随后倒在了地上，随后同学们都跑了过去。发现曹的手心有内黄外黑的一块，同时他闻到有蛋白质烧焦的味道。他把手伸到曹的鼻孔，已感觉不到气息。随后校医务室医务人员赶到，给曹戴上氧气罩，经简单处理后派救护车送往南京市第一医院。13 时 6 分，抢救无效。事发后，该生家属从北京赶到学校处理相关善后事宜。1 月 11 日，该生被火化，家长随后离开南京。有关方面并没有透露针对此事与家长的协商结果。而当时在场的学生说，同在 1 月 4 日的实验课上，曹其林的一名女同学也在实验过程中触电，过了许久才缓过来。

第一节 实验安全

高校实验室安全事故按其发生的原因可分为 4 种类型：①因人员操作不慎、仪器设备使用不当和粗心大意酿成的事故；②因仪器设备和各种管线年久失修、老化损坏酿成的事故；③自然现场酿成的自然灾害事故；④人为因素造成的非法侵害或破坏事故。高校实验室里，这些事故的表现形式为火灾、爆炸、毒害及电机伤人等。

一、实验室火灾事故原因及预防

学生在实验室内用火用电，接触易燃物质，如果违反规定和处理不当极易引发火灾。

1．实验室发生火灾的主要原因

(1) 在实验室抽烟并乱扔烟头，接触易燃物。

(2) 供电线路老化、短路、超负荷运行。

(3) 忘记关电源，致使通电时间过长、电器温度过高或电线发热。

(4) 电器操作不慎或使用不当。

(5) 易燃物品保管或使用不当。

(6) 不遵守实验室安全管理规程，违反操作规则，实验中擅自脱岗等。如 2004 年北京某大学一名女学生做“苯乙烯和生物油聚合”的实验，实验中擅自离开实验室，其间发生通风橱着火事故。

2. 实验室火灾的预防

(1) 参加实验的学生在实验前要认真检查实验设备的安全性能状况，发现电线及设备存在故障时，应及时报告实验室管理人员。

(2) 学生进入实验室应严格遵守实验室管理规定，不得违规在实验室吸烟或使用电器。

(3) 参加实验的学生操作设备时应精力集中，严格执行操作规程，使用易燃易爆物品更要谨慎小心，实验结束前学生不得擅自脱岗，以防发生火灾事故。

(4) 参加实验的学生要了解实验室灭火器材的种类、存放位置和使用方法，一旦实验室发生火灾时，在报警的同时，立即使用灭火器材灭火。学生还要熟悉实验室的安全通道，以便一旦发生大火时能够迅速逃生。

二、实验室爆炸事故发生原因及预防

爆炸是大量能量在短时间内迅速释放或急剧转化成机械能的现象。高校实验室的爆炸事故多发生在具有易燃易爆物品和高压容器的实验室。

1. 酿成实验室爆炸事故的直接原因

(1) 违章操作，没有遵守安全管理规定。

(2) 设备老化，存在故障，未及时检修。

(3) 易燃易爆物品管理不善，发生泄漏，遇火花引起爆炸。

如某大学组织同学参观爆炸演示，一位同学未按老师要求站在规定的方向和距离以外，擅自进入危险区，被爆炸时飞出的物品击倒，当即身亡。还有某大学化学系吸附实验室生产车间突然发生爆炸，现场操作员、21 岁的河北籍临时工杨某当即身亡。经勘查，抽真空作为吸附生产的一道程序，按操作规程必须要开启节门。但从爆炸现场看，杨某当天却忘了这一关键步骤，因而埋下了致命的隐患。2007 年 6 月 30 日，北京某大学实验室发生着火爆炸事故，其原因是对实验中所用爆炸物质的残留物清理不及时，防护措施不到位，致使约 $60m^2$ 的建筑物严重损坏。

2．实验室爆炸事故的预防

(1) 了解爆炸物的性能。在接触爆炸物之前，必须了解爆炸物的基本性能，如它在什么条件下会爆炸？有多大的威力？可能造成什么样的伤害后果等。

(2) 在与爆炸物品接触时，要做到“7 防”：防止可燃气体粉尘与空气混合；防止明火；防止摩擦和撞击；防止电火花；防止静电放电；防止雷击；防止化学反应。

(3) 严格遵守各项法律、法规和规章制度。对于爆炸物的使用、管理、运输，国家有关部门都有严格规定，单位也有各方面的规章制度。如爆炸演示、试验、参观等，未经领导和指导老师允许，不得擅自参加；实验剩余的爆炸物，必须如数上交，不得私拿、私用；不允许私带、私藏、转让、转卖、转借爆炸品。这些规定必须严格遵守，切不可大意。

(4) 严守岗位职责。学生在进行实验、实习时，常常是分组活动，几个人共同进行操作，这就要严格按操作规程行事，听从统一指挥，协调行动，恪守职责。

(5) 发现问题，及时报告。如发现丢失爆炸物品或有违反国家关于爆炸品管理规定的行为，同学们不要自行处理，更不能听之任之，必须及时报告老师、学校保卫部门或当地公安机关，便于有关部门采取措施，防止危害事故发生。

(6) 做好实验设备特别是压力容器的定期检验。

三、实验室中毒事故发生原因及预防

高校实验室的中毒事故多发生在具有化学物品和剧毒物品的化学、化工、生化实验室和具有毒气排放的实验室。

1．实验室中毒事故发生的原因

(1) 违反操作规程，将食物带进有毒物实验室或食物与有毒物品共同存放在一起，造成误食。

(2) 因管理不善，造成毒品散落流失，引起环境污染。

(3) 排风、排气不畅，毒气难以散出，致使未离开实验室人员中毒。

(4) 废水排放管路受阻或失修改道，造成有毒废液流出，致使环境污染，引起中毒。

(5) 没有按规定穿防护服装、戴防毒面具等进行有效防护。

2．实验室中毒事故的预防

大学生要特别重视剧毒物品的使用与管理问题。剧毒物品关系到人的身体健康和生命安全，国家和有关单位都制定有严格的储存、运输、使用、销毁等一系列规章和制度。在实验中需要使用剧毒物品的，要严格遵守规定，不得有任何差错。对剧毒物品要按照“五双制”(双人保管、双锁、双账、双人领取、双人使用)的规定进行管理。剧毒物品只能在规定的房间内使用，并且要严格该房间的出入制度。学生在使用剧毒物品时，必须有教师带领，剧毒物品不得私自转借、赠送、买卖。剧毒物品用完后，废弃物要妥善保管，不得随意丢弃、掩埋或水冲，应上交学校统一处理等。对这些规定，每一个人都必须严格遵守并互相监督。只有这样，才能确保自身及他人的安全。

第二节 实 习 安 全

实习是大学生尤其是理工、医、农专业教学计划中非常重要的实践性教学环节。实习环节一般包括金工实习、认识实习、生产实习、毕业实习。无论哪种类型的实习，其共同特点是与生产实际接触，强调学生动手操作，正因如此，生产中存在的种种安全隐患，就可能在学生身上发生。

一、实习伤亡事故发生原因及预防

1. 学生在实习中发生人员伤亡事故的主要原因

(1) 对实习设备的不熟悉而造成操作失误，从而引发伤亡事故。有的学生对设备的操作不熟悉，在好奇心驱动下容易造成失误。如 2004 年北京某大学学生在一家工厂进行认识实习时，由于对冲床的误操作，造成其右手中指被切断。

(2) 安全意识差，违反安全操作规程，引发伤亡事故。有的学生安全意识淡薄，违规操作机械设备，致使发生伤亡事故。如 2004 年某高校学生金工实习进行金属成型加工时，随意脚踩开关，造成左手小指被剪板剪断。2004 年某医学院学生在进行毕业实习时，严重违反操作规程为病人注射抗生素，险些造成病人死亡。

(3) 安全知识匮乏，导致伤亡事故。由于学生对安全知识缺乏，从而造成事故隐患。如机械零件加工过程中对工件尺寸的测量，要求必须在机床安全停止转动后方可进行，加工铁屑只能够用铁钩清理，不允许用手直接清除。但这些基本知识，却往往被学生所忽略。2004 年某高校学生在实验室利用小型车床制作科研实验设备零件时，在机床未完全停止转动的情况下，匆忙测量工件尺寸而导致测量工具飞出，刮伤手臂，缝合 10 针。

(4) 不按规定要求着装和穿戴防护面具。工作服是实习学生进入实习场地所必须穿戴的服装，不同实习场合着装要求和着装的衣料区别也很大。但是有的学生没有按要求去做，而是随意着装，以致发生事故。如2004年某高校学生进行金属焊接实习时，未戴防护眼镜，并在清除电焊渣壳时违反操作规程，使温度极高的焊渣崩入眼睛，幸运的是未伤及眼球，仅仅造成眼角化脓，3个月后方痊愈。2004年某高校女学生因未戴安全帽，低头时长发被卷入高速旋转的车床中，造成头皮撕裂，落下终身残疾。

2．实习中伤亡事故的预防

大学生在实习中必须树立安全第一意识，严格执行实习的安全技术规定和参加实习人员各项具体要求，要了解和熟悉操作设备的性能，切勿盲目操作，要具有一些安全常识，一旦实习中发生事故苗头时，要当机立断妥善处置，防止发生大的事故。

二、校外实习安全注意事项

由于校外实习是在社会大环境中进行，学生对环境、实验场所、设备状况和周围人员都不熟悉，社会上存在的安全隐患也会对学生产生影响。参加实习的学生除了要严格遵守操作规程、预防实习事故外，还应增强防范意识，全方位注意实习期间的自身安全。

1．提高警惕，防止出现安全事故

为避免事故发生，首先要提高个人防范意识，如乘车时不坐超员车辆、无照运营的车辆等。其次，要提高公德意识，遵守公共道德，尽量避免与他人发生争执。第三，提高应急意识，在紧急情况下学会自救和应急处理。

2．冷静理智处理交往中的问题

对实习环境要尽快熟悉，与不了解的人员交流应慎重，实习期间外出要向带队老师请假，与社会上人员发生争执时要冷静理智地处理，不激化矛盾、扩大事态。

3．防止被骗

由于社会经验不足，个别学生在联系实习单位的过程中上当受骗。2003年轰动全国并被温家宝总理所批示的欧丽曼传销案，涉及全国10个省市13所高校近千名大学生，这些大学生被“洗脑”后有的变成了忠实信徒，有的则被传销组织严格控制，不许擅自活动，所有人员必须统一“晨练”“上课”和吃饭，俨然是一个地下监狱。

学生自己联系实习单位或单独外出实习时，要详细了解实习单位的资质情况，严格按照学校的规定实行备案制度，以便学校及时掌握其情况，预防被骗。

第三节　社会实践安全

大学生参与的社会实践活动，比较普遍的就是家教、打工和进行社会调查活动。在开展社会实践活动中，也要特别注意人身财产安全。

一、家教、打工的安全注意事项

大学生的家教活动是社会上的一种需要，也是大学生锻炼自己、提高能力的一种途径。据某刊物抽样调查，大学生做家教，因经济原因的占 46.9%，培养教学能力的占 31.6%，增加社会阅历的占 18.4%，打发空闲时间的占 3.1%。大学生打工不仅能锻炼自己、提高自己，为社会做出贡献，而且能为自己挣得一笔可观的收入，减轻家庭经济上的负担。但是学生在做家教、打工中应特别注意安全。

(1) 提高警惕，防止上当受骗。不少大学生寻找家教或进行打工，是自己通过中介机构或私下联系，并没有到学校有关部门登记注册。面对社会上中介市场和人员的良莠不齐、鱼龙混杂，部分大学生在做家教、打工过程中就容易发生问题。

针对以上情况，提醒外出做家教、打工的大学生，应争取得到学校的管理、指导和帮助，尽可能到学校有关部门登记注册，并学习、掌握有关的安全常识。

交换意见、签订协议时，应仔细研究对方提出的要求和协议中的条款，不要匆忙允诺或签字，防止上当受骗。

(2) 遵纪守法，诚信授课和工作。大学生做家教和外出打工，要遵纪守法，讲诚信，认真教授知识，做好工作，不做违法的事情。对个别受教孩子家长以及打工单位领导人员提出的无理要求，应坚决予以抵制。

(3) 大学生做家教和外出打工，来回的路上要注意遵守交通规则，避免发生交通事故。

(4) 在做家教和外出打工过程中，大学生要注意文明礼仪、自我保护；不得随便动用雇主家的物品；不得住在雇主家里，避免发生意外事情。

二、社会调查安全注意事项

高校每年都组织大学生结合专业到农村、工厂开展社会调查活动。这项活动大都是学校组织进行的，一般都由教师带队，学生具体组织安排。由于人员较多，到外地需乘车，并且吃住行都需要自行安排。在社会调查中需注意的安全事项如下。

1．交通安全

在前往调查地和返校过程中，以及在调查地都要乘火车、汽车、轮船、公共车等交通工具，要注意上下车的安全和遵守城市交通规则，避免发生交通安全事故。若发生交通安全事故，要依靠当地交通安全管理部门，依照交通安全法律、法规进行妥善处理。

2．治安、消防安全

我国的治安形势和状况总体是好的，但也时常发生盗窃、诈骗、火灾等安全事故，因此不管到何地、在何时，都要随时提高警惕，做好防盗，随时保管好自己的物品。防诈骗，防火灾，避免发生这类安全事故而影响社会调查工作的顺利进行。不要露天住宿，要住在安全的旅馆或可靠的人家里，避免发生意外事故。人员走失时，要及时使用电话联系，或事先确定集合的地点和时间。

3．卫生安全

在外出调查过程中，要注意饮食卫生，预防食物中毒，防止病从口入。不要随便到无照旅馆和小摊就餐。不要购买“三无”食品和食用过期的食品和饮料。夏天尽量不要食用剩菜、剩饭。要自带一些常用药物，如发现一般常见病可对症吃药，严重时应立即到医院医治。还要讲究个人卫生和保持公共环境卫生。

4．交往安全

大学生开展社会调查，出门在外，人生地不熟，要学会与人交往。谈话态度要好，问路问事要有称谓，进行调查时要讲文明礼貌。要注意听被调查人介绍的情况，认真记录，要谦逊谨慎。遇到不顺心的事情，受到不公道的待遇，要忍耐，要善解人意，学会换位思考，不要发脾气闹纠纷，不要争吵斗嘴，相互谩骂，更不能你推我拉，打架斗殴。否则，会损坏大学生的社会形象，影响调查工作的深入进行。

5．女大学生在社会调查中要注意防性侵害

女大学生穿戴不要太奇特、太暴露。夜间外出时要结伴而行，要尽量走明亮、往来行人较多的大道，不到僻静的地方去。尽量不找陌生人带路。就寝时应关好门窗，夜间到室外上厕所要格外注意安全。

6．个人不要独自外出开展社会调查

因为个人身单力薄，力量有限，一旦发生安全事故，难于解决和处置。如果一定需要个人外出进行社会调查，可以事先通报学校，由学校与前往的调查地有关单位联系，协助开展社会调查，并帮助处置有关事宜。

三、大学生打工、就业常见陷阱及防范方法

陷阱 1　押金、保证金以及押证件

一些用人单位会要求大学生支付押金，承诺交了押金后就可以上班，但之后又以人员已满等各种借口要求大学生等消息，而且拒绝返还押金，最后就没有音信了。有的单位收取保证金，称以此“保证”学生按要求上班，并答应在打工结束后归还，可是到结算工资的时候，保证金却不见踪影。这种情况多见于临时促销工作中。

防范方法：不付押金或是协议里写明押金理由

一般情况下单位是不应该收押金、保证金的，如果确实要收，要问清理由，并将费用的性质，什么时间、什么情况下归还等都写进协议中。切记，如果数额太大则宁可放弃打工，因为真被骗了，去诉讼会花更多的钱，没多少经济能力的大学生只能吃哑巴亏了。最好不要押任何证件！证件一旦流失，不法分子可能利用它来买手机等贵重物品进行诈骗或者进行伪造证件等不法活动。

陷阱 2 皮包公司

王同学去一家开价很高的翻译公司打工，对方的办公地点看起来很正规，工作人员态度也不错，为表示自己工作的诚意，她没有提出与公司签协议，只口头商定一个月发一次工资，分500元底薪和翻译费两部分。一个月后，王同学因故不能继续工作了，可公司却以财务有问题为由，承诺两星期后再付报酬。半个月后，当王同学再去公司索要工资时，却发现那家公司已经不知去向。

防范方法：通过年检鉴别“皮包”公司

根据法律规定，两年不参加工商年检的公司，会被吊销营业执照，所以有的公司就利用这点跟大学生签订短期合同，骗取免费劳动力。我们可以到工商局查询用人单位最近一年的年检情况。(要带着自己的身份证并交纳一定的手续费才能查询。)

陷阱 3　拒绝与学生签订协议书

有些公司高价招聘临时促销员，但未提及要签订书面协议，如果活动结束后，厂家要赖走人，你的劳务费无处可讨。

防范方法：签订权责明确的协议书

大学生打工一定要与用人单位签订书面协议。有的单位在协议里为自己规定的权利很多，

而给大学生的权利很少，这样的协议要谨慎对待，要求其权责明确。签协议书要明确对象，有的用人单位可能耍花招，营业执照上写的是A公司，协议书上写的却是B公司。

陷阱4 性骚扰、误入歧途

女生张某到一家电子产品销售公司上班，整个公司加上老板只有3个人。刚到公司，老板庄某对她和另一位新招的女员工很好，早上会给两人准备牛奶，午饭还有水果。没多久，庄某开始对她动手动脚，常常假借关心工作对她做出摸手、摸头的举动。有次她无意中说肩膀有些酸痛，庄某就给她做按摩。在一次拒绝与庄独处后，庄将她开除，并拖欠工资不给。

防范方法：女大学生打工加强防范意识

女生着装应尽量职业化；警惕老板对你的过分亲热、过多表扬，甚至请吃饭；不要轻易答应别人送你回家，晚回家最好让朋友、父母来接或者走人多的地方；尽量不要跟着别人去人少的地方或者鱼龙混杂的场所；公众场合尽量不要喝酒。

陷阱5 临时苦工

小张在建筑工地打工。包工头认识他舅舅，所以答应给他的工资比其他工人高。碍于面子，小张没签书面协议。一个多星期后，小张不小心被大石头砸了脚，当即被送去医院。脚伤养了好长时间，也花了不少钱，可包工头却仅仅支付了一个多星期工资和第一天的挂号费。

防范方法：尽量不做建筑工

大学生一般不具有做建筑工的技能，打这样的工危险度很高，一旦受了工伤，不管是金钱上，还是生理、心理上，对大学生都是损失。而且，许多包工头多半不愿与大学生短期工签协议。律师建议，尽量不要做这样的工作。如果确实需要挣钱，应该尽量找其他工种。

陷阱6 影响学习

有些学生由于家庭经济困难或急于参与社会实践等原因，有活就干，有钱就挣，像发传单、填调查表、家教一下子接好几个工作，一个学期下来，钱是赚了不少，可是由于课余时间几乎都用在了打工上，把学业都荒废了，这样可就得不偿失了。

防范方法：学习是职责

打工对学习肯定会有影响。不管怎样，学习是核心，也是上大学的目的所在，学习始终是学生义不容辞的职责！不过有的同学只追求“及格万岁”，一心想多打工、积累经验，这样的同学要清楚自己失去的东西，并愿意为其负责才好。

陷阱7 受不明身份者的打工邀请

李同学曾在寝室接到过一个电话，对方自称是某咨询公司的工作人员，正在各高校找暑期工，并解释道，公司是从一个活动的调查表上得知她的电话的。他的语气很有礼貌，在描述了工作性质、报酬之后，还留下了自己的电话号，说可以给李几天时间考虑。李同学考虑再三，决定拒绝。

防范方法：应当回绝

遇到这种情况首先要提高警惕，比如说招公关小姐的多半是不安好心，大学生阅历浅，容易上当，应坚决回绝。如果确实想做，第一，要了解别人做相同工作的经验，第二，应该和辅导员或家长有所沟通，长辈会提出中肯意见。

陷阱8　传销

2004 年 7 月初，在京读大学的张同学本打算利用暑假打工补贴学费，没想到被高中同学以打工为名骗到河北霸州市，钱和手机也被人拿走。被非法限制人身自由 2 天后，霸州警方将张解救回京。

防范方法：坚决不参与

传销是我国法律明令禁止的行为。常见手段如下：

(1) 抓住学生急于找工作的心理，以高回报和“参与创业”为诱饵进行欺骗。

(2) 人身自由受到限制，以上课、谈心、感情交流等方式进行思想控制。

(3) 洗脑后，学生被传销组织提出的平等、互爱等虚拟的东西所迷惑，对传销暴富神话产生浓厚兴趣，急于想改变自身现状。

(4) 以要好的同学、亲友为发展对象，诱使其参与非法传销活动。

(5) 要求交纳高额传销费用，金额大都在 5 000 元左右。

对于传销，首先要明确传销活动系非法活动，了解非法传销的欺诈本质，增强抵制各种诱惑的自觉性。其次不要将个人信息资料轻易告诉他人，以防被人以招聘、社会实践等活动之名骗入传销活动。另外要到正规的人才市场找工作，不要轻信同学、朋友优厚待遇的许诺。如发现不法分子在进行非法传销活动，应及时报警或向学校保卫部门报告。

第四节　体育运动安全

一、体育器械伤害的预防

在体育锻炼中经常会遇到体育场地或者器械伤害人体的事故。如场地不平整，容易崴脚，扭伤脚踝。投掷器械时不注意会砸或扎伤人。单双杠螺钉松动、器械不牢固，人容易从器械上摔下来受伤。因此，在体育锻炼中一定要注意以下几点。

(1) 参加体育锻炼时一定要先做好准备活动，使身体逐渐进入运动状态，防止人体没有活动开，肢体僵硬，导致器械碰伤撞伤。

(2) 参加体育锻炼时尽量选择平整的场地。如果在不平整的场地锻炼，要始终保持脚踝的一定紧张度，防止踩踏在不平的地方脚踝松弛造成扭伤。通过锻炼提高脚踝的力量，也可以防止在不平整的场地上扭伤脚踝。

(3) 参加投掷项目锻炼时，要注意观察器械着落地的情况，有无行人穿过，确定安全后再将器械投出手。一些通过旋转技术投掷的器械，如铁饼，一定要在有护笼的场地里进行投掷，防止铁饼出手飞行的落点超出预定的范围。

(4) 使用单双杠、杠铃等器械进行锻炼时，要先检查器械螺钉、卡扣等是否牢固，避免发生意外。

(5) 在球类运动中，不要强迫自己做出没有练习过的动作。要注意防止头顶足球时砸在鼻子或者眼睛上，使鼻子出血、眼睛撞伤。防止打篮球抢篮板时手指挫伤，打排球传球时手指扭伤等。只要通过锻炼，技术熟练了，球艺提高了，就可以最大限度地降低或防止以上各种受伤的发生。

(6) 参加长跑运动时要选择穿比较松软的衣服、运动鞋，防止穿不合适的衣服、鞋在跑步中磨破皮肤或脚趾。

(7) 参加滑冰或滑雪运动时，要注意在失去平衡时顺势摔倒、团身，保护自己。不要用硬力对抗，以免由于冰刀、雪杖的碰撞、击打而意外受伤。

二、游泳安全注意事项

游泳是许多人比较喜欢的体育运动项目，也是学校体育课中要进行的主要教学项目之一。大学生游泳时一定要注意以下几点：

(1) 了解游泳场所的情况，确定是否安全。一般情况下，游泳场所应该有救生条件、卫生设施以及较为严格的管理措施，这才是比较安全的游泳场所。

(2) 游泳入水前应该先做准备活动，活动身体，适应水温，然后再下水游泳。

(3) 学习游泳时一定要由浅入深，循序渐进，逐步完成各个环节，从熟悉水性、漂浮、换气、划水，到学会一种游泳的姿势，然后再扩展到学习各种游泳姿势。

(4) 不论是游泳的初学者还是游泳的练习者，在游泳的过程中都严禁在水中打闹、嬉戏。否则，非常容易将水珠吸入气管或肺部，通常称作呛水。由于呛水后气管被水堵住，人体失去呼吸的条件，很容易造成大脑缺氧休克，直接导致死亡。

(5) 游泳中，如果出现身体不适的情况，应该马上离开水池，上岸接受救护。

(6) 在自然水域游泳安全系数比较低，初学者不要独自到自然水域中去游泳。已经学会游泳的爱好者，到自然水域游泳时要结伴前往，首先要了解该处是否允许游泳。在允许游泳的情况下，要弄清水域的情况，由浅水处熟悉环境，逐渐向深水域过渡。不要在不熟悉的自然水域中潜泳或跳水。在没有组织的情况下，一般不要到江河、湖泊、水库、池塘里游泳，更不要到禁止的水域游泳，以免发生意外。

(7) 在海水中游泳时，由于海水的浮力比淡水大，因此游泳时会感觉比较轻松。但是海水的水域情况比较复杂，一定要正确估计自己的水性，量力而行。体力和技术不强的，不要到深水区域游泳。同时只能在固定开放的海水浴场游泳，不要到情况比较复杂的浴场外游泳，避免发生意外事故。

三、心源性猝死的原因及预防

人们在参加体育运动中发生心源性猝死的现象并不常见，但其发生的后果比较严重，可以导致生命受到威胁，直至死亡。

在建国 50 年的学校体育活动和体育课中，全国每年均有猝死发生，概率统计一般在千万分之一，大中小学生一年的死亡人数大约在几十人。

1．心源性猝死的原因

在正常情况下，一般健康人的心脏可以承受较大的运动负荷。安静时人的心率大约在 70～80 次/min，最大强度运动时能够达到 180～200 次/min，这种心率变化的幅度说明人的心脏功能是比较强大的，能够适应人体状态从安静到大运动量的大幅度变化。人体心脏的这种工作节律的变化及自我调整，保证了人体的健康。

正常的人体有一颗健康的心脏，参加体育运动时一般都不会发生心源性猝死，而健康的心脏只有通过体育锻炼来获得并增强。凡是不喜欢参加体育运动，或很少参加体育运动的人，一般情况下心脏功能都比较弱。

心源性猝死是指由于各种心脏原因引起的自然死亡，发病突然、发展迅速，一般死亡发生在症状出现一个小时内。病发后心脏停止收缩，失去排血功能，医学上称为心脏骤停。这类心律失常自行转复可能性很小，但如能及时救治，部分患者可成功复苏。

常见的心源性猝死一般有以下 3 种情况。

(1) 有心脏方面疾病隐患的人在运动时可能会出现心源性猝死。

(2) 心脏功能较弱的人参加体育锻炼时，选择了不是自己力所能及的体育项目和较大的运动负荷。在运动时，如果感到身体不适，要停止运动，在休息中让心脏逐渐恢复，一般不会发生问题。但是，往往在运动时，有的同学逞强好胜，心脏和大脑缺血、缺氧性猝死。

(3) 心脏比较健康的人，在大强度连续工作没有休息好或患有感冒发烧等疾病后，心脏的疲劳没有恢复，功能已经下降。在这种情况下，参加强度较大的体育活动时，也容易发生意外，导致猝死。

2．预防心源性猝死的方法

(1) 应对自己的心脏功能有一个清楚的认识。通过医学检查，了解自己是否有先天性的心脏疾病隐患。除了医学检查之外，还可以通过人体运动负荷的生理检查，对自己的心脏进行一个评定。

(2) 参加体育运动时应注意观察自己的身体反应，如果没有任何不适的感觉，心率变化稳定，说明处于健康的状态中。如果脸色发白，身体感觉不适，嘴唇发紫，心律不齐，就应该停止运动，避免发生意外。

(3) 参加体育锻炼贵在坚持，量力而行。运动负荷应该循序渐进，逐步提高。只要能够通过长时间坚持锻炼，增强了心脏功能，有了一颗健康的心脏，就可以避免心源性猝死的发生。

(4) 健康的人也需要很好的休息，保证自己的心脏能够通过休息恢复到最好的工作状态后，才能参加激烈的体育运动。

(5) 在参加较大强度运动时，不要突然停止，避免在运动时血液集中在腿部肌肉中较多而使大脑短暂性缺血，发生突然昏厥休克。在夏季气候炎热的条件下锻炼，身体出汗较多，要及时补充水，防止体液流失后补充不足，造成失水过多的运动休克。

(6) 多选择一些户外有氧运动，多吸入一些新鲜空气，对保证心脏为人体供血、供氧充足，避免发生运动中的意外猝死也有一定帮助。

第五节　饮食卫生安全

一、高校当前饮食卫生状况

目前，随着高校后勤社会化的发展，各高校相继成立了后勤服务公司，以市场运作的方式对学生进行各项服务。在饮食服务方面，许多高校饮食服务公司大多采用化整为零的方式，将原来由学校统一经营的食堂实行分割承包经营，一个学生食堂变成了多个食堂，有的场所变得狭小，炊事器械简陋，卫生设施比较短缺，并缺乏标准有效的管理。特别是高校扩招后，有的学校重视校舍建设，忽视食堂建设，因此学生食堂条件较差，保证学生的饮食卫生安全也比较困难。

随着学生人数激增，高校周边的个体饭店、小商小贩乘虚而入，从某个方面来说，这些个体餐厅满足了学生的饮食需要，有许多学生的惠顾。然而，许多小商小贩，流动经营，无营业执照、无卫生许可证和健康证，更没有经过系统的营养与卫生培训，饮食卫生安全隐患时刻存在。

二、科学进餐，养成良好的饮食习惯

(1) 坚持一日三餐，做到有规律进食，不暴饮暴食。聚会时切勿饮酒，尽可能根据气候特点和个人身体状况合理安排饮食，特别要注意患病期间的饮食卫生。

(2) 不去卫生条件较差的马路餐桌或个体摊点进餐或购买食品，少吃油炸、烟熏、烧烤的食品，这类食品如制作不当会产生有毒物质。

(3) 不喝生水，生吃的蔬菜、瓜果、梨桃之类的食物要去皮或洗净表皮上的残留农药，最好在开水里烫 3～5 分钟再食用。

(4) 在商店选购食品时，应注意生产厂家及生产日期，不食用无标签或非正规生产厂家的包装食品，不食用过期变质食品和病死的禽、畜肉。

(5) 食用鱼、虾、肉，蛋、奶等食品必须保证选料新鲜、干净，并且应高温加热后食用，不要生吃，不要吃隔夜变味的饭菜。

(6) 存放食品的容器要清洁无毒，食品特别是熟食要存放在清洁、干燥、通风条件好的地方，并要防止老鼠、蚊蝇、蟑螂等污染食品，避免化学药品与食物混放在一起。

(7) 要注意个人卫生，养成饭前便后洗手的良好习惯，尽量不要用手直接接触食物。

(8) 剧烈运动后不要急于吃食品喝水。

三、谨防食物中毒

食品中毒是指人在食入了含有有毒有害物质的食物后，身体出现痢疾状态的过程，食物中毒包括化学性食物中毒(如农药、甲醇中毒)，细菌性食物中毒(如大肠杆菌食物中毒)，动、植物性食物中毒(如加工不当的毛蚶、河豚、木薯、扁豆)等。

（一）食物中毒的原因

食物中毒首先应有中毒的食物，并且该食物中带有足够剂量的致病因子，具备了这两条，即可引起食物中毒。

经分析，引起食物中毒常见的有十大因素：

(1) 食品本身有害有毒，如毒草、莽草、发芽的马铃薯、木薯、苦杏仁、河豚、湟鱼、毒蚌等；

(2) 食品被有害有毒物污染，如化学毒物、有害生物污染；

(3) 不卫生的设备、容器或用具；

(4) 生熟食品交叉污染；

(5) 使用了腐败变质的原料；

(6) 剩余食物未重新加热；

(7) 误用有毒有害物；

(8) 不适当的贮存；

(9) 食品加工烹调不当；

(10) 个人卫生素质差。

（二）食物中毒的分类

1. 微生物性食物中毒

(1) 细菌性食物中毒。特点：以胃肠道症状为主，常伴有发热，其潜伏期相对于化学性的较长。

(2) 真菌毒素与真菌食品中毒。特点：中毒主要通过被真菌污染的食品发生；用一般的烹调方法加热处理不能破坏食物中的真菌毒素；没有传染性和免疫性，真菌毒素一般都是小分子化学物，对机体不产生抗体；真菌生长繁殖及产生毒素需要一定的温度和湿度，因此中毒往往有较明确的季节性和地区性。

2. 化学性食物中毒

化学性食物中毒的特点：发病与进食时间、食用量有关；发病快，潜伏期短，多在数分钟至数小时；常有群体性，病人有相同的临床表现；中毒程度严重，病程长，发病率及死亡率高；季节性和地区性均不明显，中毒食物无特异性；剩余食品、呕吐物、血和尿等样品中可以检测出有关化学毒物。

误食混有强毒的化学物质或食入被有毒化学物污染的食物；临床表现因毒性物质不同而多样化，一般不伴有发热。

（三）食物中毒的判断与预防

1．有预防食物中毒的意识和知识

要预防细菌性食物中毒，首先是不吃不新鲜食物。食物的来源和处理方法也非常重要。对常见的食品要知道正确的加工处理方法，对不经常见到的食品，一定要搞清楚其性质、加工处理方法后才能食用。吃生、鲜食品时应特别注意加工过程，不要贪图口福而随便吃来历不明的食品。

2．会判断食物中毒

(1) 有胃肠道症状：吃完东西以后感觉胃肠不舒服，甚至出现恶心、呕吐、腹痛、腹泻等症状，或者出现头晕、惊慌等症状；与自己共同进餐的人也出现了相同症状。

(2) 有可疑的食物或原料：进食了可疑的食物，例如食物不新鲜、有异味；吃过自采的蘑菇、鲜黄花、未炒熟的扁豆、发芽的土豆；用不是从正规渠道购进的盐炒菜，或误食了某种化学物质等。

(3) 出现症状的时间：从时间上判断，化学性食物中毒比有毒的动、植物毒素中毒出现早，通常以分钟计算。

3．在外就餐不要选择无证无照的摊点

拿到食物后最好能“望闻问尝”：看看食物的色泽有没有异常，气味是否和平常不同，有怀疑时可以及时向服务人员询问制作的时间和过程等；吃的时候如有异味要马上停止食用。

（四）食物中毒的应急处理

食物中毒抢救得越早效果越好。在现场急救的原则是设法尽快清洗和排出肠道内的有毒物质，防止毒物被吸收。症状重的应住院治疗。

以误食有毒蘑菇中毒为例，其应急处理方法是立即催吐、洗胃、导泻，具体可以采取如下措施：

(1) 对中毒不久而无明显呕吐者，可先用手指、筷子等刺激其舌根部催吐。然后用1:2 000～1:5 000高锰酸钾溶液或浓茶水及0.5%活性炭悬浊液等反复洗胃。让中毒者大量饮用温开水或稀盐水，以减少毒素的吸收。

(2) 如已有剧烈呕吐者，不用洗胃。但如果神志不清醒，呕吐时应帮助其将头偏向一侧，以防止呕吐物堵塞气管而窒息。

(3) 对已陷入昏睡乃至昏迷者，则应让其平卧，解开衣领。有假牙的应取出，并将头偏向上侧。身体保温，并稍抬高下肢。拨打急救电话。

第六节 预防传染病

一、传染病的一些基本知识

(一) 传染病的概念

传染病是指有传染性的疾病，是由病原体(如细菌、病毒等)侵入人体或动物体内引起伤害或破坏作用的疾病。这类疾病能互相传染，甚至广泛流行。

(二) 传染病的原因及传染途径

每种传染病都有它的原因，都在具备一定的条件时传播。

1．病原体

(1) 病毒。引起流行性感冒、天花、麻疹、流行性乙型脑炎、非典型性肺炎等传染病。

(2) 立克次氏体。引起斑疹伤寒、恙虫病等传染病。

(3) 细菌(分球菌和杆菌)。引起大叶肺炎、流行性脑脊髓膜炎、白喉、细菌性痢疾、伤寒、结核等传染病。

(4) 螺旋体。引起梅毒、回归热等传染病。

(5) 原虫。引起疟疾、黑热病、阿米巴痢疾等传染病。

2．传染源

患传染病的病人或患传染病的动物，身体内的病原体经过一定的传染途径，直接或间接传给他人或其他动物，成为传染的来源，叫作传染源。

3．传播途径

(1) 接触传染。有直接和间接两种。

1) 直接接触是与患者的皮肤或黏膜直接接触传染。如梅毒、淋病、狂犬病、非典型性肺炎等。

2) 间接接触是通过接触各种被病原体所污染的生活用品(餐具、家具、便具、公用毛巾、衣服、计算机键盘等)而传染。如伤寒、细菌性痢疾等。

(2) 飞沫传染。病人或带菌人咳嗽、吐痰、打喷嚏或说话时，病原体随着飞沫飘扬在空气中，健康人吸入以后可能被传染。如流行性感冒、肺结核、非典型性肺炎等。

(3) 食物、水源的传染。患者或带菌者病原体从大小便排出，常常会直接或间接污染饮用水。健康人吃、喝了这种被传染的食物和饮用水可能被传染。如伤寒和细菌性痢疾。

(4) 昆虫传染。苍蝇是胃肠道传染病的媒介，蚊子是疟疾的传播者，白蛉子是黑热病的传播者，虱子是回归热的传播者。它们叮咬了病人以后，再叮咬健康人或动物，将病原体传入人或动物而传染疾病。

(5) 土壤传染。土壤中有了某些病原体后，这些带有病原体的土壤和人的某一部位接触后有可能传染，如炭疽杆菌。

4. 易感者

易感者也就是对某一种传染病缺乏免疫力的人。

(三) 常见的传染病

大学生中常见的传染病有流行性感冒、流行性乙型脑炎、传染性肝炎、细菌性痢疾、肺结核、流行性出血热、败血症、传染性非典型性肺炎以及甲型 H1N1 流感等。

二、传染病的预防

大学生活是人员密集、高度集中的集体生活，具有传染病传播的途径和条件。从某种意义上说，大学生同吃一锅饭，同读一本书(图书馆的书你借看过后他借看)，同坐一张桌(前边你坐，后边他坐)，同住一个宿舍，同用一张床(四年前你住，四年后他住)，同玩一个球(大家互相玩)，同用一台计算机，一旦有病原体，将会互相传染。大学生群体中传染病一旦传播开来，不但给大学生身心健康造成伤害，而且还会给学校教学、科研、稳定造成巨大影响。

预防传染病是学校甚至是全社会的事，必须进行综合防治。就大学生本身讲，应注意以下几点。

(1) 培养良好的公共卫生的习惯。

1) 不随地吐痰，不随手丢弃杂物，自觉将打喷嚏、咳嗽和清鼻涕后的手纸放入垃圾箱；

2) 维护宿舍卫生，地上不乱倒脏水，经常开窗通风；

3) 维护餐厅卫生，不乱倒剩饭、剩菜；

4) 到公众聚集场所注意戴口罩等。

(2) 养成良好的个人卫生习惯。

1) 大小便前后、清鼻涕后、吃东西或吃饭前、点钱后、图书馆阅读后、计算机使用后等都要及时洗手。

2) 不喝生水，不吃不洁饭菜，不吃霉烂变质的食物，不到路边摊点餐饮，不吸烟，不酗酒。多喝开水，经常锻炼身体，以增强免疫力。

3) 常晾晒被褥，勤换洗衣服等。

4) 碗筷不混用，并经常用开水消毒。

(3) 最好不去卫生条件较差的游(娱)乐场所，不去酒吧、歌舞厅、浴池、网吧等。

(4) 根据天气变化，及时增添衣服；剧烈活动后，不要用冷水冲澡，以防感冒。

(5) 一旦有传染病征候，要到医院查看；一旦患有传染病，要自觉按规定进行隔离；发现其他同学患有传染病，要及时报告并进行隔离。

三、预防艾滋病

(一) 艾滋病

1. 艾滋病(AIDS)

艾滋病的医学全名为“获得性免疫缺陷综合症”。是由艾滋病病毒(人类免疫缺陷病毒，HIV)引起的一种严重传染病。

2. 艾滋病病毒(HIV)

艾滋病病毒的医学名称为“人类免疫缺陷病毒”，它侵入人体后破坏人体的免疫系统，使人体发生多种难以治愈的感染肿瘤，最终导致死亡。

3. 艾滋病病毒感染者和艾滋病病人的区别

艾滋病病毒感染者是指已经感染了艾滋病病毒，但是还没有表现出明显的临床症状，没有被确诊为艾滋病的人。艾滋病病人指的是已经感染了艾滋病病毒，并且已经出现了明显的临床症状，被确诊为艾滋病的人。二者之间的相同之处在于都携带艾滋病病毒，都具有传染性。不同之处在于，艾滋病病人已出现了明显的临床症状，而艾滋病病毒感染者还没有出现明显的临床症状，外表看起来跟健康人一样，从艾滋病病毒感染者发展到艾滋病病人，可能需要数年到10年甚至更长的时间。

4. 艾滋病患者的主要临床症状

艾滋病病毒进入人体到致病需要一定时间。一般是7～10年甚至更长时间的潜伏期。但也有个别感染者几周后就出现类似流感一样的症状，如发热、肌肉疼痛和皮疹等。当感染者的免疫功能被破坏到一定程度后，出现原因不明的长期低热、体重下降、盗汗、慢性腹泻、咳嗽等。其他致病菌，甚至在正常情况下一些非致病菌也会乘虚而入，使人发生多种疾病，如严重腹泻、肺炎或某些癌症。还有些病人因病毒侵袭到神经系统会发生痴呆等症状。总之，艾滋病的临床表现是多种多样的，但最后病人往往是死于严重的腹泻、肺炎、肿瘤等造成的身体衰竭。

5. 艾滋病是“超级绝症”

艾滋病是获得性免疫缺陷综合征(AIDS)，是一种严重危害健康的传染性疾病。当人体处于正常状态时，体内免疫系统可以有效抵抗各种病毒的袭击。一旦艾滋病病毒侵入人体体内，这种良好的防御体系便会土崩瓦解，各种病毒乘机通过血液、破损伤口长驱直入。此外，人体内一些像癌细胞之类的不正常细胞也会迅速生长、繁殖、最终发展成各类肿瘤。虽然全世界众多医学研究人员付出了巨大的努力，但至今尚未研制出根治艾滋病的特效药物，也没有可用于预防的有效疫苗。目前，这种病死亡率几乎是高达100%的“超级绝症”已被我国列入乙类法定传染病，并被列为国境卫生监测传染病之一，故此把其称为“超级绝症”。

(二) 艾滋病(AIDS)的传染

1. 艾滋病传播的途径

艾滋病病毒(HIV)主要存在于艾滋病病毒感染者和艾滋病患者的体液中，包括血液、精液、阴道分泌液、乳汁、伤口渗出液等。能够引起体液交换的行为，都有传播艾滋病病毒(HIV)的可能。

感染艾滋病病毒4～8周后才能在血液中检测出艾滋病病毒抗体，但在测出抗体前已具有传染性。已感染艾滋病病毒的人平均7～10年时间(潜伏期)才确诊为艾滋病病人。在成为艾滋病病人以前外表上看上去和平常人一样，但能将病毒传染给其他人。

艾滋病病毒有三种传播途径：性接触传播、血液传播及母婴传播。

(1) 性接触传播。性接触传播是目前全球主要的艾滋病病毒传播途径，全球大约70%～80%感染者是通过性接触感染上艾滋病病毒的。

(2) 血液传播。

一是静脉注射吸毒。静脉吸毒者共用注射器或注射器消毒不严，致使艾滋病病毒相互传染。截至2000年9月，我国静脉注射吸毒感染艾滋病病毒病例占报告总病例数的72.1%。

二是输血或输入血液制品。如果是艾滋病病毒感染者参加献血，病毒也会随着血液进入到其他健康人体内引起感染。

三是医源性感染。临床医疗工作中交叉感染。如针头、牙钻和注射器等消毒不严、与艾滋病病人、艾滋病病毒感染者共用器械或用不干净的注射器，都可能被传染。

(3) 母婴传播。母婴传播主要是感染了艾滋病的妇女(约有30%)，通过妊娠、分娩和哺乳传给婴幼儿。

2. 不会传染艾滋病的情况

艾滋病虽然是一种严重的传染病，但它不是在任何情况下都会传染的，下述具体情况就不会传染艾滋病：

(1) 在学校、公共汽车上、音乐厅、球场或其他地方相邻而坐；

(2) 身体接触或握手；

(3) 与他人共用厕所、水壶和电话；

(4) 献血或做血液化验；

(5) 共用计算机终端、商店设备、书或其他学校设施；

(6) 在餐厅用膳，甚至共用菜盘、口杯、刀叉和其他餐具；

(7) 在同一游泳池游泳或使用同一淋浴器淋浴；

(8) 咳嗽和打喷嚏；

(9) 蚊虫叮咬；

(10) 与艾滋病病人及艾滋病病毒感染者的日常生活和工作接触。

（三）艾滋病的预防

截止到2007年6月我国有艾滋病病毒感染者已超过100万人，其中病人4万例，死亡13000人。从2004年末，该疾病已出现了由高危人群向普通人群发展的新趋势，每年正以30%～40%的速度上升。预防艾滋病已刻不容缓。

艾滋病是一种病死率极高的严重传染病，虽然目前还没有治愈的药物和方法，但却是可以预防的，只要每个人都掌握预防艾滋病的常识并认真遵守执行，就可以把传染艾滋病的危险减少到最低程度。就大学生自身而言，应注意以下事项：

(1) 加强自身修养，树立正确防范意识。对艾滋病既不能过分恐惧和存有偏见，更不能对艾滋病正在以惊人的速度蔓延和所引起的社会危害视而不见，应采取积极正确的态度面对。学会缓解学习、生活压力，不在苦闷时以寻求不健康的刺激求解脱，拒绝自己不愿发生的事情。如婚前性行为、性骚扰、吸烟、酗酒，甚至吸毒等。要学会与同学交往，要学会在遇到困难时正确寻求同学、老师的帮助。

(2) 遵守性道德、洁身自爱、反对性乱，不要有婚前和婚外性行为；遵守婚前健康检查的规定；婚前一定要知道结婚对象是否受艾滋病病毒感染；遵守政府法令，不搞卖淫嫖娼。

(3) 不到消毒不严密或不消毒的理发店、美容店和浴室去理发、美容、文眉、文身、穿耳眼、修脚、洗浴；刮脸刀、电动剃须刀必须每个人自备专用，不与他人共用；牙刷必须每个人一把。

(4) 任何注射，最好使用一次性注射器。

(5) 怀疑自己或性伴侣受艾滋病病毒感染时，应坚持使用安全套。

(6) 不以任何方式吸毒。有毒瘾者暂未戒除前，切勿与他人共用注射器。

(7) 就医时要到正规医院，使用经严格消毒的注射器及治疗器械；不到消毒得不到保证的不正规诊所、医院去打针、拔牙、针灸或手术；救护流血的伤员时，要设法防止血液直接沾到自己的皮肤或黏膜上。

(8) 不要擅自从国外带入血液制品，不使用未经检验的进口血液制品；有必要输血时，要使用经艾滋病病毒抗体检验合格的血浆。

(9) 已受艾滋病病毒感染的女性不要怀孕。

(10) 如果自己有感染艾滋病病毒的条件和可能，或自身有这方面的不适，应及时到医院检查；如果已成为艾滋病病毒携带者，应先与当地的卫生防疫站和传染病医院接触，从那些机构可以得到医疗服务、咨询和帮助，并谨慎防护措施，严防再传染他人。

安全指南

日常生活中的10个医学小常识

生活中了解一下医学常识是很有用的，会给您的生活带来不少方便：

(1) 在服药前半小时最好不要吃水果，因为有些水果中含有可与药物发生化学反应的物质，使药效降低。

(2) 研究显示，能带来健康的果汁，紫葡萄汁居榜首，苹果汁和蔓越梅汁紧随其后。被普遍喜爱的橙汁排名却不高。橙汁所含抗氧化成分比其他被测果汁少。

(3) 洗衣粉所含成分中表面活性剂会破坏皮肤角质层，使皮肤变粗糙；增白剂是一种有毒物质；助洗剂对人的肝脏也有所损害。

(4) 在座椅和沙发上放置合适靠垫，维持腰椎生理曲度，降低脊椎负荷；尽量睡硬床，避免软床，不要高枕，可防止颈、腰疼痛。

(5) 赤脚走可以释放身体的静电，还可以帮助按摩脚心，经常刺激脚底，可使脚部循环畅通，使身体更加苗条健康。

(6) 牙膏不要长期使用，使用时间越久，接触细菌的机会就更高，所以买牙膏最好选一个月用量的。

(7) 蜂蜜最好用 60℃以下温开水冲服，以免其营养成分被破坏，尽量不和性凉的食品同时饮用，以免引起腹泻。

(8) 往温水里加点柠檬汁，或是在水中放入两片柠檬，然后将洗后的白色衣服浸泡十分钟，就能变得亮白如新了。

(9) 吃盐过多，会使体内钠离子增加，导致面部细胞失水，从而造成皮肤老化，时间长了就会使皱纹增多。

(10) 煮饭不宜用生水。因为生水中含有氯气，在烧饭过程中，它会破坏粮食中所含的维生素B1，应用开水煮饭。

延伸阅读

《理想走在现实的路上——大学生实习纪事》

作者：吴迪

出版社：春风文艺出版社

本书的作者都是大学生，他们通过毕业实习的短暂经历，认识到了学校的纯真安逸和社会的复杂残酷之间的强烈反差，仿佛一夜之间由青涩转向成熟。通过实习，他们忘记了朦胧缠绵的大学爱情，抛弃了愤青时代的固执和偏激，他们懂得了理性地看待社会和生活，相信现实虽然无情无奈，但是永远比幻想精彩。

《新编危险物品安全手册》

作者：新编危险物品安全手册编委会

出版社：化学工业出版社

本书以介绍化学危险品为主，也包括非化学危险品而具有危险性的物品。全书共收录6 000余个品种，可供从事危险物品的生产、使用、经营、运输和储存的专业人员查阅，也可供安全管理、监督及危险物品抢救、救护和消防等有关人员，以及从事科研和教学工作的人员参考。

第七章　心理健康与安全

案例引导

王某是某中师学校中文班的学生。自打高中起，她就是班里的学习尖子，老师的宠儿，父母的宝贝。高考那年因身体原因和临场发挥欠佳，被某中师录取。当时她心里很不是滋味，不想上中师。父母再三做她的思想工作，说是先上为好，只要她好好学习，毕业时再考大学，家里一定尽全力支持她。自她上中师以后，父母经常到学校来帮她洗衣叠被，并走访老师，鼓励她一心一意学习，不要分心。父亲说，只要她能考上大学，他干什么都可以。父母的过分关注使王某背上了沉重的心理包袱。她总担心自己万一考不上大学该怎么办，越担心越不集中精力，学习由班上前几名掉到中游。随着毕业的临近，她的精神越来越紧张，时间一长、精神不堪重负。一天到晚神思恍惚，心烦意乱，拿起书就头疼。有时父母大老远跑来学校看她，她却避而不见。平时总认为别人都在笑自己，说自己的闲话，碰到芝麻大的事都害怕，过马路怕车撞，开冰箱怕触电，夜里失眠，白天昏沉。离毕业只有3个月了，她却无法坚持下来，不得不休学回家。这是一种心理病症，叫作焦虑性神经症。人们在日常生活中常常会感到焦虑，比如临考前、上讲台前、在刚进入一个新的陌生环境中都会产生焦虑。而过度焦虑是一种心理疾病，其主要特征是无时不焦虑，无时不紧张、害怕，整天为无谓的事情担忧，惶惶不可终日，产生诸如失眠、心悸、头昏、乏力等症状。其产生的原因一个是个人原因，二是环境原因。往往都是心理承受能力差的人在外来压力下，内外因素共同促使产生的。像王某的表现，一是自身控制把握能力差，二是父母极度期望而造成的。

第一节　心理问题及其成因

一、心理健康的概念

心理健康是指一种良好而持续的生活适应状态。其一，心理健康是指人能适应生活，而对生活中的一切，不论喜怒哀乐，均能平静接受；其二，心理健康是指人的这种适应状态是持续稳定的，而非瞬间发生的。美国心理学家马斯洛总结心理健康表现在十个方面：一是具有适度安全感受，二是具有适度的自我评价，三是生活的目标能切合实际，四是能与现实环境保持良好的接触，五是能保持人格的完整与和谐，六是适度的情绪表达与控制，七是善于从经验中学习，八是能保持良好的人际关系，九是在不违背团体的原则下能保持自己的个性，十是在不违背社会规范的条件下，对个人的基本需求能做恰如其分的满足。

二、大学生不良心理的主要表现

笼统地讲，不良心理包括心理障碍和心理疾病。所谓不良心理是相对于健康而言的，大学生的不良心理往往表现为心理障碍现象。健康心理是指个人能以积极的、稳定的心理状态适应生活、学习、工作中各种内外因素、环境、政策的变化，从而保持应有的心理平衡。而不良心理或心理障碍是指这种心理平衡被打破，出现了异常的心理倾向。

大学生常见的不良心理表现比较集中的方面有：

(1) 学业方面表现为考试焦虑、成绩不稳定、学习压力过大、负担过重、专业不理想、缺乏学习动力、厌学情绪比较严重、没有学习欲望。

(2) 人际关系方面表现为沟通不良，交往恐惧、人际冲突、关系失调、孤独封闭、缺乏社交技能等，从而产生自卑、自负、嫉妒、冷漠等不健康心态。

(3) 恋爱与性方面表现为与异性交往困难、因单相思而苦恋、失恋、陷入多角关系不能自拔、对性冲动的不良心理反应、对性自慰行为的过分自责、时常产生性幻想。

(4) 人生态度方面表现为对人生意义的理解、人生价值的取向、人的本质的认识等问题产生消极的评价倾向。经不起批评、打击和失败。

(5) 其他如家庭关系、经济困乏、职业选择、个人发展方面，也常出现困惑和苦恼以及情绪的不稳定等。

三、引发大学生心理问题的因素

1. 交际、交往的困难是诱发心理问题的首要因素

进入大学的青年男女在现实生活中是一个独立的个体，较中学相比缺少父母、亲朋、师长的更多关照，因此有些大学生不会独立生活，不知道如何与人沟通，不懂交往的技巧与原则。有的同学有自闭倾向，不愿与人交往；有的同学为交际而交际，不惜牺牲原则随波逐流。

导致大学生交际困难有以下几个原因：一是目前大学生多为独生子女，对其教育不当造成了一些负面效果，如任性自私、为所欲为；二是由于从小缺乏集体环境而导致缺乏集体感与合作精神；三是家长的过分包办使独生子女上大学之后缺乏最起码的独立生活及为人处世的能力。由于交际困难，一方面导致大学生产生自闭偏执等心理问题，另一方面因无倾诉对象，有问题的学生更会加重心理压力，还易导致心理疾病。

2. 情感困惑和危机是诱发心理问题的重要因素

当前，大学生对情感方面的问题能否正确认识与处理，已直接影响到大学生的心理健康。影响因素主要有以下几点：首先是大学生的性困惑问题，男生因对遗精产生误解而紧张，对手

淫认识有偏差而产生犯罪感；女生在月经前后精神紧张，在性意识与自我道德规范的冲突中产生心理矛盾。其次是大学生因恋爱所造成的情感危机，这是诱发大学生心理问题的重要因素，恋爱失败往往导致大学生心理变异，有的人因此而走向极端，甚至造成悲剧。

3．角色转换与适应大学生活的能力高低是诱发心理问题的又一重要因素

大学新生都有一个角色转换与适应的过程，每年刚入学的大学生往往会出现各种各样的心理问题，心理学上将这一时期称之为“大学新生心理失衡期”。导致新生心理失衡的原因首先是现实中的大学与他们心目中的大学不统一，由此产生心理落差；其次是新生对新的环境、新的人际关系、新的教学模式不适应，产生困惑而造成心理失调；另外，新生作为大学中普通的一员，与其以前在中学里作为佼佼者的感觉大不一样。大学新生对新环境不适应，如果得不到及时调整，便会产生失落、自卑、焦虑、抑郁等心理问题，有的学生还会因长期不适应而退学。

4．学习与生活的压力也会诱发心理问题

进入大学后，教师的授课方式、学生的学习方法、习惯都会因环境的变化而有很大的变化，被迫做出调整；部分大学生所学的专业并非是自己理想的专业，使他们长期处于冲突与痛苦之中；课程负担过重，学习方法有问题，精神长期过度紧张也会带来压力；另外还有参加各类证书考试及考研所带来的应试压力等等。精神长期处于高度紧张的状态下，极可能导致大学生出现强迫、焦虑甚至是精神分裂等心理疾病。生活的压力主要在于学生不善于独立生活和为人处世，还有生活贫困所造成的心理压力，有些人虚荣心太强，经不起贫困带来的精神压力，总觉得穷是没面子的事，不敢面对贫困，与同学相处敏感而自卑，采取逃避、自闭的做法，有的同学甚至发展成自闭症、抑郁症而不得不退学。

5．就业压力的增大也是诱发心理问题的因素之一

近几年来，由于社会竞争的加剧，就业市场的不景气，大学生找工作或找比较理想的工作越来越困难。这对大学里众多高年级学生造成很大的精神心理压力，使他们因焦虑、自卑而失去安全感，许多心理问题也随之产生。

6．对网络的依赖是引发心理问题的一个重要因素

不少大学生一方面因交际困难而在网络的虚拟世界里寻找心理满足，另一方面也被网络本身的精彩深深吸引。所以，有些大学生对网络的依赖性越来越强，有的甚至染上网瘾，每天花大量时间泡在网上，沉湎于虚拟世界，自我封闭，与现实生活产生隔阂，不愿与人面对面交往。这样久而久之，会影响大学生正常的认知、情感和心理定位，还可能导致人格分裂，不利于健康性格和人生观的塑造。迷恋网络还会使人产生精神依赖性，在日常生活和学习中举止失常、神情恍惚、胡言乱语、行为怪异，甚至发展成为“网络综合症”。

7．对独生子女教育不当造成的后遗症，是导致大学生心理问题频发的另一诱因

独生子女群体已成为当前大学生的主体。由于升入大学前期对独生子女的教育不当，使得独生子女出现任性、自私、不善交际等问题，而这些问题往往源于独生子女从小就备受家人的溺爱，缺乏集体合作精神。在溺爱环境中长大的孩子，常会养成许多不良习性，而这些习性则成为诱发心理疾病的原因，使人产生暴力倾向和行为。

8．家庭及外界环境的不利影响引发大学生心理问题

家庭及外界环境的不利影响也会成为诱发大学生心理问题的因素，比如不当的家教方式、单亲家庭环境及学校环境的负面影响、消费上攀比、对贫困生的歧视、学习节奏过于紧张等等。

第二节　心理问题及调节

一、容易引发违法犯罪的心理问题

1．追求享乐心理

这是大学生中较为普通的一种心理现象。在校大学生没有经济收入，但一些人往往又追求高消费、摆阔气，整天想着不劳而获，做人上之人。这类大学生的家庭条件往往并不困难，但他们追求高消费，享乐成了优势需要，一旦手头“吃紧”，向家里伸手又难以满足时，便产生通过盗窃、诈骗等手段获取不义之财的动机。

2．打击报复心理

大学生正处于心理成熟的过渡期，看问题缺乏全面性，对困难和挫折缺乏想象力，有较强报复心理。有的人恋爱不成而生恨，有的人被对方非礼后千方百计寻求报复，有的人仅仅因为一两句话或一点小事，就认为被对方侮辱便打伤或杀害对方。

3．寻求刺激心理

大学生普遍具有较强的求知求新欲望，但如果在求知求新过程中，低级的情绪体验——寻求刺激成为优势需要时，往往会迎合那些情调低下的东西或满足自我畸形的求新求奇的心理而形成不正常的寻求刺激心理。

4．逆反心理

这是一种故意对对方的要求采取相反的态度和言行的心理状态。青年学生中常会出现的个别人“不受教”“不听话”，与教师“顶牛”“对着干”现象。这种与常理背道而驰，以反常

的心理状态来显示自己的“非凡”“高明”的行为，往往来自“逆反心理”。

5．嫉妒心理

嫉妒心理是面对他人的某种优势而产生的不愉快的情感。它俗称“红眼病”，是对别人的优势以心怀不满为特征的一种不快、自惭、怨恨、恼怒，甚至带有破坏性的负感情。青年学生一方面由于心理发育不完全成熟，另一方面由于社会交往范围日益扩大，置身于一种充满竞争的学校或社会环境中，于是个别差异在相互交往中被突出了。因此，优势地位成了他们追求的目标，进而看到别人的长处，而自己又无力或不愿改变现状，于是就对对方表示不满、怨恨，甚至加以损害。

二、如何调适自己的情绪

一个人对事物及问题的认识不同，会产生不同的情绪。大学生正处在世界观、人生观、价值观的形成阶段，对事物的认识和对问题的看法往往有失全面性和客观性。如果不注意完善、提高自我，就会陷入情绪化、不理智，对未来失去信心，长此以往，还可能形成不健康的心理。大学生要定时调整自己的情绪，不妨采取以下方法。

1．调整认识角度

美国心理学家艾里森在20世纪50年代创立的被称为“合理情绪疗法”的理论认为，情绪困扰并不一定是由诱发性事件直接引起的，常常是由经历者对事件的非理性的解释和评价引起的。如果改变了非理性观念，调整了对诱发事件的认识和评价，领悟其中的理性，情绪困扰就会消除。现实生活中的许多情绪困扰都是这样，如果从非理性的角度去认识某一事物或问题，会使人饮恨不已；如果换个角度去认识，理性一些去认识，就会使人豁然开朗。正所谓“退一步海阔天空”或者说“换个角度天地宽”。

2．学会难得糊涂

对一些无关大局的非原则性的外部刺激，在认识上要模糊一些，在心理感受上要淡漠一些。当别人在背后说自己几句话时，或因一些小事与人发生口角时，或偶遇失意时，不妨有意识地控制一下自己的情绪，坦然处之，不斤斤计较，不耿耿于怀，做到大事清楚，小事糊涂。这种超然处世的态度，显示出一个人的态度、自信和修养，需要有意识地经常加以培养。

3．合理进行宣泄

人的情绪处于压抑状态时，应该加以合理宣泄，这样才能调节机体的平衡，缓解不良情绪的困扰和压抑，恢复正常的情绪情感状态。如遇到挫折和失败，内心苦闷难受时，畅快地哭一场，或者找人诉说一通，都是缓解情绪压抑的好办法。日本一家企业，设立专门部门，旋转吊袋，供对企业有不满情绪的人拳打，发泄后再畅谈一番。国外一些城市、大学内，设立多种形式的心理咨询机构，如“自杀咨询电话”“大学生心理咨询中心”等，自己信任的老师、同学、老乡、恋人，特别是受过专门训练的心理咨询人员，作为倾吐的对象。这些人可以成为我们缓解消极情绪压力的“精神港湾”。

4．通过活动转换

当出现不良情绪反应时，头脑中有一个较强的“兴奋灶”，此时如果能够在头脑中建立起另外的“兴奋灶”，可以使原先的“兴奋灶”冲淡或抵消。这就是利用环境的调节和活动的转移来排忧解难的又一方法。例如，苦闷烦恼时，出去散步或听听音乐，会使人心情舒畅一些；当怒不可遏时，可强迫自己做一些别的事情，分散注意力，从而稳定情绪；失恋中的青年，可以把学习或工作的日程排得满一些，紧凑一些，使自己沉浸于繁忙的学习和工作中。

5．巧用幽默缓解

幽默感是消除不良情绪很有用的工具。当我们遇到某些无关大局的不良的外界刺激时，如别人的讪笑、挖苦等，要避免陷入激怒状态，最好的办法就是超然洒脱一些。一个得体的幽默，一句适宜的俏皮话，常常可以使已经紧张的局面轻松起来，使一个窘迫难堪的场景消逝。幽默，是智慧的表现，是成熟的表现。乐观地对待生活，不为任何挫折、失败和痛苦所压倒，这样的人才是真正的强者。幽默感，正是在这样的意志锤炼中培养起来的。

三、大学生常见心理问题调节

一个人的一生中不可能总是一帆风顺。风华正茂的大学生将随着知识的积累、阅历的丰富逐步走向成熟。在这些过程中，大大小小的挫折将时刻伴你左右，只有敢于和善于直面人生挫折，才能在挫折中奋飞，在拼搏中成功。

1．要正确地认识挫折

挫折指人在达到自己人生目标过程中所受到的困难以及因无法克服这种困难而产生的一种紧张状态和情绪反应。从哲学上讲，挫折的产生既是必然的，又是偶然的。说其必然，是指在人生整个过程中，人们总是或多或少，或轻或重地可能遇到各种不同的挫折；说其偶然，即在人生旅途中，每个人可能遇到什么样的挫折、什么时候发生挫折是很难预料的。了解到挫折的特征，我们就容易应对人生挫折了。

2．冷静且客观地分析挫折产生的原因

挫折的产生不外乎客观原因和主观原因两种情况。

客观原因即外界条件的限制和阻碍，这种条件主要包括自然条件和社会条件。自然条件如天灾人祸；社会条件如社会政治动荡、战争等。无论是自然的天灾人祸，还是社会变迁影响，对于个体都是不可选择的。因为人不可能选择家庭出身，选择社会时代，更不可选择自然。

主观原因，即是主体条件的限制和阻碍，它主要包括行为者自身的条件和认识的偏差两个方面。个体自身的条件如容貌、身高、健康、经济状况、智力、心理素质等影响个人目标实现的因素。认识的偏差表现为目标过高和期望值过高，致使行动无论怎样努力都难以达到目标。青年期正处于自我意识确立的敏感期，思维方式的两极波动异常使青年走向简单否定。

因此，冷静地对产生挫折的原因进行客观的分析不仅需要掌握唯物辩证法这个基本武器，还要善于改变自身的不良个性。

3．积极寻求战胜挫折的方法

认识和分析挫折的目的是为了战胜挫折。要战胜挫折，就必须找到适当的方法。

(1) 热爱生活。从人生态度的层面上看，热爱生活反映了人生的一种基本信念，提示了人对自己、对社会及其生活的一种积极倾向，这种倾向内在地奠定了人们正视产生任何挫折可能性的心理基础。

(2) 锻炼意志力。不论是从社会发展还是人生的进步方面看，人类社会和个体的每一次进步都是以物和人的牺牲为前提的。在今天这个多变转型的社会中，一个人要想成功必须要具备顽强的意志。只有一个好的智力而没有坚强意志力的人很难适应社会进步。

(3) 重建目标系统。当人陷入某种困境时，理性的迷失或降低都是常见的情形，因此要走出认识上、心理上的某些误区，重建自己的目标体系。这才是一个理智的、成熟的人的标志。

(4) 要有成败两手准备。这是前人人生经验的总结，更是生活辩证法的揭示。有了“最坏”的准备，就等于增强了心理承受力。有了对挫折较强的心理承受力，再加上向“最好”处努力，就能够构成积极的人生态度，这有利于在人生实践中把握自主性，减少盲目性；增强主动性，减少被动性。

4．特困大学生如何面对经济上的困难

有一份资料显示，现在在校的大中专学生中，家庭困难者有 30%多，特困生有 10%。这在全国上千万大中专学生中应是一个庞大的数字。试想一个农村家庭和家庭收较低的城市家庭，除了别的开支以外，供养一个大中专学生，花销无疑是很大的。对上学困难的同学而言，我们没有必要为此自卑、烦恼。因为家庭不会因为你不上学就能富裕起来，而且我们毕业后在很大程度上能给父母和家庭以较大的帮助。问题是你应当在节约每一笔开支的基础上努力做到以下几点：

(1) 如艰苦一点能过得去，你就应当努力学习，争取以更好的成绩报答父母。

(2) 利用节假日多参加一些勤工助学活动或参加学校勤工俭学中心的一些活动。如做家教、兼职文员、兼职广告，参加一些服务行业的活动，增加收入，减少对家庭的依赖。

(3) 向银行贷款，在毕业后逐年偿还。

(4) 如果你的困难靠自己的努力无法克服，你可以向老师和班干部反映，同学们和学校在了解了你的处境后，一定会想方设法帮助你的。

(5) 你应当抛弃自卑思想，敢于面对现实。其实经历贫困对你未必就是坏事，它可能会成为你的人生动力和精神财富。

5. 大学生如何看待自杀行为

自杀是个人有意识地结束自己生命的行为，是在个人陷入极度的绝望中而无法解脱时所选择的唯一解脱自己的一种自残行为。一个心理健康的人，一个有社会和家庭责任感的人，一个对人生价值和意义有发现的人，不会为了自己的精神和肉体的解脱而选择自杀的。人的价值往往是在与厄运的抗争中呈现出来的。

鲁迅说过："伟大的心胸，应该表现出这样的气概——用笑脸来迎接悲惨的厄运，用百倍的勇气来应付一切的不幸。"屈原遭放逐作《离骚》，司马迁受宫刑作《史记》，都是在挫折环境下抗争的典范。对于那些因失恋、生活困难、别人不能理解自己、身体有痛疾而自杀的人来说，自杀是人屈服于挫折和逆境的表现，是一种脆弱的表现，是一种不负责任的逃避行为。自杀，不但不会解决什么问题，反而会给生者留下无限的遗憾和痛苦。生命对于我们每一个人只有一次，仅仅为了这一次，父母为他付出了很大的心血，寄予了很大的希望。一个人的自杀也许会导致他的亲友由希望变为绝望，由欢乐变为永远的痛苦，因此自杀应当受到人们的唾弃和谴责。

哲学家黑格尔曾说过自杀是一种"卑贱的勇敢"。试想想当你以自杀方式自以为得到解脱时，你的家人、朋友该有多难过，尤其是家人，会带给他们一生的痛苦。当我们遇到困难时，我们应该学会这样做：

(1) 自我安慰。我们应该相信自己是很不错的，应该欣赏自己。当事情没有如你所希望的那样发展时，也要试着去接受它，要善于满足现状，要很高兴地感到：事情原本还更糟呢。

(2) 培养多方面的兴趣。有多方面的兴趣，如打球，、绘画、听音乐、下棋等等，对我们青少年来说是很重要的。当我们遇到挫折和失败时，我们可以将注意力转移到兴趣中去，从中体验到快乐，忘却烦恼。

(3) 结交知心朋友。当我们烦恼、迷惘、焦虑、不满时，如果有知心朋友陪伴左右，听你倾诉心里话，宣泄你的情感，并对你表示理解时，可能忧郁会减少一半。

(4) 寻求社会力量的帮助。你可以到专门的心理门诊寻求心理工作者的帮助，也可以打热线电话宣泄烦恼，可能在与他们的交谈中，他们对你的情绪疏导，会使你放弃自杀这一很不明智的想法。

安全指南

教你一种音乐疗法

1. 心气不足、悲观失望时：以调心为主，心主喜。可听徵调式音乐，即5调，其发音部位在舌，五行属火。如《步步高》《狂欢》《解放军进行曲》《溜冰圆滑曲》等。

2. 多思多虑、多愁善感时：以调脾为主，脾主思，脾气不足。可听宫调式音乐，即1调，其发音部位在喉，五行属土。如《义勇军进行曲》《蓝色多瑙河》等。

3. 悲痛欲绝、欲哭无泪时：以调肺为主，肺主悲。可听商调式音乐，即2调，其发音部位在齿，五行属金。如《打靶归来》《第三交响曲》等。

4. 愤怒万分、心头压抑时：以调肝为主，肝主怒，疏肝理气。可听角调式音乐，即3调，其发音部位在牙，五行属木。如《春风得意》《江南好》等。

5. 丧失信心、绝望恐惧时：以调肾为主，肾主恐，可听羽调式音乐，即6调，其发音部位在唇，五行属水。如《春江花月夜》《嘎达梅林》等。

延伸阅读

《人性的优点》

作者：[美]卡耐基

编译：翟文明

出版社：光明日报出版社

消除思想上的忧虑；不要为小事而垂头丧气；不要担心不可能发生的事；接受不可避免的事实；给忧虑划定“到此为止”的界限；多保持一小时的清醒；避免心理上的疲劳；养成良好的工作习惯；防止烦闷的情绪；不要为失眠而忧虑。

《心理学的故事》

作者：[美]墨顿·亨特

译者：李斯　王月瑞

出版社：海南出版社

人性恶？人性善？思想来自何方？人类拥有自由意识吗？凡此种种，都是人类希望了解的。本书讲述了发生在苏格拉底、柏拉图、笛卡尔、皮亚杰、斯金纳……这些思想领域中的探索者身上的故事，通过描述使读者迅速理解心理研究的手法和正确的理论以及作为心理学主要的构成部分的心理治疗的方法和功效，它力图准确地解释人们心中的疑问——人类行为的真正起因到底是什么？

《心灵地图》

作者：章金敏

出版社：中国发展出版社

本书英文原名为“The Road Less Traveled”，直译为“少旅之路”，它讲述的是人生的心路历程。“人生多艰”，是本书开篇的第一名言，人的一生总是免不了要面对一些问题和痛苦，当内在冲突超乎个人的承受能力以至于无法抑制时，如何使这种感受得到宣泄和解脱，几乎是每一个人都可能遇到的问题。书中的道理看似浅显，却往往是人们在纷忙的生活中，容易遗忘的生命智慧。而每一段故事所隐含的哲理，却隐喻在日常生活中。生命智慧俯拾即是，只要你懂得用心体会，从不同的角度来品尝人生，你就会与众不同。

第八章 遵纪守法

案例引导

2002年2月23日13时10分，清华大学学生刘海洋悄悄跑到北京动物园，走近熊山，向黑熊泼下了硫酸。黑熊的惨痛嚎叫声中，刘海洋迅速逃离。随即刘海洋被北京市公安机关抓获，他交代此次事件的动机只是为了测验一下熊的嗅觉能力。北京市西城区法院判决刘海洋犯故意毁坏财物罪，免予刑事处罚。这一泼，泼出了法律盲点。2002年3月下旬，辽宁省某大学98级学生C同学在未经允许的情况下，趁宿舍没人之机，将同学的笔记本电脑拿走。公安机关接报案后，予以立案侦查。C同学因触犯法律被勒令退学，因其有自首情节和立功表现未被追究刑事责任。在接受处理结果时，C同学痛心疾首，说没有意识到自己触犯了法律。以上两个案例中，涉案人因缺少足够的法律意识，没有考虑到自身的行为会给他人、社会造成什么样的后果，思想意识中只有满足个人需求的欲望，缺少法律知识，随心所欲，以至于发生了“无知者无畏”的愚蠢现象，等到发现自己触犯了法律时，为时已晚。作为一名大学生，应当不断提高法律素质，具备较强法制观念、较强的法律素质，能够主动约束自己的日常行为，构建良好的道德品质架构。从“修身”做起，继承和发扬中华民族历史形成的从善如流、疾恶如仇、严于律己、“知耻”、“慎独”等优秀道德品质，并在新的历史条件下发扬光大，以法律己，以德待人。做到“有法可依，有法必依，执法必严，违法必究”，纠正小的不良行为，不以“恶小而为之”，不任其发展。防微杜渐。

第一节　加强法纪观念教育

一、法纪观念概述

法纪观是指人们对国家法律制度和组织纪律的看法和态度。法纪观包括法制观和纪律观。开展法纪观念教育，使学生熟知和明确学校的各种规章制度及国家、社会对大学生的要求，从而增强学习、贯彻学校各种规章制度的必要性，执行国家法律法规的重要性，知道哪些事情可以坚定不移地去做，哪些事情坚决不能参与或尝试，真正树立是非意识和全局观念。

某大学生犯罪研究课题组对大学生违法犯罪方面的研究指出：20世纪90年代大学生违法犯罪具有明显的上升趋势。其犯罪类别主要集中在盗窃(占违法犯罪的66.67%)、人身伤害(占违法犯罪的19.05%)、诈骗(占违法犯罪的9.52%)、性犯罪(占违法犯罪的4.67%)。师范院校学生犯罪比例最高。研究分析：涉案范围大，具有一定的社会性和智力优势，性违法和性犯罪有所增加，心理失衡导致犯罪等特点。课题研究认为，导致大学生违法犯罪的原因主要有：家庭教育不当、社会交友不良；学校教育的失误和管理不力；学生个人的人格缺陷；心理不健康等。

大学生应熟知和掌握《高等教育法》《教师法》《中华人民共和国治安管理处罚条例》《中华人民共和国国家安全法》《中华人民共和国刑法》等有关法律法规，以及学校的《大学生守则》《学籍管理规定》《校园治安管理规定》《违纪处罚条例》《学校消防管理细则》《学生公寓治安管理规定》《水电管理规定》等有关规定，依照相关的规章制度规范自身的言行。

二、树立正确的法纪观

1．学习掌握法律知识

法律知识是构成法制观的基础。认真学习法律知识，充分认识有中国特色的社会主义法律体系，掌握我国宪法和基本法律的主要精神和内容，明确权利与义务、民主与法制、自由与纪律的辩证统一关系等是高校法制教育的主要任务，是树立正确法制观的必要条件。

2．注重强化法律意识

法律意识是指关于法律现象的思想观点和心理总称。法律意识是法制观的核心。当前，大学生尤其要注重强化自身的宪法意识、市场经济法制意识、守法意识、依法办事意识等，这是树立正确法纪观的重要内容之一。

3．提高用法能力

用法能力是人们运用法律分析问题、解决问题的技能，主要表现为运用法律和依法办事的水平。在树立正确的法纪观过程中，既要重视法律知识的积累和法律意识的强化，更要注重在实践中提高用法的能力和水平。同时还要加强依法自律能力、依法自护能力、依法参与能力、依法斗争能力。

第二节　大学生常见违法犯罪预防

一、有效控制饮酒，避免醉酒和酗酒现象发生

1．过量饮酒会给身体造成很大的伤害

(1) 酒是一种能够刺激和麻痹神经系统的物质。酒精过量，会不同程度地造成心率加快，神经麻木，神志不清，自控能力减弱，动作不协调，或出现疲劳、恶心、呕吐，严重者还会出现酒精中毒现象。

(2) 醉酒后，由于神志不清、身不由己，一种原始的冲动使人变得野蛮、愚昧、粗暴，异常的兴奋，又能诱导人为所欲为，出现迷离恍惚而又洋洋自得的举止。人在此种失去理智的状态下很容易对周围的人进行破口谩骂、动手殴打，看啥都不顺心或者从事一些莫明其妙、超出常规的破坏活动。

(3) 经常喝酒会导致学业荒废，很难想象一个沉迷于酗酒的人还能潜心于钻研什么学业。醉酒的程度同智力恢复所需的时间大致成正比，在当今知识飞速更新的信息化时代，不难推算出，一个经常醉酒的人在工作和学习上的损失到底有多大。

(4) 醉酒后，神精处于高度亢奋，稍许的刺激都可能导致惹是生非。醉酒的人动辄摔倒、撞伤，酒后开车酿成大祸的事件比比皆是；酒后溺水身亡、自食恶果之类的悲剧不乏其例；酒后打架斗殴、寻衅滋事、伤害他人过铁窗生活的屡见不鲜，惨痛教训极为深刻。为此，我国有关法律规定，醉酒的人违法犯罪，应负相应的法律责任。

2. 合理控制饮酒，预防酗酒

国家教育行政部门明文规定，校园里不准经营烈性酒，学生守则中有严禁酗酒的规定。问题在于你是否真有诚意，是否真正认识到了酗酒的危害性。如果确有禁酒的诚意，深切体会到酗酒的危害，那么你不妨试一试如下方法。

(1) 不要把不会喝酒当成一种遗憾。人群中，滴酒不沾者毕竟是大多数。要做到始终如一地禁酒，最难过的关是亲朋相聚、朋友相约的场合。不要被那些“今天难得一聚”“不同寻常的聚会”等之类的言语所打动，这时最好要注意以下几点：一是开席即声明自己不会喝酒。谢绝要有礼貌，但态度要坚决，不要给人以“在讲客气”的错觉；二是主动倒上一杯饮料或茶水作陪；三是不喝酒是一种权力，态度要大方得体。

(2) 无论自斟自饮还是群饮，都不要忘记“节制”“适度”，同时要注意几个细节问题：

1) 饮酒之前先吃点东西，空腹饮酒是最容易醉倒的。

2) “干杯”，本是礼节性辞令，演化到“一饮而尽”，实属一种错觉。要尽量避免“干杯”，低斟浅饮并不失风雅。

3) 记住自己的酒量，量力而行，适可而止。

4) 喝酒已感到不适，或产生反应时，联想一下自己和他人醉酒时难看的情景。

(3) 多人在一起喝酒，最容易发生酗酒和醉酒的现象，醉酒往往有一个过程，酒多话也多，从语言上看，大体经历如下四个阶段，饮酒者要注意掌握。

1) 真言快语。相互之间，好言劝酒，不时也有怀抱某种目的，选中某个特定对象甜言蜜语集中相劝的。

2) 豪言壮语。酒过数巡，有了几分醉意，往往出言不逊，漫天夸海口，大话不绝于耳。有此征兆，最明智的选择就是停止继续饮酒。

3) 胡言乱语。当酒量过度，不胜酒力者，酒性开始发作，神志不清，思维紊乱，语无伦次，断断续续，似真非真，似假非假。然而，无休止“再干最后一杯”的情景，恰巧在这个时候最容易出现，此时的鼓动行为无异于落井下石。

4) 不语不行。这是醉酒后无可奈何、身不由己的一种表现形式，情况严重的，必须采取治疗救护措施。

应该指出的是，一个真诚的人是不忍看到自己的同窗好友酒后出洋相的。同学、朋友之间应该相互关照，知己知彼，当止则止，己所不欲，勿施于人，以免失节、失当、失度，产生不应有的后果。

正因为饮酒有上述危害，为了保证同学们健康成长，维护正常校园秩序，有关部门规定，大学生在校园内一般是不允许喝酒的，更不许酗酒。

二、抵制和拒绝参与赌博

赌博是一种丑恶的社会现象，是利用赌具，以钱财作赌注，以占有他人利益和赢利为目的的违纪违法犯罪行为。

1．参与赌博有百害而无一利

(1) 经常赌博会荒废学业，违反校规校纪。赌博很容易上瘾，既花费精力又浪费时间，因而不可能遵守学校正常的作息时间，不可避免地要违反校纪。有的因长期熬夜，精神萎靡不振，就难免迟到、早退、旷课，即使勉强进了课堂，注意力不可能集中，有的干脆白天在寝室蒙头大睡，晚上继续“挑灯夜战”。将功课放置一旁，学习成绩下降，甚至于因多门课程不及格而被迫退学。

(2) 破坏同学关系，影响正常秩序。赌博是群体的违法犯罪活动，直接牵涉人际关系。一旦参与赌博，赢了的不会满足，输了的总想“返本”(把输的捞回来)，这样，长此以往无休止地继续下去，势必会影响同学关系，同学之间的互助、友爱之情往往会被利害关系所替代。同时，赌博活动不可避免地影响周围环境，绝大多数不愿意参与赌博的同学有碍情面又不便或不敢出面直接制止，想学习、想休息、想从事其他娱乐活动者往往忍气吞声。时间一长，不满意、不信任的气氛必然产生。

(3) 容易走上违法犯罪的道路。根据有关部门统计资料表明，高校学生中因参与赌博被学校给予开除学籍、留校察看之事时有发生，而因赌博走上了违法犯罪的现象屡见不鲜。

2．欲抵制和拒绝参与赌博，必须做到以下五点

(1) 要自觉遵守校规校纪，养成良好的遵纪守法意识，违法往往从违纪开始。

(2) 充分认识赌博的危害，自觉培养高尚的情操，积极参加健康有益的文体活动，充实自己的业余文化生活。

(3) 要防微杜渐，分清娱乐和赌博的界限。很多赌博成瘾的人都是从“赢饭”“水果”“派夜宵”“来烟”“带点刺激”“不能空手玩”等开始的，久而久之，胆子壮了，胃口也大了，从而陷入赌博的泥潭。

(4) 思想上要警惕，不要因为顾及朋友、同学的情面而参与赌博，遇到他人相邀，要设法推脱决不参与。

(5) 要从根本上关心和爱护同学出发，及时制止他人参与赌博，必要时要向老师和学校有关部门报告。

三、远离毒品，预防毒品侵袭

毒品是指鸦片、海洛因、吗啡、大麻、可卡因、冰毒以及国家规定管制的其他能够使人成瘾癖的麻醉药品和精神药品。吸食(包括注射)毒品或欺骗、容留、强迫他人吸食毒品，以及非法从事制造、贩毒已成为全世界的社会公害，每个大学生都不可染指，要充分认识其危害。

远离毒品

1．毒品能够带来的危害

(1) 吸食毒品会严重危害人体健康。吸食毒品形成瘾癖后会产生强烈的病态反应，如烦躁不安、失眠、疲乏、精神不振、腹痛、腹泻、呕吐、性欲减退或丧失。人体内的毒品达到一定剂量后会刺激脊髓，造成惊厥，乃至神经系统抑制，引起呼吸衰竭而死亡。静脉注射毒品又是传染肝炎、性病及艾滋病等多种传染病传染的重要途径。

(2) 摧残意志和精神，荒废学业。吸食毒品使人逐渐懒惰无力，意志衰退，智力和主动性降低，记忆力减退，致使学业荒废。

(3) 吸毒是诱发犯罪的重要原因，毒品不仅危害人的身体，摧残意志，而且还能使人丧失理智和人格。

(4) 吸毒耗资巨大，诱发吸毒者为解决毒资铤而走险，走上了盗窃、抢劫、诈骗、杀人、贪污、受贿、卖淫等犯罪道路。

(5) 有些吸毒者以贩养吸、从害己转为既害己又害人。

2．预防毒品的侵袭

(1) 充分认识毒品违法犯罪活动的危害性，加强自身的学习和法律意识修养，培养高尚的情操和伦理道德观念；

(2) 积极参加有益健康的文体活动，增强集体观念，培养广泛的兴趣和爱好，避免孤僻的生活方式；

(3) 提高对毒品的防御能力，不要结交有吸毒恶习的朋友或听信他们的谗言；

(4) 决不可因好奇而尝试毒品，防止上瘾而难于自拔；

(5) 一旦沾染毒品，要积极主动向老师和学校报告，自觉接受学校、家庭及社会有关部门的监督戒除及康复治疗。

正因为如此，国家对从事毒品违法犯罪活动的处罚是非常严厉的，《中华人民共和国刑法》第三百四十七条规定：凡是走私、贩卖、运输、制造毒品的，无论数额大小，都依法追究刑事责任。对吸食、注射毒品，无论数额大小，都依法追究刑事责任。对吸食、注射毒品的违法人员处以拘留和罚款；吸毒成瘾者予以强制戒毒。屡教不改的，对其进行劳动教养，在劳动教养中强制戒毒。

四、抵制黄色淫秽物品的危害

(1) 所谓黄色淫秽制品是指具体描绘性行为或者露骨宣扬色情的淫秽性的书刊、影片、录像带、录音带、图片及其他淫秽物品。

(2) 黄色淫秽制品及黄色网页对大学生有严重危害。高校学生正处于青春发育成熟期，青春萌动，愿意探索新知，由于西方腐朽的意识形态影响和黄色淫秽制品的传播对个别大学生的影响甚大，他们不知深浅，通过涉足淫秽物品和浏览黄色网页后，寻求刺激，来达到自己对内心空虚的解脱。有的深陷泥潭不能自拔，整日精神萎靡，心神不定，想入非非，以至污染风气，毒害心灵，荒废学业，有的还堕入违法犯罪的深渊，葬送自己的前程。

《中华人民共和国刑法》第三百六十四条规定：“对传播淫秽的书刊、影片、音像、图片或者其他淫秽物品，情节严惩的处二年以下有期徒刑、拘役或者管制。向不满十八周岁的未成年人传播淫秽物品的，从重处罚。”“组织播放淫秽的电影、录像等音像制品的，处三年以下有期徒刑、拘役或管制，并处罚金；情节严重的，处三年以上十年以下有期徒刑，并处罚金。”

(3) 大学生要坚决抵制黄色淫秽制品。

1) 大学生对黄色淫秽物品要坚决做到不看、不传、更不能走私、制作和贩卖。

2) 要洁身自爱，读好书、结好友，积极参加健康有益的文体娱乐活动。

3) 树立正确的人生观，培养高尚的道德情操，做“四有”新人。

五、禁止大学生男女同居

近年来，随着高校办学规模的扩大，原有的办学条件已难以满足学校的教学要求，尤其是学校学生公寓人满为患。于是大批学生纷纷走出校园租房居住，加之部分学校对这部分学生疏于管理，这为他们混居创造了先决条件。这部分学生往往对生活感到厌倦，内心寂寞孤独，精神空虚，心里苦闷无处倾诉，选择认为是志同道合的人同居，在得到性满足的同时也缓解了自身的压抑。事实证明这种没有稳定的家庭、没有责任的生活给同居者带来的更多的还是迷惘。因为爱不只是一种偶然产生的美妙感受，更是一份理智的、持久的、崇高的责任与义务。

大学生婚前性行为有其自身的特点：一是具有突发性，往往在无心理准备的情况下突然发生；二是自愿性而又非理智性，大学生已是青年，较少为别人胁迫，大多在双方自愿不理智的情况下发生性行为；三是反复性，由于年龄和观念的影响，一旦冲破这道防线，便不再过多顾虑，还会多次反复发生。因此，从大学生婚前性行为的特点来看，大学生男女不宜同居。

从社会的整体利益出发，不提倡大学生未婚同居。一旦两人感情破裂，对于当事人的心灵伤害和精神打击往往难以在短期内抚平。

对女性而言，损害尤甚。大学时期正是处于掌握专业技能和发挥潜力的关键时期，随意放任自己的行为，把大好时光耗费在花前月下、卿卿我我之中，荒废了学业，贻误了前途，悔恨终生。

健康的爱情关系应建立在理智、道德和相互尊重的基础之上，使双方的感情趋于高尚，这样的爱情才会产生巨大的精神动力，结出爱情与事业的硕果。

六、丢失钱物之后的处理办法

学生公寓是学生生活学习和休息的地方，一般情况下，生活、学习、娱乐、通讯等用品及部分生活费等大都存放在公寓内。当您发现自己的钱款、物品被偷时，气愤之余必然要做一番分析，周围的人也可能成为您怀疑的对象。如遇此情况，千万不可感情用事。如果您处理问题的方法简单、生硬、粗暴，甚至私设公堂，自行搜查，不仅影响团结，造成同学之间的关系紧张，而且有可能因此而酿成大祸。

学生丢了钱物，又确实觉得周围的人可疑，首先应当分清盗窃与贪图小利、小便宜、小偷小摸的界限。被盗物品价值较高，现金数额较大，符合公安机关立案标准，要及时向有关领导反映或直接向公安保卫部门报案，提供线索，积极协助公安保卫部门侦破案件。如果损失价值不大，明显是占小便宜，则属于道德品质问题，可通过学校有关部门协商解决，相信学校各级组织会做出正确处理。其次，对怀疑的人要客观分析，不可因平时某某同学在这方面犯过错误，有过劣迹，就凭空想象，主观臆断，若确实发现一些迹象，应及时向组织汇报，供领导处理问题时参考。

七、以正确的方式反映学校管理工作中出现的问题

学校人多事杂，在管理上难免出现这样那样的问题，给学生造成一定的困难或影响。在这种情况下，部分学生对学校管理工作产生意见，这是很正常的，也是可以理解的，但在反映问题时一定要讲究方式、方法。

(1) 通过正常途径和程序向学校有关方面积极反映意见。学校工作是为了广大学生服务的，学校希望和欢迎学生提出改进工作的意见和建议。不少学校为了更好地了解情况，加强与师生的联系，倾听师生的意见，建立了校(院)长接待日制度，认真听取师生的意见。因此，当您对学校某一方面的工作有意见、想法时，可通过以下渠道反映：

1) 通过班级干部及时转告您的意见和想法；

2) 向辅导员和院系党政领导反映您的意见和要求；

3) 直接找学校有关部门的教师处理您迫切需要解决的问题；

4) 利用校、院领导群众来访接待日，直接向学校最高领导反映意见。

(2) 在向有关领导或有关人员反映意见和要求时，态度要谦逊，注意文明礼貌。

(3) 要积极反映意见，也要谅解领导难处。学校工作面广量大，由于各级各类学校近些年来发展较快，人力、财力、物力严重不足，因此，同学们有些合情合理的要求因学校条件的限制一时无法满足。在这种情况下，要谅解领导，以主人翁的态度同学校领导一道克服暂时困难。

八、正确应对不利于学校稳定的事件

社会稳定是国家发展的前提条件之一，也是办好学校的前提条件之一。珍惜来之不易的学习机会，自觉维护学校稳定，是当代大学生义不容辞的责任。当有人邀你做有防害学校稳定的事件时，你应当自觉地进行抵制。但是有相当一部分同学则认为这句话说来容易，做起来难。是的，你可能是一位很有正义感的青年，同学的邀约合情合理，你义不容辞；你可能是位特别重感情的同学，对朋友的邀约于情难拒。那么，你怎样做才能做到妥善处理呢？

(1) 正确判别该事件的是非曲直。如果你的同学、朋友，是一位挚友的话，不妨直接向他指出，尽管他一时可能听不进去，甚至伤了和气，但将来他想通了还会感谢你的，至少你作为他的朋友、同学问心无愧。

(2) 遇事要头脑冷静和理智地思考，帮助邀约你的同学或朋友权衡利弊，提出忠告。一方面要劝阻其过火举动，另一方面帮助他们出主意、想办法，通过正常渠道和途径解决问题。

(3) 为了避免矛盾激化，应主动向学校各级组织反映情况。在想要采取过火举动的同学情绪激动，劝阻无效，有可能发生对学校稳定和同学个人前途都不利的情况时，你绝对不可犹豫不决，而要当机立断，及早向组织反映情况，因为由组织出面做工作要比个人的力量大得多。

(4) 如果您发现有极少数别有用心的人进行恶意煽动、闹事，破坏学校稳定，要敢于与之斗争。各类别有用心的人窜入校园，张贴标语传单、进行反动宣传、散布谣言、煽动闹事等破坏活动，广大同学，尤其是党员、团员和学生干部，遇到这类情况不仅要及时向学校组织上报告，反映情况，提供线索，而且要敢于同搞违法犯罪活动的人作正面的斗争。

九、正确对待邪教问题

邪教组织是指冒用宗教、气功或者其他名义建立，神化首要分子，利用制造、散布迷信邪说等手段蛊惑、蒙骗他人，发展、控制成员，危害社会的非法组织。如美国的“人民圣殿教”和“大卫教”、日本的“奥姆真理教”、法国和比利时的“太阳圣殿教”、俄罗斯的“最后的圣约书神庙”、乌克兰的“大白兄弟会”以及中国的“法轮功”等等，均属于彻头彻尾的邪教组织。

一般而言，邪教组织主要具有教主崇拜、精神控制、编造邪说、敛收钱财、秘密结社和危害社会等特征。

1．邪教和宗教的区别

(1) 在宗教中神、人是有别的，再有权威、再德高望重的神职人员(僧侣、主教、神父、牧师、道士等)也不得自称为神，邪教主却自称为神。如李洪志自称为神。日本“奥姆真理教”

的头头麻原彰晃也自称是佛的转世，也有一张伪造的上有光环、双腿盘坐、飘浮空中的“飘浮神功图”照片。

(2) 宗教的传教活动是公开的，僧侣在寺庙中公开讲经，主教、神父在教学中公开布道，这是人们所常见的。而“法轮功”等邪教组织则有不可告人之处。

(3) 宗教并不反社会、反人类，而邪教则反社会反人类。如：“法轮功”和前面所述的“人民圣殿教”等都是反社会、反人类的。再如日本的“奥姆真理教”，在1995年3月20日制造了东京地铁的沙林毒气案，导致12人死亡，5000人受伤。其反社会反人类的性质十分明显。

(4) 宗教不允许神职人员个人骗财敛财，而邪教教主如李洪志则以大肆敛财为目的。美国“人民圣殿教”的教主吉姆·琼斯和我国前几年南方破获的邪教组织，其头头自称“灭绝王”的也是这样。

(5) 宗教有自己的典籍和教义，邪教的所谓教义都是危言耸听的歪理邪说。

2．“法轮功”邪教组织

“法轮功”是邪教组织，因为“法轮功”完全符合邪教组织的基本概念和所具有的重要特征。

(1)“法轮功”是冒用宗教、气功或其他名义设立的。冒用气功、冒用科学术语拼凑了一整套“法轮大法”的歪理邪说。

(2)“法轮功”大搞“教主崇拜”。“教主崇拜”是一切邪教组织的共同特征，“法轮功”也不例外。该组织大搞对李洪志的神化和“教主崇拜”。李洪志吹嘘自己是“佛祖转世”，有“搬运、定物、思维控制、隐身”等功能，有推迟地球爆炸时间的大神通，是“把整个人类超度到光明世界中”的救世主。从精神上主宰和操纵练功者，并从中聚敛钱财。

(3)“法轮功”实行严格的精神控制。一般是通过引诱、“洗脑”和恐吓这三部曲达到对练功者进行精神控制的目的。先以祛病健身为诱饵，以“真、善、忍”为幌子，引诱人们练习“法轮功”，接着要求练功者不断“学法”，与其他学说一刀两断，达到非“法轮功”不练，非“法轮大法”不信的痴迷状态。

(4)“法轮功”编造了形形色色的歪理邪说。如“地球末日论”“地球爆炸论”等歪理邪说，人为地制造恐慌心理和恐怖气氛，以使练习者膜拜和追随他这个万能的“救世主”。此外，李洪志还编造荒诞的“消业说”，使无数练功者贻误治疗时间，造成或死或伤或精神失常，酿成了一幕幕惨剧。

(5)“法轮功”大肆敛取钱财。邪教教主大都是非法敛取钱财的暴发户和吸血鬼，李洪志亦不例外。现已查明，“法轮功”为敛取信徒的钱财，大量组织书籍、画像、音像制品、练功服、徽章等“法轮功”系列产品的非法出版、生产和销售。李洪志及其他核心人物从中聚敛了巨额财富，成为名副其实的暴发户。

(6)“法轮功”属于秘密结社性质的非法组织。与其他邪教组织一样，“法轮功”建立了一套严密且诡秘、活动诡秘、策划闹事诡秘，不仅外界难知其内幕，而且一般练习者不得其详。李洪志在国外发布一道秘密“指令”，几天内即可通过严密的组织系统和先进的通信手段传达到所有练功者。

(7)“法轮功”危害社会。“法轮功”是一个对抗现实社会，给我国社会造成严重危害的典型邪教组织，具有强烈的反社会性。该组织策划非法聚集，煽动和组织围攻学校、公民家庭、报社、电视台、政府机关，甚至聚集在中南海周围进行非法示威。事实证明，“法轮功”的所作所为严重扰乱了正常的社会秩序，影响了社会稳定，具有明显的社会危害性。

3. 大学生要远离邪教“法轮功”

高校既是“法轮功”的主攻目标，也是“法轮功”危害较大的“重灾区”。有极少数教职员工和大学生参加了“法轮功”组织，练习“法轮功”，传播“法轮功”，一些人甚至参加“4.25”聚集事件，参加示威和“护法”活动。有的大学生中毒较深，在“法轮功”被定为邪教后，仍然执迷不悟，参与上访和非法集会示威活动，不惜荒废学业，不顾亲友的规劝，不听老师同学的忠告，到了如痴如醉、走火入魔的地步。李洪志操纵的“法轮功”邪教组织，祸国殃民，少数大学生也深受其害。

4. 大学生要坚决抵制邪教的侵害

(1) 大学生应当参加合法的社会组织，参与健康向上、有益身心的社会活动，包括体育健身活动。大学生不能参加邪教组织、会道门或其他以祛病健身、修身养性为幌子的非法组织活动，要经常保持政治警惕性，凡事多问几个为什么，防止上当受骗或做与法律相悖之事。

(2) 警惕境内外反动宗教组织对我国的宗教渗透。对于披着宗教外衣的人进行的违法犯罪的反革命破坏活动，需要引起我们的高度警觉。曾经有一个学校的几位同学上街遇到一些人在散发宗教宣传品，并附有圣经讲习班的听课证，他们认为听听圣经，增加点知识也未尝不可，便报名参加了，没想到参加了非法宗教组织。同学们千万要提高警惕，切不可因为一时的好奇陷入反动宗教组织编织的陷阱。

(3) 如果接到了散发或邮寄的宗教宣传品或参加宗教组织的活动的邀请信，切不可轻易参加或将宗教宣传品在同学、朋友中散发，而应主动报告学校保卫部门或党组织，并配合学校进行工作。

另外，我国原则上不允许教徒在家里聚会举行宗教活动，如果有人邀请参加家庭宗教聚会，你应该婉言谢绝。如果做到了以上几点，我们相信在大学期间你能够避开宗教问题对你学习的干扰，顺利地完成大学学业。

安全指南

在饮酒问题上应注意纠正的糊涂观念和错误做法

引起人们酗酒的原因是多方面的，但对于一个大学生来说，要特别注意克服以下糊涂观念和错误做法：

(1)“今朝有酒今朝醉”“借酒消愁”。这里表现的实质是逃避现实、自暴自弃的消极情绪。“药能医假病，酒不解真愁”。

(2) 自命风流高雅，试图借酒引发冲动，产生某种“灵感”，到头来“灵感”未寻到，自身却醉乱如泥，而失去正常理智。

(3) 片面理解“酒逢知己千杯少”，以为交朋结友离不开饮酒作乐。事实上好多例子说明“酒肉朋友”未必靠得住。

(4) 错误地认为“男子汉天生应当会喝酒”。其实，用这种标准来衡量 “男子汉”未免失之偏颇。“会酒未必真豪杰，忌酒如何不丈夫？”

(5) 为达到其某种目的而特地设酒摆宴，饮酒为名，交易是实。

(6) 逢场作戏，为“助兴”而即席端杯，或出于好奇而涉足，这种人最容易成为被摆弄的对象。

(7) 故意饮酒滋事，耍酒疯，实则是出于报复和宣泄的目的以歪就歪装糊涂，用酒状掩盖其自身不正当的言行。

(8) 硬着头皮充好汉，在酒桌上“舍命陪君子”，“为知己即便是敌敌畏也喝下去，一醉方休”。这种人总想博得他人的诚服，而最终往往授人以笑柄。

凡此种种，不一而足。其中不乏陈腐观念和陈规陋习，有些则是嗜酒者的自欺欺人的贪杯“口实”。当你举起酒杯时，不妨反复思忖，你是“为何而饮”“为谁而饮”“事出哪桩”“今朝饮酒又是为哪番”？这些应该引起同学们的深思。

延伸阅读

《未雨绸缪：可预见的危机及其防范》

作者：[美]巴泽曼　[加]沃特金斯

译者：胡平　张磊

出版社：商务印书馆

作者向读者真实地再现了世界政治、金融、安全、卫生等诸多领域的可预见为危机的生动事例，总结了可预见危机形成的原因，找到了防范的措施。作者系统地提出了鉴别可预见的危机即将来临的6种危险信号，为有效地防止灾难的发生，提供了一个可行的框架。

《中国城市安全警告》

作者：金磊

出版社：中国城市出版社

中国城市减灾研究的注明专家金磊，为我们解读中国城市防灾的态势，在评价事故灾害案例中，让全国4亿多的城市公众感受到公共安全与城市防灾的发展，让更多人学会应急避难与安全逃生。本书的意义更在于告诫各级政府管理者，对于城市防灾不仅在“防与避”上下功夫，更要全力增强城市公众的防灾文化意识，尤其要使“危机是常态”的忧患意识与加快治理城市薄弱环节相结合，从根本上促进建立中国城市应付快速、组织科学、运转高效的防灾应急机制，让未来城市从容应对急风暴雨式的各类隐性与显性的灾变。

《让人们生活更安全》

作者：金磊

出版社：北京科学技术文献出版社

本书是一本关于防灾减灾的科普读物。它详细介绍了灾害发生和防灾避险的知识，深入探讨了安全文化的理念，提出了构建系统的国民安全文化教育模式和建设各级政府安全功能化管理体系的构想，对于开拓国民安全文化视野和提高国家及民众的防灾意识和抗灾能力具有积极意义。本书内容那个丰富、资料翔实、联系实际，适合政府部门有关人员及防灾减灾人员参考使用和一般大众阅读。

第九章　高校周边安全

案例引导

2002 年 6 月 16 日凌晨 2 时 40 分许，位于北京海淀区学院路 20 号院内非法经营的“蓝极速”网吧发生火灾，3 个小时后大火被完全扑灭。由于网吧老板事先将门反锁，目前火灾已造成了 24 人死亡，13 人受伤。附近居民介绍，这家黑网吧开张不到一个月，由于毗邻一所理工科高校，因此网吧招揽的大多是十七八岁到二十岁不等的大学生。在出事网吧楼下卖小吃的女老板向艳(音)说，这次被烧死的也大多是那些通宵上网的学生。后经核实，死亡的学生中北京科技大学就有 9 名。

2006 年，江西某高校前大门附近的一网吧内，一名正在上网大一新生被 3 名不明身份的男子用事先准备好的面包车挟持到南昌县水厂附近，身上财物被洗劫一空。

第一节　周边治安安全

随着我国高等教育的大发展，各高校相继从繁华热闹的市区迁往相对偏远的城郊接合部或高校园区，各高校在治安上的形势也就日益严峻。近几年，我国各高校的周边经常发生社会违法犯罪团伙侵害大学生人身权利和财产权利的治安违法案件。诸如：傍晚在校外散步的学生被社会青年敲诈勒索，晚上学生在校门口无故被人捅了刀子，校外上网的学生被社会流氓抢光了身上的钱财甚至被绑架，校外就餐的学生被人无故殴打等等，从而导致某些地区的高校大学生白天也不敢单独外出。这类案件的发生已严重干扰了高校的正常教学，科研和生活秩序，影响较为恶劣。本节内容就着重从危害高校学生人身、财产安全的社会流氓的特征及对其防范展开一些探讨。

一、高校周边社会违法犯罪团伙的特点

1．团伙组织具有自发结伙性

根据国内破获的几起这类团伙案件分析，各位团伙成员的经历较为相似，如都曾有过不良品德和劣迹的记录。共同的经历使他们成为一丘之貉，成为相互信赖的铁哥们。各位团伙成员年龄相仿，一般是 18～21 岁之间的男性青少年，有时也有个别女性。文化程度一般为初中或职高，成员之间关系一般原来是同学或好友。他们知识贫乏，精神空虚，辨别是非的能力较差，加上青少年在身心方面所特有的好活动、爱交际及喜欢和同龄人群聚的特点。这使他们的道德情操追求较为一致，于是就自发地纠合在一起，结成团伙共同为非作歹。

2．团伙思想具有腐朽性

团伙以封建思想观念和资产阶级享乐观念等腐朽的思想观念为精神支柱，主要表现为封建落后的江湖义气思想，亡命之徒式的英雄观，以及吃喝玩乐的“幸福观”。封建江湖义气是团伙成员自觉不自觉的信条、纪律和道德准则。它像一条无形的绳索把团伙成员捆一起。它对内具有凝聚力，对外具有排他性。团伙成员以江湖义气为纽带，互相依存、支持、配合、壮胆，在所谓“有福同享、有难同当”口号下进行活动。团伙成员把不怕死敢于以身试法者奉为英雄，把尊重法律者视为没出息。团伙成员思想意识低级庸俗，并染有一些不良习气。

3．团伙成员具有很深的劣根性

团伙成员一般无正当职业，经常四处游荡不务正业。经济上没有收入来源，吃喝玩乐主要靠作案所得。他们经常出入游戏机房、网吧、溜冰场、台球房等娱乐场所，贪图享受，好逸恶劳。其中的头目或骨干分子均是恶习较深的流氓分子，有些还曾受到过公安机关的拘留或劳教处理。但他们当中有许多人并不因此而悔过自新、迷途知返，而是违法意识愈来愈浓厚，有的甚至产生了反社会的心理。

4．团伙成员外表特征具有怪异性

团伙成员经常是几个或十几个成员纠合在一起。他们以自己的言行举止怪异为美。具体表现为以说“黑道上的话”为荣，盲目崇拜港台影视剧中的黑社会人物。衣着上追求奇装异服，并以此为“酷”。他们的发型相当奇特，有的成员甚至染各色的头发和眉毛。他们的举止往往较为粗俗，修养性较差，经常在公众场合起哄或吹口哨取乐。他们一般都有抽烟酗酒的恶习。

5．团伙违法行为具有轻微暴力性

第一类案件表现为团伙经过策划，故意寻找大学生寻衅滋事，而后以暴力相威胁私了，敲诈勒索大学生钱物或请吃喝；第二类案件则表现为有些团伙经过策划，守候在高校大门口或各校区间的通道上，伺机用殴打或凶器逼迫等方式强行搜身，抢劫大学生钱物。其中有些团伙甚至更是胆大妄为，趁门卫上的疏忽，混入校内寝室、教室及其他公共场所等处物色目标伺机抢劫大学生钱物。无论是敲诈还是抢劫，他们虽通过一定的暴力手段，但程度一般较轻微。

6．团伙对高校大学生具有腐蚀性

大学生心理上希望周围的人能尊重他的存在，渴望独立。然而，现实情况如缺乏经济来源与社会阅历等却令他们无法真正实现独立，不得不依附于家庭、高校或他人。大学生这种心理上的独立性与现实的依附性之间的矛盾以及社会、家庭、高校关心、信任的不够，使他们特别是有劣迹的大学生觉得在高校周边的流氓团伙中可以实现自己心理与生理上的满足。因此有时一些有劣迹的大学生会被团伙拉拢腐蚀。他们进行内外勾结，合伙侵犯本校大学生的人身及财产权利，如合伙抢劫或敲诈本校校友或同学。

二、对高校周边社会违法犯罪的防范

实际上，要解决这一问题的根本在于高校所在地的政府公安部门的治理，加大打击力度，但由于公安部门警力有限，也不可能派遣警员对每一个学生跟踪保护，因此，加强我们大学生自身的防范意识就至关重要了。

(1) 没事尽量不要随便出校门，有事要出去也要结伴而行，并且在外行走时要不时地“左顾右盼”，警惕自己周围的异样情形，一有情况及时躲避并及时报警。

(2) 晚上不要光顾学校周边的娱乐场所，这些场所鱼龙混杂极易发生诸如抢劫、敲诈学生的恶性案件。

(3) 谈恋爱的同学晚上尽量不要到校园周边的树林、景观带去，特别是没有路灯的地方，这些地方往往是违法犯罪分子隐藏伺机作案的地方。

(4) 发生了案情，不要害怕，要记清违法犯罪分子的外貌特征，瞅准时机报案或报学校保卫部门，事后千万不要害怕威胁而不敢报案。

(5) 不要贪图小利，谨防上当受骗。

(6) 不要和他人发生冲突，自己有过错要及时向人赔礼道歉，以免事态扩大。

第二节　周边网吧安全

随着我国教育事业的发展，大学的规模越来越大，学生也越来越多，不少人看到了商机，受利益的驱使，一些人在高校周边开起了网吧，规模也越办越大，数量也越来越多，并呈现出上座率高、服务多样、价格低廉特色。

一、高校周边网吧存在的问题及原因分析

1. 网吧的学习功能没有充分发挥，大学生沉溺于游戏之中

各网吧电脑桌面多为网络游戏、硬盘游戏、QQ、电影等服务项目快捷键，而供于学习的文字处理系统、网页制作等软件不多，很大一部分电脑没有安装。电脑主机一般通过隔板遮蔽或不安装的方式，基本不提供软驱、光驱使用及打印、扫描、刻录等服务。网吧中顾客多为在

校大学生，社会人员较少。以男性为主，女性较少。据调查，大学生玩游戏占 69%左右(实际上这一比例会更高)上网聊天、看电影、听音乐的人员占 30%左右，查阅信息、学习的人员占 1%左右。上机时间一般比较长，多在 2 个小时以上，特别是晚上一般为 3～4 小时，甚至通宵上网。

2．疏于顾客核对登记，存在通宵经营和经营非网络游戏问题

几乎所有的网吧都没有遵照《互联网上网服务营业场所管理条例》的有关规定对上网消费人员的有效身份证件进行核对登记，且存在通宵违规经营情况，通宵上座率在 70%～80%左右，通宵费用平时为 6～7 元，周五周六晚上多为 8～10 元，并且多为在校大学生。各网吧游戏项目以网络游戏为主，有传奇、QQ 游戏、联众世界、泡泡堂等 70 多款游戏，但仍经营部分局域网游戏和硬盘游戏。

3．信息监管不足，存在安全隐患、环境差等问题

在各网吧均可浏览黄色网站，特别是在通宵营业期间，有部分人员下载观看黄色电影和图片，并以黄色电影为主。为数不少网吧没有消防设施，通常网吧面积不大，单门出入较多，电脑摆放较集中，人员较密集，人员过往通道狭窄，绝大多数网吧允许抽烟，更有甚者为了躲避有关部门的监管，到了晚上 12 点就把大门锁上；这样一旦发生火灾，后果不堪设想，“蓝极速”网吧火灾就是一个血的教训。并且网吧内空气污浊，气味不好，噪声较大。

4．网吧往往成为打架、抢劫、敲诈勒索的场所

高校周边的网吧内，上网人员成分复杂，尽管大部分是学生，但也有一部分无业社会青年，学生往往被不明身份的社会青年无故殴打、敲诈勒索甚至抢劫，而网吧老板大多睁一只眼闭一只眼，有的怕惹麻烦连案都不报。

二、网络成瘾及其危害

“网络成瘾综合症”也称病理性网络使用，于 1994 年由纽约的一位精神医生伊万•戈德堡提出，临床上是指由于患者对互联网过度依赖而导致明显的心理异常症状，并因此导致明显的社会、心理功能损害的现象。

“网络成瘾综合症”主要症状表现：对网络有心理依赖感，不断增加上网时间；从上网行为中获得愉快和满足，下网后感觉不快；在个人现实生活中花很少的时间参与社会活动和与他人交往；以上网来逃避现实生活中的烦恼与情绪问题；倾向于否定过度上网给自己的学习、工作和生活造成的损害。

专家指出，过度使用网络常常会导致青少年出现情绪障碍和社会适应困难。在心理方面，会出现注意力不能集中和持久，记忆力减退，对其他活动缺乏兴趣，为人冷漠，缺乏时间感，情绪低落。在躯体方面，会出现不能维持正常的睡眠周期，停止上网时出现失眠、头痛、注意力不集中、消化不良、恶心厌食、体重下降。在行为方面，会出现品行障碍，产生攻击性行为。

大学生网络成瘾的危害性主要表现：

1．角色的混乱

青少年网络成瘾者，过度地沉溺于网络中虚拟的角色，将网络上各种角色带到现实生活中引起角色的混乱。

2．道德的弱化

由于网络成瘾者在网上的自由和任性，缺少现实中道德规范的约束，在色情网站中很容易放纵自己的欲望从而弱化其道德标准。

3．人格的异化

网上大量的黄色、暴力信息泛滥，不利于网络成瘾者树立正确的人生观、价值观、世界观，导致其在现实生活中情感淡漠，对亲人和朋友缺乏人性，容易冲动从而导致人格的变异。因为网络游戏大多以“攻击、战斗、竞争”为主要成分，长期玩飙车、砍杀、爆破、枪战等游戏，火爆刺激的内容容易使游戏者模糊道德认知，淡化游戏虚拟与现实生活的差异，误认为这种通过伤害他人而达成目的的方式是合理的。一旦形成了这种错误观点，便会不择手段，欺诈、偷盗甚至对他人施暴。目前，因为玩电子游戏而引发的道德失范、行为越轨甚至违法犯罪的问题正逐渐增多，暴力、色情游戏甚至被一些人称为“电子海洛因”。

4．学习的挫折

网络成瘾者因为在网上的时间太多，没有时间学习进而逃学，即使上课也常常是沉醉在网络游戏中而听不进老师讲课，从而导致学业毫无进展。青少年长期沉迷于网络和游戏，长此以往左前脑发育受到伤害后，会进一步影响右脑发育，处于亚健康状态或直接导致心理障碍。

5．身心健康的损害

青少年长期沉迷于网络世界，日常生活则被完全打破，饮食不规律导致身体变得越来越虚弱，严重者甚至猝死。另外由于长期在虚拟的世界里生存而导致孤僻、缺乏自信、自卑、悲观和抑郁。

6．浪费时间

游戏开发商和网吧经营者为了吸引和留住人，在游戏中设置了好多关口和陷阱，使得游戏者一步步沉迷其中，甚至能通宵达旦，废寝忘食。

7. 浪费金钱

上网不是免费的，作为一名没有收入的青少年学生，沉迷于网络游戏无疑会增加家庭的经济压力。

三、如何面对校园周边的网吧

(1) 应尽量不要到校外网吧上网，要上网最好到学校的机房，有条件还可以自己在寝室配置一台电脑。现在各大高校都配有机房，每个学生公寓也为学生配置了宽带和电脑桌，方便且价格便宜。

(2) 应提高自身免疫力，做文明的网民。大学生应认清历史责任和社会义务，自觉抵制各种不健康、不文明的内容和行为的侵蚀，以不断完善自己，实现自我价值为目标，以民族昌盛，中华民族伟大复兴为己任，充分利用在校的学习机会，努力学习各方面的文化知识，充分利用学校的各种学习资源，熟练地掌握各方面的专业技能，以便最大限度的实现自我价值，发挥自身作用。

第三节　周边租房、卫生、交通安全

一、高校周边租房安全

大学生校外租房问题，教育部在 2004 年、2005 年连续两年发文，提出了学生校外租房是“原则上不允许”。2007 年 6 月，教育部再次下发通知，明确规定：原则上不允许学生自行在校外租房居住。对特殊原因在校外租房的学生，要履行相关备案手续。

尽管教育部三令五申，原则上禁止大学生校外租房，但仍有不少大学生选择校外租房。学生校外租房的原因非常多，有的是因为要考研，希望找个安静的地方专心复习；有的则是为了浪漫，与恋人在校外搭个温馨的窝，体会“小夫妻”的温情；有的是为了找工作就业方便；还有些学生租房的原因很简单，只是因为觉得学校宿舍条件太差，管得太严，平时自由支配的空间太小，所以出来租房呼吸新鲜空气。

(一) 校外租房的安全隐患

1. 面积狭窄，卫生条件差

校外出租房屋的通常是民房，有的甚至是违章搭建，通常一套七八十平方米的住宅会被隔成五六个小间，而后出租给几个人，许多房间甚至连窗户都没有，男女共用一个卫生间，卫生条件很差。

2. 存在治安安全隐患

由于合租房屋的人员比较混杂，其中不乏社会上的无业青年，因此盗窃、打架甚至绑架等各类治安刑事案件发生率较高。很多高校在校外租房的学生多有过出租房内财产被盗的经历。

3. 存在火灾隐患

合租的房屋都是在居民楼里，由一个单元房子隔成七八间，用火用水用电，尤其是用火安全得不到保障，曾发生过多起学生出租房内一氧化碳中毒事件。用电安全也得不到保障，有的电线线路老化纵横交错，出租者为了节省开支一般也不配置灭火器，加上过道内多数堆满杂物，一旦发生火灾对大学生的人身财产安全来说都是一个极大的隐患。

4. 给出租房周边也带来不安定因素

由于房屋密集，居住人员多，加上一些学生经常将校外人员如老乡、网友等带回出租屋留宿，给周边带来了不安定因素，彻夜吵闹、酗酒斗殴的等事件常有发生。而出租房老板在向大学生们出租房屋时，一般只是简单问问情况，既不看证件，也不签租住合同，更不会去当地公安机关备案。

5. 存在以偷拍的照片敲诈勒索的现象

2007 年 5 月，马某以“杨岭涛”的名义，租住一间房屋，又向外出租钟点房。并在房间内做手脚，偷拍租房者的隐私照片，然后以将照片散发相要挟，敲诈被害人钱财，由于被害人及时报警，男子被抓获。

6. 租房者维权难

绝大多数出租者不跟租房者签订租房合同，更不会到当地的公安部门、房管部门去备案，因此一旦发生侵害租房大学生人身财产权益的案件，就很难维护该租房者的权益。

(二) 做一名遵守校规、不擅自到校外租房的好学生

基本上现在所有的高校原则上都是禁止学生到校外租房的，主要目的就是考虑到保护学生的人身财产安全；既然在校外租房存在这么多的安全隐患，学校原则上也禁止，加上在校外租房也会增加家长的经济负担，同时还可能影响到自己的学习，我们大学生何乐而不为，何况现在各大高校的公寓都是 4～6 人住一间房并配有卫生间，每学年的公寓管理费 800～1000 元，应该说便宜且适合学习生活。

二、周边卫生、交通安全

（一）卫生安全

随着高校扩招的不断扩大，大学生数量的增多，大学周边的小餐馆、饮食店层出不穷，生意红火。与此同时，食品饮食卫生安全问题也越来越突出。

(1) 校园周边脏乱差的现象依旧难以改观，个体商贩占道经营，废弃的纸屑杂物、瓜皮果核、垃圾污物等任意抛洒。此外，一些人不讲公德，晚上随地便溺，加之清扫不及时，往往成了老鼠和蚊蝇的滋生地，这势必造成校园周边食品卫生安全的无保障。

(2) 高校周边烟熏火燎的大排档、无证经营的小饭馆、利用就餐时间招揽生意的流动食品摊贩已经成为威胁学生食品安全的极大隐患。这些卫生条件差，普遍缺乏必要的清洁消毒设施的场所，因其价格低廉而极易吸引学生，存在发生集体性食物中毒和群体性传染疾病的隐患。

(3) 有的食品店以低廉的价格销售过期变质的食品，有的水煮、麻辣还添加了对人体有害的色素。

(4) 食品从业人员普遍无健康合格证明，有的还患有乙型肝炎等传染性疾病。以上这些情况表明，高校周边餐饮店俨然成为学生健康的“杀手”。

（二）交通安全

高校周边交通也存在不少安全隐患，主要表现在以下方面。

1．车速过快

现在高校门前车速普遍过快，学生过马路很不安全。傍晚学生出入高峰期更是不安全。2007年上半年，某高校一名大三的学生被过往的车辆撞成植物人，至今仍昏迷不醒。

2．非法揽客车辆过多

各高校大门附近，常有非法三轮车、“摩的”乱停乱放揽客，车辆多数状况不良，驾驶人员身份不明，交通规范意识欠缺，极易发生违章行驶和抢劫犯罪等案件。

3．接送车辆密集

每到周五和周日，各高校门口，都会出现大量接送学生的车辆，不少车辆甚至强行闯入校内，交通拥堵矛盾突出。

4．占道经营严重影响交通安全

高校门前的小摊小贩堵在路上做生意，使得门口本就路况不好的道路更加拥挤，尽管有关部门对他们劝解、整治，但效果都不佳，有的赖死要流氓，有的赶走了又来。

5．交通标识缺乏

现在很多高校门口都有公交车停靠、调头点，但是缺乏醒目的交通标识，对过往车辆和行人起不到警示作用。

(三)做一名讲卫生、遵守交通秩序的学生

针对现在高校普遍存在的卫生、交通安全问题，这应该引起大学生的高度重视。在日常生活中，不到脏乱差的饮食店就餐，严格遵守交通秩序，不坐车况不好的车。这也是对你自己负责，对你家长负责。

安全指南

大学生如何提防马路骗子

近年来，在诸多诈骗案中，马路骗子屡屡得手，在受骗的人中年轻人占大多数，其中不乏在校大学生。因此，作为在校大学生应特别注意提防马路骗子。

1．不要贪图小便宜。诈骗活动得逞的一个先决条件是利用了受骗者爱占小便宜的心理。

2．不要在马路上向无证摊贩购买自己不了解合理价格和质量标准的商品。不要听信货摊周围有人叫好、喊便宜，甚至争先恐后去抢着买，说不定他们就是所谓的“托”。

3．提防魔术行骗。许多魔术行骗看似公平，实则暗藏机关，一般人看不出他做的手脚。如果稍有不慎，行骗者就有可乘之机，让你尝点甜头后，把你宰得头破血流。因此，遇到摆摊的魔术，一定莫入圈套。

4．不要轻易参与骗子的游戏活动。骗子的意图有时很容易被人看破，但是他往往利用人们的好奇心理或参与心理引你上钩。如一些马路骗子在街头巷尾摆设的游戏，他总是先引诱你参与，设法使你在参与中享受到乐趣，尔后诈骗你的钱物。

5．警惕骗子利用封建迷信诈骗。一些骗子利用看病、算命骗钱，利用想尽快看好病的心理引你上当，心甘情愿地拿钱去看病，其实得病就要正规医院去诊治，不要被迷信迷惑。

延伸阅读

《改变一生的健康计划》

作者：[英]麦克凯斯

译者：兆彬　俞睿

出版社：广西科学技术出版社

本书介绍了有关周围事物的秘密，让读者清楚地知道什么是影响健康的25大关键问题，获得真正通向终极苗条的20大箴言，在几天内排除身体的毒素。更重要的是，我们完全可以在吃着健康零食、享受天然甜点、开开心心的情况下一直坚持下去！

《YOU:身体实用手册》

作者：[美]罗伊森　[美]奥兹

译者：兆彬　俞睿

出版社：译林出版社

本书为你提供了一个简单而全面的健康计划，将改变你先前对于人体工作模式和老化过程的认识，带你进行一次了解你身体中所有的“道路”系统的旅行，包括你身体里的“高速路”、“规程路”以及“路识标记”。在做了这个有关身体知识的浏览之后，你将会对有关血液循环系统、食物消化系统等各种系统和各项器官的所有认识有全面的提升。更重要的是，你将会从本书中获得你需要的事实和建议，以保持你的身体能够长久而有力地运转；发现疾病是如何开始的，它们是如何影响到你的身体；知道如何预防和击败那些影响你生活质量的不良因素。本书还附加了锻炼诀窍、营养指导、简单易行的生活方式的改变以及一些可供选择的方法。

《身体健康枕边书》

作者：牧之

出版社：新世界出版社

本书向读者介绍了真正的健康是怎样的状态，生活方式、生活环境、生态、运动以及饮食与健康有着怎样的关系，重点讲述了家中的少儿、男人、女人和中老年人最常见的健康问题，提供最简单的治疗方法和一些常见的癌症的治疗和预防方法。本书还讲述了一些常见疾病的自我诊断和儿童及成人的急救知识以及身体发出的一些健康警读。拿起这本书，您会发现，它涵盖广、信息量大，而且条目详细又切实可行。

第十章　防自然灾害

案例引导

1998年1月10日11时50分，尚义以东地区发生6.2级地震，造成了严重的人员伤亡和经济损失，是当年中国大陆地区最严重的一次地震灾害。地震灾区涉及张北、尚义、万全和康定县的19个乡镇，灾区人口近17万。地震中有49人死亡，11439人受伤，其中重伤362人，伤亡人数占全国当年总数的83.9%。由于当地居民房屋的结构和选址不合理，房屋的建筑质量和抗震性能不强，有些房屋本身就已经危险，因此，房屋破损较为严重，破坏面积达到650多万平方米，其中完全毁坏175.4万平方米。地震的直接经济损失高达7.94亿元，占当年总数的44.6%。与该县相邻的山西大同高天镇县遭受的直接经济损失也达到587.9万元。震后政府和各方面共投入救灾款项8.36亿元。

2008年5月12日14时28分04秒，8级强震猝然袭来，大地颤抖，山河移位，满目疮痍，生离死别。这是新中国成立以来破坏性最强、波及范围最大的一次地震。地震重创约50万平方公里的中国大地！截至2009年4月25日10时，遇难69225人，受伤374640人，失踪17939人。其中四川省68712名同胞遇难，17921名同胞失踪，共有5335名学生遇难或失踪。直接经济损失达8451亿元。这是中华人民共和国自新中国成立以来影响最大的一次地震。震级是自1950年8月15日西藏墨脱地震(8.5级)、和2001年昆仑山大地震(8.1级)后的第三大地震，直接严重受灾地区达10万平方公里。

第一节 地 震

一、地震的概况

地震(earthquake)是大地的振动。它发源于地下某一点，该点称为震源(focus)。振动从震源传出，在地球中传播。地面上离震源最近的一点称为震中，它是接受振动最早的部位。大地震动是地震最直观、最普遍的表现。在海底或滨海地区发生的强烈地震，能引起巨大的波浪，称为海啸。地震是极其频繁的，全球每年发生地震约500万次。

地球的结构就像鸡蛋，可分为三层。中心层是“蛋黄”——地核；中间是“蛋清”——地幔；外层是“蛋壳”——地壳。地震一般发生在地壳之中。地球在不停地自转和公转，同时地壳内部也在不停地变化。由此而产生力的作用，使地壳岩层变形、断裂、错动，于是便发生地震。地下发生地震的地方叫震源。从震源垂直向上到地表的地方叫震中。从震中到震源的距离叫震源深度。震源浓度小于70 km的地震为浅源地震，在70～300 km之间的地震为中源地震，超过 300 km 的地震为深源地震。震源深度最深的地震是 1963 年发生印度尼西亚伊里安查亚省北部海域的 5.8 级地震，震源深度 786 km。对于同样大小的地震，由于震源深度不一样，也不一样，对地面造成的破坏程度也不一样。震源越浅，破坏越大，但波及范围也越小，反之亦然。

某地与震中的距离叫震中距。震中距小于 100 km 的地震称为地方震，在 100～1 000 km 之间的地震称为近震，大于 1 000 km 的地震称为远震，其中，震中距越远的地方受到的影响和破坏越小。

地震所引起的地面振动是一种复杂的运动，它是由纵波和横波共同作用的结果。在震中区，纵波使地面上下颠动。横波使地面水平晃动。由于纵波传播速度较快，衰减也较快，横波传播速度较慢，衰减也较慢，因此离震中较远的地方，往往感觉不到上下跳动，但能感到达水平晃动。

地震本身的大小，用震级表示，根据地震时释放的弹性波能量大小来确定震级，我国一般采用里氏震级。通常把小于 2.5 级的地震叫小地震，2.5～4.7 级地震叫有感地震，大于 4.7 级地震称为破坏性地震。震级每相差 1 级，地震释放的能量相差约 30 倍。比如说，一个 7 级地震相当于 30 个 6 级地震，或相当于 900 个 5 级地震，震级相差 0.1 级,释放的能量平均相差 1.4 倍。

当某地发生一个较大的地震时，在一段时间内，往往会发生一系列的地震，其中最大的一个地震叫作主震，主震之前发生的地震叫前震，主震之后发生的地震叫余震。

地震时一定点地面震动强弱的程度叫地震烈度。我国将地震烈度分为 12 度。

震级与烈度，两者虽然都可反映地震的强弱，但含义并有一样。同一个地震，震级只有一个，但烈度却因地而异，不同的地方，烈度值不一样。例如，1990 年 2 月 10 日，常熟—太仓发生了 5.1 级地震,有人说在苏州是 4 级,在无锡是 3 级,这是错的。无论在何处，只能说常熟—太仓发生了 5.1 级地震，但这次地震，在太仓的沙溪镇地震烈度是 6 度，在苏州地震烈度是 4 度，在无锡地震烈度是 3 度。

二、地震的成因

地震分为天然地震和人工地震两大类。此外，某些特殊情况下也会产生地震，如大陨石冲击地面(陨石冲击地震)等。引起地球表层振动的原因很多，根据地震的成因，可以把地震分为以下几种：

1．构造地震

由于地下深处岩石破裂、错动把长期积累起来的能量急剧释放出来，以地震波的形式向四面八方传播出去，到地面引起的房摇地动称为构造地震。这类地震发生的次数最多，破坏力也最大，约占全世界地震的90%以上。

2．火山地震

由于火山作用，如岩浆活动、气体爆炸等引起的地震称为火山地震。只有在火山活动区才可能发生火山地震，这类地震只占全世界地震的7%左右。

3．塌陷地震

由于地下岩洞或矿井顶部塌陷而引起的地震称为塌陷地震。这类地震的规模比较小，次数也很少，即使有，也往往发生在溶洞密布的石灰岩地区或大规模地下开采的矿区。

4．诱发地震

由于水库蓄水、油田注水等活动而引发的地震称为诱发地震。这类地震仅仅在某些特定的水库库区或油田地区发生。

5．人工地震

地下核爆炸、炸药爆破等人为引起的地面振动称为人工地震。人工地震是由人为活动引起的地震。如工业爆破、地下核爆炸造成的振动；在深井中进行高压注水以及大水库蓄水后增加了地壳的压力，有时也会诱发地震。

三、地震的危害

地震是世界上最凶恶的敌人，它所造成的直接灾害如下：

(1) 建筑物与构筑物的破坏，如房屋倒塌、桥梁断落、水坝开裂、铁轨变形等等。

(2) 地面破坏，如地面裂缝、塌陷，喷水冒砂等。

(3) 山体等自然物的破坏，如山崩、滑坡等。

(4) 海啸、海底地震引起的巨大海浪冲上海岸，造成沿海地区的破坏。

此外，在有些大地震中，还有地光烧伤人畜的现象。

地震的直接灾害发生后，会引发出次生灾害。有时，次生灾害所造成的伤亡和损失，比直接灾害还大。1932 年日本关东大地震，直接因地震倒塌的房屋仅 1 万幢，而地震时失火却烧毁了 70 万幢。

地震引起的次生灾害主要包括：

(1) 火灾，由震后火源失控引起；

(2) 水灾，由水坝决口或山崩壅塞河道等引起；

(3) 毒气泄漏，由建筑物或装置破坏等引起；

(4) 瘟疫，由震后生存环境的严重破坏所引起。

2008 年 5 月 12 日 14 时 28 分，四川汶川县(31.0° N，103.4° E)，发生震级为 8.0 级地震，直接严重受灾地区达 10 万平方公里。截至 7 月 4 日 12 时，四川汶川地震造成 69 226 人遇难，374 643 人受伤，失踪 17 923 人。紧急转移安置 148 万余人，累计受灾人数 4 624 万人。

四、地震的防范与应急

(一) 震前防范

地震属于不能克服的不可抗力，但地震到来前我们平时可以做的一些准备工作，以便使自己及家人在发生地震时不至于手忙脚乱而不知所措。

(1) 在家储备一些饮用水和罐头食品，使你能多维持一些天。为达饮用和煮食之目的，建议每人每天以一加仑(合 4.546 升)的水计。因为断电电冰箱内的食品很快变质，所以，很需要预备罐头和干食品。准备诸如轻便炉子和可携带的烤肉架则便于应急煮东西食用。

(2) 常备几个手电筒和备用电池,放在随手可取的地方，也可在你的床边放一个手电筒。

(3) 在适当的位置备一个或多个灭火器,把浇灌用的软管套好在水龙头上(如水压够,可立即用于扑灭火灾)。

(4) 在家和你长期呆的其他地方学习怎样关闭煤气、 电闸、水。在煤气阀门附近备一把规格合适的扳手。

(5) 随身备好最基本急救用品， 并掌握急救的程序(严重的灾害之后，各家医院将挤得水泄不通，医务人员则忙于抢救更严重的伤员)。最好能备有你和你在一处的其他人所需的足够特效药品。

(6) 在你的电话机旁写下救护队、 救火队和警察局的电话号码。

(7) 把那些可能会翻倒而导致人员伤亡的书架及一些重的家具固定在墙上。

(8) 把易燃的液体和毒品等危险品存放在不会倾倒或砸开的安全地方。

(9) 你的床绝不能安放在大玻璃窗附近。

(10) 为防患于未然，若一旦发生地震，便于人员疏散和援救人员的出入，保证一切通道通行无阻，故在工作地点或学校的日常规章中，要制订避免物体、单车、小汽车等阻塞走廊、门口、通道的规则。

(二) 地震时应遵循的原则

(1) 发生大地震时不要急。破坏性地震从人感觉振动到建筑物被破坏平均只有 12 秒钟，在这短短的时间内你应根据所处环境迅速做出保障安全的抉择。如果住的是平房，那么你可以迅速跑到门外。如果住的是楼房，千万不要跳楼，应立即切断电闸，关掉煤气，暂避到洗手间等跨度小的地方，或是桌子，床铺等下面，震后迅速撤离，以防强余震。

(2) 人多先找藏身处。学校，商店，影剧院等人群聚集的场所如果遇到地震，最忌慌乱，应立即躲在课桌、椅子或坚固物品下面，待地震过后再有序地撤离。

(3) 远离危险区。如在街道上遇到地震，应用手护住头部，迅速远离楼房，到街心一带。如在郊外遇到地震，要注意远离山崖，陡坡，河岸及高压线等。正在行驶的汽车和火车要立即停车。

(4) 被埋要保存体力。如果震后不幸被废墟埋压，要尽量保持冷静，设法自救。无法脱险时，要保存体力，尽力寻找水和食物，创造生存条件，耐心等待救援。

(5) 手机和充足电的电池放在身边备用。

大多数破坏性地震使人感到的地面抖动只是一瞬间，只有强烈的地震才能有长达一分钟的感觉，而绝大多数破坏性地震只延续几秒钟。为此，只有保持镇定，采取果断措施来保护自己，才能够减少你所遭遇灾害的损失。

(三) 地震发生后的各种自救防护办法

1. 在家中人员个人防护方法

当你感到地面或建筑物晃动时，切记最大的危害是来自掉下来的碎片，此刻，要动作机灵的躲避。

(1) 在房屋里，则赶快到安全的地方，如躲到书桌、工作台、床底下。单元楼内。可选择开间小的卫生间、墙角，依靠上下水管道和煤气管道的支撑，减少伤亡。对于户外开阔，住平房的职工，震时可头顶被子、枕头或安全帽逃出户外，来不及时，最好在室内避震，要注意远离窗户，趴下时，头靠墙，使鼻子上方双眼之间凹部枕在横着的双臂上面，闭上眼和嘴，用鼻子呼吸，一般来说，不要跑出建筑物，最好就近找个安全处躲避，待地震后，如果需要疏散，再沉着离开。

(2) 地震时，门框会因变形而打不开，所以在防震期间，最好不要关门。夜间地震时，要争分夺秒向安全地方转移，不要因寻找物品和穿衣而耽误时间，如有可能，要立即拉断电源，关闭煤气，熄灭明灯。照明最好用手电筒，不要用火柴、蜡烛等明火。

(3) 地震时，如已被砸伤或埋在塌物下面，应先观察周围环境，寻找通道，千方百计想办法出去。若无通道，则要保存体力，不要大喊大叫，要静听外面的动静，如听到有人走过的声音，可敲击铁管或墙壁使声音传出去，以便救援。同时要在狭小的空间里，寻找食物维持生命。

2. 室外人员个人防护方法

(1) 地震时在户外的人，千万不要冒着大地的震动进屋去救亲人，只能等地震过后，再对他们及时抢救。

(2) 如果你正行走在高楼旁的人行道上，要迅速躲到高楼的门口处，以防碎片掉下来砸伤。

(3) 汽车司机要就地刹车，火车司机要采取紧急制动措施，稳缓地逐渐刹车，保证列车和旅客的人身安全。

(4) 如果在山坡上感到地震发生，千万不要跟着滚石往山下跑，而应躲在山坡上隆起的小山包背后，同时要远离陡崖峭壁，防止崩塌、滑坡和泥石流的威胁。

(5) 在海边，如发现海水突然后退，比退潮更快、更低，就要注意海啸的突然袭击，尽快向高处转移。

3．在工作岗位上工作的人员个人防护方法

一旦地震发生，在工作、生产岗位上的人员，首先应关闭易燃、易爆、有毒气体的阀门，个人根据所处的环境，当机立断迅速避震。

(1) 地震时，在办公楼的工作人员，要赶紧躲在办公桌下面，震后迅速从楼梯撤离，千万不要跳楼。

(2) 在厂区上班的工人，地震时，要立即关闭机器、断掉电源，迅速躲在车床、机床及高大的设备下，绝不要慌忙乱跑。

(3) 井下作业工人，地震时，应立即停止生产，不要急于往外跑，地面下一般较地面上安全。避开巷道或竖井等危险地区，选择有支撑的巷道避震。地震过后，有组织、有秩序地向地面转移。

(4) 一些生命线工程中的在岗人员，应根据各自的专业特点、规范，立即采取措施避震。如化工厂在地震时，紧急防止易燃、易爆、有毒气体和液体外溢，立即关停各种闸门和电源，关闭运转设备，防止次生灾害的发生。

4．在公共场所人员个人防护方法

在群众集聚的公共场所遇到地震时，最忌慌乱，否则将造成秩序混乱，相互压挤而导致人员伤亡，应有组织地从多路口快速疏散。

(1) 如果你正在影剧院、体育馆等处遇到地震时，要沉着冷静，特别是当场内断电时，不要乱喊乱叫，更不得乱挤乱拥，应就地蹲下或躲在排椅下，注意避开吊灯、电扇等悬挂物，用皮包等物保护头部，等地震过后，听从工作人员指挥，有组织地撤离。

(2) 地震时，你正在商场、书店、展览馆等处，应选择结实的柜台、商品(如低矮家具等)或柱子边，以及内墙角处就地蹲下，用手或其他东西护头，避开玻璃门窗和玻璃橱窗，也可在通道中蹲下，等待地震平息，有秩序地撤离出去。

(3) 正在上课的学生，要在老师的指挥下迅速抱头、闭眼，躲在各自的课桌下，决不能乱跑或跳楼。地震后，有组织地撤离教室，到就近的开阔地避震。

(4) 正在进行比赛的体育场，应立即停止比赛，稳定观众情绪，防止混乱拥挤，有组织有步骤地向体育场外疏散。

5．地震后的个人自救方法

一次大震发生后，到处是残垣断壁，危楼及倒房构成的瓦砾堆。在没有外来人员援救之前，自救是一项与死神争分夺秒的斗争。时间就是生命，从历次大地震的经验得知，地震发生后，一天内扒出的人，救活率可达 80%，第二天可有 30%～40%，时间越长，存活率越低。地震对人身的伤害，大部分是倒塌的房屋所造成的，一旦被埋压后，要做到以下几点：

(1) 被埋压在废墟下时，至关重要的是不能在精神上发生崩溃，要有勇气和毅力。强烈的求生欲望和充满信心的乐观精神，是自救过程中创造奇迹的强大动力。

(2) 被压埋后，注意用湿手巾、衣服或其他布料等捂住口鼻和头部，避免灰尘呛闷发生窒息及意外事故，尽量活动手和脚，消除压在身上的各种物体，用周围可搬动的物品支撑身体上面的重物，避免塌落，扩大安全活动空间，保障有足够的空气。条件允许时，应尽量设法逃避险境，朝更安全宽敞、有光亮的地方移动。

(3) 被埋压后，要注意观察周围环境，寻找通道，设法爬出去，无法爬出去时，不要大声呼喊，当听到外面有人时，再呼叫，或敲击出声，向外界传信息求救。

(4) 无力脱险时，尽量减少体力消耗，寻找食物和水，并计划使用，乐观等待时机，想办法与外面援救人员取得联系。

6．地震后的群众互救方法

地震后救人，时间就是生命。因此，救人应当先从最近处救起，不论是家人、邻居、工作岗位上的同事，或是萍水相逢的路人，只要是近处有人被埋压，就要先救他们，这样可以争取时间，减少伤亡。震后救人的原则如下：

(1) 在互救过程中，要有组织，讲究方法，避免盲目图快而增加不应有的伤亡。首先通过侦听、呼叫、询问及根据建筑物结构特点，判断被埋人员的位置，特别是头部方位，在开挖施救中，最好用手一点点拨，不可用利器刨挖。

(2) 如伤势严重，不能自行出来的，不得强拉硬拖，应设法暴露全身，查明伤情，施行包扎固定或急救。

(3) 在互救中，应利用铲、铁杆等轻便工具和毛巾、被单、衬衣、木板等方便器材。

(4) 挖掘时要分清哪些是支撑物，哪些是压埋阻挡物，应保护支撑物，清除埋压物，才能保护被压埋者赖以生存的空间不遭覆压。

(5) 清除压埋物及钻凿、分割时，有条件的要泼水，以防伤员呛闷而死。

(6) 对暂时无力救出的伤员，要使废墟下面的空间保护通风，递送食品，静等时机再进行营救。

第二节 雷　击

一、了解雷电知识

1. 雷电的形成和种类

雷电是大气中的放电现象，多形成在积雨云中，积雨云随着温度和气流的变化不停地运动，运动中摩擦生电，就形成了带电荷的云层。某些云层有正电荷，另一些云层带有负电荷。另外，由于静电感应常使云层下面的建筑、树木等有异性电荷。随着电荷的积累，雷云的电压逐渐升高，当带有不同电荷的雷云与大地凸出物相互接近到一定温度时，其间的电场超过 25～30kV/cm，将发生激烈的放电，同时出现强烈的闪光。由于放电时温度高达 2 000℃，空气受热急剧膨胀，随之发生爆炸的轰鸣声，这就是闪电与雷鸣。

雷电的大小和多少以及活动情况，与各个地区的地形、气象条件及所处的纬度有关。一般山地雷电比平原多，沿海地区比大陆腹地要多，建筑物越高，遭雷击的机会越多。

2. 雷电可分为四种

(1) 直击雷：直击雷是云层与地面凸出物之间的放电形成的。

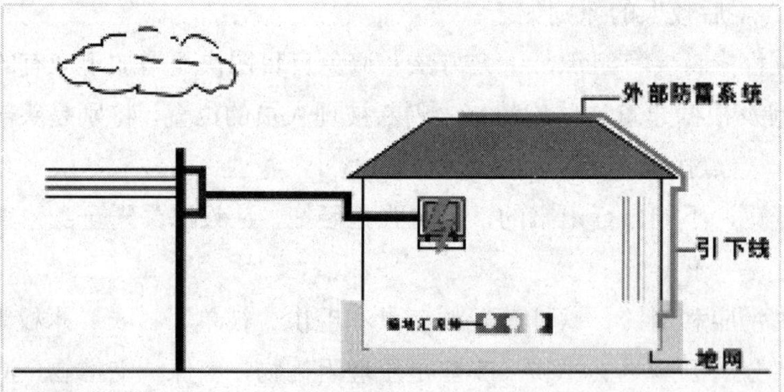

(2) 球形雷：球形雷是一种球形、发红光或极亮白光的火球，运动速度大约为 2m/s。球形

雷能从门、窗、烟囱等通道侵入室内，及其危险。

(3) 雷电感应：也称感应雷，分为静电感应和电磁感应两种。静电感应是由于雷云接近地面，在地面凸出物顶部感应出大量异性电荷所致。电磁感应是由于雷击后，巨大雷电流在周围空间产生迅速变化的强大磁场所致。

(4) 雷电侵入波：雷电侵入波是由于雷击而在架空线路上或空中金属管道上产生的冲击电压沿线或管道迅速传播的雷电波。传播速度为3×108m/s 的雷电可毁坏电器设备的绝缘，使高压窜入低压，造成严重的触电事故，例如“雷雨天”室内电器设备突然爆炸起火或损坏，人在屋内使用电器或打电话时突然遭电击身亡都属于这类事故。

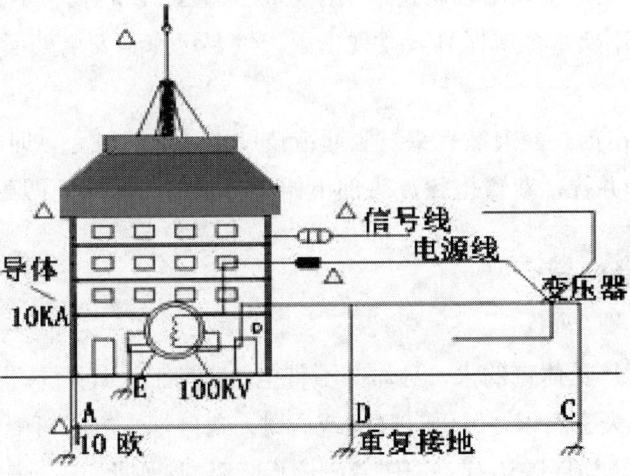

3．防雷措施

防雷措施主要是在建筑物上安装避雷针，避雷网，避雷带，布雷线，引下线和接地装置或在金属设备，供电线路上采取接地保护。

二、人身防雷击措施

1．室内预防雷击

(1) 电视机的室外天线在雷雨天要与电视机脱离，而与接地线连接。

(2) 雷雨天应关好门窗，防止球形雷窜入室内造成危害。

(3) 雷暴时，人体最好离开可能传来雷电侵入波的线路和设备 1.5m 以上。拔掉电源插头；不要打电话；不要靠近室内的金属设备如暖气片、自来水管、下水管；尽量离开电源线、电话线、广播线，以防止这些线路和设备对人体的二次放电。另外，不要穿潮湿的衣服，不要靠近潮湿的墙壁。

2. 室外避免雷击

(1) 要远离建筑物的避雷针及其接地引下线。

(2) 要远离各种天线、电线杆、高塔、烟囱、旗杆，如有条件进入有宽大金属构架、有防雷设施的建筑物或金属壳的汽车和船只，要远离帆布篷车和拖拉机、摩托车等。

(3) 应尽量离开山丘、海滨、河边、池旁；尽快离开铁丝网、金属晒衣绳、孤立的树木、和没有防雷装置的孤立小建筑物等。

(4) 雷雨天气尽量不要在旷野里行走。要穿塑料等不侵入水的雨衣；要走慢点，步子小点；不要骑在自行车上行走；不要用金属杆的雨伞，肩上不要扛带有金属杆的工具。

(5) 在校内手中不要拿金属器具，发现雷雨天气要迅速到安全处所躲避，严禁在大树下、电杆旁躲避。

(6) 人在遭受雷击前，会突然有头发竖起或皮肤颤动的感觉，这时应立刻躺倒在地，或选择低洼处蹲下，双脚并拢，双臂抱膝，头部下俯，尽量缩小暴露面即可。

三、雷击抢救的方法

受雷击被烧伤或严重休克的人，身体并不带电。应马上让其躺下，扑灭身上的火，并对他进行抢救。若伤者虽失去意识，但仍有呼吸或心跳，则自行恢复的可能性很大，应让伤者舒适平卧，安静休息后，再送医院治疗。若伤者已停止呼吸或心脏跳动，应迅速对其进行口对口人工呼吸和心脏按压，在送往医院的途中要继续进行心肺复苏的急救，教育处要定期对学生进行专业知识培训。

第三节　泥　石　流

一、形成泥石流的基本条件

泥石流是指大量泥沙、石块等固体物质，在重力与水的作用下，沿斜坡或沟谷突然流动的现象。泥石流是山区常见的一种突发性严重自然灾害。它来势凶猛，历时较短，具有很大破坏力。这种洪流最快时甚至可以10m/s的速度前进，上千吨的巨石竟像漂浮在水中的木块那样忽浮忽沉地被带到山下较平坦的地区才停止滚动。在几分钟或几十分钟内，泥石流便可将数以亿计的土石方搬到山下，它流经的地方，农田、道路、村庄，一切建筑物都遭到很大的破坏。

泥石流的形成必须同时具备以下3个条件：陡峻的便于集水、集物的地形、地貌；有丰富的松散物质；短时间内有大量的水资源。

1．地形地貌条件

在地形上具备山高沟深，地形陡峻，沟床纵度降大，流域形状便于水流汇集。在地貌上，泥石流的地貌一般可分为形成区、流通区和堆积区三部分。上游形成区的地形多为三面环山，一面出口的瓢状或漏斗状，地形比较开阔、周围山高坡陡、山体破碎、植被生长不良，这样的地形有利于水和碎屑物质的集中；中游流通区的地形多为狭窄陡深的峡谷，谷床纵坡降大，使泥石流能迅猛直泻；下游堆积区的地形为开阔平坦的山前平原或河谷阶地，使堆积物有堆积场所。

2．松散物质来源条件

泥石流常发生于地质构造复杂、断裂褶皱发育，新构造活动强烈，地震烈度较高的地区。地表岩石破碎，崩塌、错落、滑坡等不良地质现象发育，为泥石流的形成提供了丰富的固体物质来源；另外、岩层结构松散、软弱、易于风化、节理发育或软硬相间成层的地区，因易受破坏，也能为泥石流提供丰富的碎屑物来源；一些人类工程活动，如滥伐森林造成水土流失，开山采矿、采石弃渣等，往往也为泥石流提供大量的物质来源。

3．水源条件

水既是泥石流的重要组成部分，又是泥石流的激发条件和搬运介质(动力来源)，泥石流的水源，有暴雨、冰雪融水和水库(池)溃决水体等形式。我国泥石流的水源主要是暴雨、长时间的连续降雨等。

二、我国泥石流的分布特点和种类

我国泥石流的分布明显的受地形、地质和降水条件的控制。特别是在地形条件上表现得更为明显。

(1) 泥石流在我国集中分布在两个带上。一个是青藏高原、盆地与东部的低山丘陵或平原的过渡带。

(2) 在上述两个带中，泥石流又集中分布在一些沿大断裂，深大断裂发育的河流沟谷两侧。这是我国泥石流的密度最大，活动最频繁，危害最严重的地带。

(3) 在各大型构造带中，具有高频率的泥石流又往往集中在板岩、片岩、片麻岩、混合花岗岩、千枚岩等变质岩系及泥岩、页岩、泥灰岩、煤系等软弱岩系和第四系堆积物分布区。

(4) 泥石流的分布还与大气降水、冰雪融化的显著特征密切相关。即高频率的泥石流主要分布在气候干湿季较明显、较暖湿、局部暴雨强度大、冰雪融化快的地区。如云南、四川、甘肃、陕西、西藏等。低频率的稀性泥石流主要分布在东北和南方地区。

泥石流按其物质成分可分成三类：

(1) 由大量黏性土和粒径不等的砂粒、石块组成的叫泥石流；

(2) 以黏性土为主，含少量砂粒、石块，黏度大，呈稠泥状的叫泥流；

(3) 由水和大小不等的砂粒、石块组成的谓之水石流。

泥石流按其物质状态可分为两类：

(1) 黏性泥石流，含大量黏性土的泥石流或泥流。其特征是：黏性大——固体物质占 40%～60%，最高达 80%。水不是搬运介质，而是组成物质。稠度大——石块呈悬浮状态，暴发突然，持续时间短，破坏力大。

(2) 稀性泥石流，以水为主要成分，黏性土含量少，固体物质占 10%～40%，有很大分散性。水为搬运介质，石块以滚动或跃移方式前进，具有强烈的下切作用。其堆积物在堆积区呈扇状散流，停积后似“石海”。

以上分类是我国最常见的两种分类。除此之外还有多种分类方法。如按泥石流的成因分类有：冰川型泥石流，降雨型泥石流；按泥石流沟的形态分类有：沟谷型泥石流，山坡型泥石流；按泥石流流域大小分类有：大型泥石流，中型泥石流和小型泥石流；按泥石流发展阶段分类有：发展期泥石流，旺盛期泥石流和衰退期泥石流；等等。

三、泥石流的危害

泥石流常常具有暴发突然、来势凶猛、迅速之特点，并兼有崩塌、滑坡和洪水破坏的双重作用，其危害程度比单一的崩塌、滑坡和洪水的危害更为广泛和严重。它对人类的危害具体表现在如下四个方面：

(1) 对居民点的危害：泥石流最常见的危害之一，是冲进乡村、城镇，摧毁房屋、工厂、企事业单位及其他场所设施。淹没人畜、毁坏土地，甚至造成村毁人亡的灾难。如 1969 年 8 月云南省大盈江流域弄璋区南拱泥石流，使新章金、老章金两村被毁，97 人丧生，经济损失近百万元。

(2) 对公路、铁路的危害：泥石流可直接埋没车站，铁路、公路，摧毁路基、桥涵等设施，致使交通中断，还可引起正在运行的火车、汽车颠覆，造成重大的人身伤亡事故。有时泥石流汇入河道，引起河道大幅度变迁，间接毁坏公路、铁路及其他构筑物，甚至迫使道路改线，造成巨大的经济损失。如甘川公路 394 km 处对岸的石门沟，1978 年 7 月暴发泥石流，堵塞白龙江，公路因此被淹 1 km，白龙江改道使长约 2 km 的路基变成了主河道，公路、护岸及渡槽全部被毁。该段线路自 1962 年以来，由于受对岸泥石流的影响已 3 次被迫改线。新中国成立以来，泥石流给我国铁路和公路造成了无法估计的巨大损失。

(3) 对水利、水电工程的危害：主要是冲毁水电站、引水渠道及过沟建筑物，淤埋水电站尾水渠，并淤积水库、磨蚀坝面等。

(4) 对矿山的危害：主要是摧毁矿山及其设施，淤埋矿山坑道、伤害矿山人员、造成停工停产，甚至使矿山报废。

四、遇到泥石流如何避险

(1) 在沟谷内逗留或活动时，一旦遭遇大雨、暴雨，要迅速转移到安全的高地，不要在低洼的谷底或陡峻的山坡下躲避、停留。

(2) 留心周围环境，特别警惕远处传来的土石崩落、洪水咆哮等异常声响，这很可能是即将发生泥石流的征兆。

(3) 发现泥石流袭来时，要马上向沟岸两侧高处跑，千万不要顺沟方向往上游或下游跑。

(4) 暴雨停止后，不要急于返回沟内住地，应等待一段时间。

注意：野外扎营时，要选择平整的高地作为营址，尽量避开有滚石和大量堆积物的山坡下或山谷、沟底。

第四节　洪涝灾害

一、洪涝灾害的特点

洪涝灾害指因大雨、暴雨或持续降雨使低洼地区淹没、渍水的现象。洪涝灾害的发生有以下特点：

1．季节性强

由于降雨季节分布不均匀，4～8 月份的降雨量占全年降雨量的 78%左右，一般在夏季发生洪涝，多在 6 月中旬至 7 月中旬发生重大洪涝。

2．突发性强

由于山区地形特殊，山高坡陡，溪河狭窄，一旦暴雨，在很短时间内就形成洪峰，造成洪涝灾害。

3．局部性洪涝为主

根据 1958—2001 年现有的气象和洪涝资料分析研究， 1～3 个县同时发生洪涝的占总数 81.9%，4～5 个县同时发生洪涝的占总数 9.6%，全地区性洪涝灾害占 8.5%。所以，河池地区的洪涝灾害是以局部性洪涝为主。

4．频发率高

河池山区的洪涝一般产生于大暴雨，日降雨量超过 100mm 或连续 3 天降雨量超过 200mm，就可能引起洪涝灾害。据资料统计，1958—2001 年共发生洪涝灾害 157 次。特别是进入 20 世纪 90 年代以后，洪涝灾害更加频繁，平均每年发生 4.5 次大的暴雨灾害。

5．内涝时间长、淹没深

据调查，东兰县的纳合、板坡、板华，巴马县的合康，凤山县的中亭、大化的六也、贡川、共和，罗城的双寨、下里等耕地面积达 1 万亩以上的连片农场，淹没时间多数达半个月以上，长者达 3～4 个月，淹没深度达 2～10 m。此外，还有成千上万个小农场属半淹没—全淹没类型。

6．山洪诱发山地灾害

由于河池特定的自然地理环境，每遇暴雨，不仅山洪暴发，河水泛滥成灾，而且伴有山体滑坡、泥石流、岩石崩塌等山地灾害，形成多种灾害形式交织在一起。

7．灾害造成的损失严重，恢复难度大

洪涝灾害的分布特点：就全球范围来说，洪涝灾害主要发生在多台风暴雨的地区。这些地区主要包括：孟加拉北部及沿海地区；中国东南沿海；日本和东南亚国家；加勒比海地区和美国东部近海岸地区。此外，在一些国家的内陆大江大河流域，也容易出现洪涝灾害。

二、洪涝灾害的成因分析

1．降雨时空分布不均，年内、年际变化大

河池地区地处亚热带季风气候区，雨量充沛，湿度大，具有明显的山地小气候特征，多年平均降雨量为 1 500mm。由于深受季风环流的影响，一是降水量在年际间分配很不均匀，丰水年降雨量均值达 1 994.5mm，枯水年降雨量均值为 1 102.7mm，年变幅为 891.8mm，丰枯年降雨量悬殊，年际变化大。二是降雨在季节上分配不均匀，降雨量多集中在汛期，一般 4～8

月份降雨量平均值为1 020～1 350mm，占全年降雨量的75%～80%，年内变化大。三是降雨量在区域上分布不均，差异大。凤山县城至巴马甲篆一带、都安大兴至东兰武篆一带、南丹车河至河池拔贡一带、罗城龙岸至长安一带是四个暴雨中心点，年降雨量高达2 200～2 600mm。

2．地质条件差，地貌复杂

河池地区石山区占59%，土山区占30.7%，山高坡陡，沟壑密度大，地形地貌复杂。一是大石山区峰丛、峰林、谷地交错分布，漏斗、落水洞相当发育，地下管网立体交错，溶洞、地下管道易堵塞，造成排泄不畅，引起内涝。特别是在红水河上修建了大化、岩滩两座大水库后，引起地下水位升高，大化、岩滩水库分别使原来地下管道水位升高约37m和42m，减少了地下水再储空间，使原来无压流的地下岩溶管道变为有压流或由压力小变为压力大，使地下水力坡度变缓，流速减慢，排泄能力降低，造成岩溶低洼地、谷地在洪水季节发生浸没性内涝。据调查只要有一场降雨达100mm以上的暴雨，就会引起半个月之久的内涝。二是地质构造复杂，褶皱断裂发育，地表支离破碎，岩石裸露，植被覆盖极差，长期侵蚀，岩性软弱，重力下移，易引起岩崩、滑坡、泥石流灾害。

3．生态环境失衡，水土流失严重

山区人均耕地少，粮食产量低，人们不断开发资源，对生态环境造成严重破坏，全地区2001年水土流失面积达6 760.53 km^2，从而加剧了山洪、内涝、泥石流、滑坡灾害。

一是森林被乱砍滥伐，矿山、石材开采不规范，陡坡垦殖严重。

二是人与水争地，挤占河道。

三是河道设障增多，造成阻塞壅水，加剧灾情。

4．防洪工程体系不完善，调蓄能力差

河池地区的防洪工程还存在许多问题，表现在以下几方面：

(1) 水土流失防治跟不上，涵养水源能力差。

(2) 沟道防护工程体系不完善，河道下游缺少堤防保护，拦截、调蓄能力差。

(3) 水库工程病险多，调蓄能力低。全地区202座，存在安全隐患25座。

三、洪涝灾害的危害

在各种自然灾害中，洪涝是最常见且又危害最大的一种。洪水出现频率高，波及范围广，来势凶猛，破坏性极大。洪水不但淹没房屋和人口，造成大量人员伤亡，而且还卷走人产居留地的一切物品，包括粮食，并淹没农田，毁坏作物，导致粮食大幅度减产，从而造成饥荒。洪水还会破坏工厂厂房、通信与交通设施，从而造成对国民经济的破坏。

洪涝灾害不但直接引起人员伤亡和财产损失，还造成一系列其他灾害如滑坡、泥石流、疫病的出现。 在近几十年中，洪涝发生频次与灾害损失都在逐年增加。

中国自古就是洪涝灾害严重的国家。据不完全统计，在从公元前206年到1949年的2 155年间，共发生较大水灾1 092次，死亡万人以上水灾每5～6年即出现一次，这种局面到现代尚无根本的改变。

四、洪水暴发时如何防备与自救

1．洪水来临前的准备

洪水到来之前，要尽量做好相应的准备。

(1) 根据当地电视、广播等媒体提供的洪水信息，结合自己所处的位置和条件，冷静地选择最佳路线撤离，避免出现“人未走水先到”的被动局面。

(2) 认清路标，明确撤离的路线和目的地，避免因为惊慌而走错路。

(3) 自保措施：

1) 备足速食食品或蒸煮够食用几天的食品，准备足够的饮用水和日用品。

2) 扎制木排、竹排，搜集木盆、木材、大件泡沫塑料等适合漂浮的材料，加工成救生装置以备急需。

3) 将不便携带的贵重物品作防水捆扎后埋入地下或放到高处，票款、首饰等小件贵重物品可缝在衣服内随身携带。

4) 保存好尚能使用的通信设备。

2．洪水到来时的自救

(1) 洪水到来时，来不及转移的人员，要就近迅速向山坡、高地、楼房、避洪台等地转移，或者立即爬上屋顶、楼房高层、大树、高墙等高的地方暂避。

(2) 如洪水继续上涨，暂避的地方已难自保，则要充分利用准备好的救生器材逃生，或者迅速找一些门板、桌椅、木床、大块的泡沫塑料等能漂浮的材料扎成筏逃生。

(3) 如果已被洪水包围，要设法尽快与当地防汛部门取得联系，报告自己的方位和险情，积极寻求救援。

注意：千万不要游泳逃生，不可攀爬带电的电线杆、铁塔，也不要爬到泥坯房的屋顶。

(4) 如已被卷入洪水中，一定要尽可能抓住固定的或能漂浮的东西，寻找机会逃生。

(5) 发现高压线铁塔倾斜或者电线断头下垂时，一定要迅速远避，防止直接触电或因地面“跨步电压”触电。

(6) 洪水过后，要做好各项卫生防疫工作，预防疫病的流行。

第五节　台　风

一、台风的形成

我们把发生在西太平洋和南海海域的较强的热带气旋系统，称为台风(typhoon)。1989 年世界气象组织规定，按照热带气旋中心附近平均最大风力的大小，把热带气旋划分成热带低压、热带风暴、强热带风暴和台风四类。风力低于 8 级的热带气旋称为热带低压，8～9 级的成为热带风暴，10～11 级的称为强热带风暴，12 级或 12 级以上的称为台风。在东太平洋、大西洋和澳大利亚中心附近最大风力 12 级或 12 级以上的热带气旋称为飓风(hurricane)。

台风是暖中心的低气压系统，水平分布近似圆形，直径一般为 600～1 000 km，最大的可达 2 000 km，最小的只有 100 km 左右。其垂直范围可从地面伸展到对流层上部。台风由台风眼、涡旋区和大风区组成。眼壁周围有厚厚的云墙，涡旋区中对流云团强烈发展，带来狂风暴雨。台风经过的地方，因大风、暴雨以及风暴潮等造成严重的灾害，如农田、庄稼等被淹没，树木、房屋等被摧毁，交通、通信被切断。

台风形成有四个基本条件：

(1) 适宜的海表温度。海水表面温度为 26～28℃时，适合台风暖心结构的发展。这是台风形成的首要条件。这个温度为台风提供了足够的能量。

(2) 初始扰动。这就像一个弹簧振子，不给它一个扰动它是不会振动的。

(3) 一定的地转偏向力。地转偏向力使扰动发展成气旋式旋转，是台风形成的必要条件。在赤道，地转偏向力为零，扰动不能发展为旋转的，也就没有台风形成。

(4) 风的垂直切变小。在竖直方向上，风速应该相当，上下风速差异大时，下层的热量刚聚集，就被上层的风吹走了，不利于形成暖心和台风能量的聚集。

二、台风的危害

在我国，台风主要发生在东南沿海，每年这一带因台风造成的损失都非常惊人。据统计和分析，台风的危害主要表现在以下三个方面。

1. 强大风力造成的危害

强台风是一个巨大的能量库，其风速都在 17m/s 以上，甚至在 60m/s 以上。2004 年在台州登陆的“云娜”和2005年在台州登陆的“卡努”的风力都十分惊人，据气象部门所测得的数据显示，两次台风登陆时，大陈岛的最大风力分别达到了58.7m/s和59.5m/s，都达到了17级。据测，当风力达到12级时，垂直于风向平面上每平方米风压可达230公斤，破坏力惊人，可以摧毁建筑物和大型广告牌、掀翻汽车、折断或拔起大树等。台风“卡努”在台州市路桥区金清镇的白沙村登陆后，穿越金清镇、路桥区，“卡努”扫过了黄岩、临海、天台、新昌、嵊州，一路留下了连根拔起的树木、成堆的碎石瓦砾，浙江全省10个市56个县(市)、656个乡镇损失非常严重。19 332间房屋倒塌、2.8万间房屋被损坏，还有不计其数的民居、厂房被雨水侵入。同样遭到破坏的还有151条公路，大量水利设施、通信线路，直接经济损失近80亿元。

2. 超强降雨造成的洪涝灾害

暴雨台风是非常强的降雨系统，一次台风登陆，降雨中心一天之中可降下100～300 mm的大暴雨，甚至可达500～800 mm。台风暴雨造成的洪涝灾害，是最具危险性的灾害。台风暴雨强度大，洪水出现频率高，波及范围广，来势凶猛，破坏性极大，有时还会因为山洪暴发造成泥石流。巨大的洪水会造成冲毁房屋、农田，淹没村庄，除了使工、农业生产和群众的财产遭受重大损失外，还会造成人员的伤亡。

3. 风暴潮造成的危害

所谓风暴潮，就是当台风移向陆地时，由于台风的强风和低气压的作用，使海水向海岸方向强力堆积，造成潮位猛涨，水浪排山倒海般向海岸冲压。强台风的风暴潮能使沿海水位上升5～6 m。风暴潮与天文大潮高潮位相遇，产生高频率的潮位，导致潮水漫溢，海堤溃决，冲毁房屋和各类建筑设施，淹没城镇和农田，造成大量人员伤亡和财产损失。1997年第11号台风在台州登陆时，正好赶上风暴潮与天文大潮高潮位相遇，巨大的风浪使三门、椒江、路桥、温岭、玉环等地的海塘坝大部分被摧毁，椒江、临海等地城区严重进水，许多厂房被淹，地势较部位的居民楼一楼全部浸泡在水下，经济损失不可估算。

三、台风危害的预防

由于台风的危害巨大，而且台风是一种超强的自然力量，人们没有办法改变它，因此，我们只能在预防上做足工作，尽最大可能降低台风造成的损失。凡是台风有可能袭击到的地方，政府、企业、学校、家庭和个人都应该积极做好防台工作，政府尤其要高度重视。浙江台州是台风的频发之地，台州地处浙东南沿海，海岸线长。据统计，新中国成立以来，登陆台州的台风共有17个，占登陆浙江台风总数的50%，平均每3.3年登陆一次；严重影响台州的台风有

81 个，平均每年超过 1.4 个；造成一定影响的台风有 138 个，平均每年 2.5 个，台风已经成为影响台州最严重的自然灾害，是今后台州市长期面临的最为突出的公共安全问题。因此台州市政府对防台抗台工作十分重视，在 2006 年 3 月，市三届人大常委会有关会议审议了市人民政府提请的关于将 7 月 10 日确定为台州防台风日的议案，决定将每年的 7 月 10 日定为“台州防台风日”，借此加强防台相关的宣传和教育，进一步增强全民的防台意识和能力，形成全民共防的良好局面。从家庭和个人角度看，防台工作也是十分重要，如果主动学习防台的有关知识，在台风来临之前积极做好预防工作，就可以防止因台风袭击而造成不必要的损失。

(1) 要了解台风的有关知识，充分认识台风可能造成的巨大危害。在各高校中，很多学生来自内地省区，从来没有见过台风，对台风的破坏力没有感性的认识，容易造成思想上的轻视，这往往会带来潜在的危险。要主动了解台风的有关知识，将台风可能造成的危害做充分的估计。

(2) 要密切关注台风动向，注意收听、收看媒体的报道或通过气象咨询电话、新闻网、气象网站等了解台风的最新情况，准确掌握台风可能袭击本地的时间。这样便于有充分的时间做好有关准备工作。

(3) 在台风来临前，要做好充分的准备。要准备好足够的食物、饮用水、常用药品及其他必需的生活用品，准备好应急用的应急灯或手电筒，因为台风一旦袭击，极有可能造成局部或大范围的停水、停电，也极有可能造成大风、暴雨和大水的围困。除此以外，还要关好门窗，将有可能造成破坏的财物转移到安全地带。

(4) 如果所居住的地方地势较低，所居住的房屋不太牢固或是危房，一定要在台风来临之前将所有人员和重要财物转移到安全地点。有时政府部门会集中组织撤离，这时要积极配合，切不可轻视，从而确保人身安全。

(5) 切勿随意外出，在台风来临之前就要停止高空及户外危险作业，不参加各种露天集体活动和室内大型集会。在台风来临时，要在室内躲避风雨，并要远离迎风门窗，绝对避免到屋顶露台或阳台上活动。在“云娜”和“卡努”登陆台州时，因在路上行走被广告牌砸死和在露台、阳台上活动被大风刮走摔死的案例都有。

(6) 当台风信号解除以后，要在撤离地区被宣布为安全以后才可以返回，并要遵守规定，不要涉足危险和未知的区域，在尚未得知是否安全时，不要随意使用煤气、自来水、电线线路等，并随时准备在危险发生时向有关部门求救。

安全指南

火口脱险五大要点

1. 沉着冷静

根据火势实情选择最佳的自救方案，千万不要慌乱。

2. 防烟堵火

当火势尚未蔓延到房间内时，紧闭门窗、堵塞孔隙，防止烟火窜入。若发现门、墙发热，说明大火逼近，这时千万不要开窗、开门，可以用浸湿的棉被等堵封，并不断浇水，同时用折成8层的湿毛巾捂住嘴、鼻，一时找不到湿毛巾可以用其他棉织物替代，其除烟率达60%～100%，可滤去10%～40%一氧化碳。1983年，哈尔滨“4. 17”大火中，河图街73号居民大楼绝大部分被烧毁，只有一户居民用堵火办法阻挡了烈火入侵，坚持到消防队把火势压下后才得救，创造了“火海孤岛”的奇迹正说明了这一点。

3. 设法脱离险境

利用各种地形、设施，选择各种比较安全的办法下楼。首先是正常楼梯下楼，如果没有起火，或火势不大，可以裹上一件雨衣(尼龙、塑料禁用)、用水浸湿的毯子、棉被包裹全身后，快速从楼梯冲下去。如果楼梯脱险已不可能，可利用墙外排水管下滑；或用绳子，顺绳而下，二、三楼可将棉被、席梦思垫等扔到窗外，然后跳在这些垫子上。跳时，可先爬到窗外，双手拉住窗台，再跳，这样可减少一人加一手臂高度，还可保持头朝上体位，减少对内脏特别头颅的损伤。

4. 显示求救信号

发生火灾，呼叫往往不易被发现，可以用竹竿撑起鲜明衣物，不断摇晃，红色最好，黄色、白色也可以，或打手电或不断向窗外掷不易伤人的衣服等软物品，或敲击面盆、锅、碗等。

5. 勿因财物而贻误逃生良机

一旦发生火灾，则应因火制宜，在可能情况下，顾及财物，但危急火势下切不可舍命救物。

延伸阅读

《地震灾害心理救援案例集》

作/译者：曹连德 杨甫德 曹连元 王健

出版社：军事医学科学出版社

《地震灾害心理救援案例集》分为四部分：第一部分记录四川汶川地震心理救援过程中二十七个真实案例，分析灾难后受灾群众的各种心理反应及异常精神症状，详细地叙述了每个案例心理救援过程及经验教训，并对所涉及的理论问题进行精彩点评；第二部分重点介绍国内外常用心理危机干预技术，并分析了这些技术在此次心理救援的实际操作经验；第三部分介绍灾难心理评估常用的快速筛查量表工具；第四部分介绍地震灾害实施心理救援的相关法律法规。

《安全自救》

作者：佚名

出版社：高等教育出版社

为了帮助孩子平安成长，我们在国内著名安全教育专家的指导下编写了这套《安全自救大迷宫大搜索》，通过规定情景的设置、安全常识的宣讲以及动脑、动眼、动手的游戏活动，强化家长与孩子的安全意识，实现安全教育的目的。这套书应该由家长辅导孩子使用。家长负责规定情景与相关知识的讲解，引导孩子做出正确判断，顺利完成迷宫游戏。遇到一些关键点，家长可跟孩子一起讨论，通过联想反思、举一反三，实现知识的浑化与扩展。愿我们的孩子健康平安成长，每一个家庭都拥有快乐的明天。本套图书集趣味迷宫、安全自救知识于一体，让孩子在玩迷宫游戏时，慢慢体悟到：只有恪守信念，沿着正确的路线前行，才能冲出重重关卡，胜利度过人生的安全关。

第十一章　大学生外出旅游安全

案例引导

广东80名民警搜山10小时 救出14名迷路大学生

2012年10月5日，14名大学生结伴进入从化石门国家森林公园辖内游玩时迷路，警方经过近10个小时的搜救，将被困大学生全部救出。该批学生于10月5日下午进入森林公园内游玩，由于较长时间找不到路，14人中已有1名学生扭伤脚，1名学生因两天未进食而晕倒，情况十分危急。各级政府部门都非常关注事情的进展，省公安厅，广州市委、市政府，广州市公安局，从化市委、市政府等各级领导专门做出批示，近80名民警在温泉镇、良口镇政府，市卫生局、林业局，广州市林业局等单位的配合下进山进行搜救。

第一节 大学生旅游的特点及安全问题产生的原因

随着我国旅游业的迅猛发展。随之而来的安全问题也日渐突出，特别是作为旅游新生力量的大学生来讲，近年来发生的一系列旅游安全事故问题已经引起国内外研究者及相关部门的高度重视。近年来，大学生旅游安全意外事件时有发生，大学生群体中屡发旅游安全事故，不仅对遇害者本人及其家庭是一场悲剧，对于国家来说也是一项损失。大学生旅游有着怎样的特点？其旅游安全问题产生的原因由是什么？我们有必要了解。

一、大学生旅游的特点

(一)注重价格，两极差异明显，消费力低

目前，我国在校大学生已达2000多万，是一个非常庞大的旅游消费群体，但是由于大学生大多为消费者，用于个人支配的资金不多，因而他们对旅游过程中的物质要求相对较低，讲究实惠。总体来讲，大学生的旅游消费水平普遍较低。

(二)以自助旅游为主，目的性强

大学生具有一定的经济独立能力和自我生活能力，有相对宽松的时间。同时，他们长期生活在校园中，对外面的世界充满好奇，因而他们非常重视旅游过程中的经历和感受，从而随团旅游比例少。同时，因大学生生活经历少，旅游时多选择与日常生活反差较大的自然风景类的旅游目的地。

（三）接受力强，安全意识薄弱

大学生作为一个集中的旅游群体，旅游决策易受同学或朋友等相关群体影响。再加上旅游信息不对称等原因，大学生旅游常常没有充分的前期准备，情绪易波动，从众心理显著；同时，由于大学生的社会阅历少，年轻、好奇、冒险等个性使他们不拘泥于传统的旅游景点，而是喜欢去一些常人少去，富有刺激性和探险性的景点，因而，时有安全事故发生。

二、大学生旅游安全问题产生的原因

（一）旅游出行方式不安全

旅游出行的方式很大程度上决定了旅游的安全性，通常来说多人结伴出行即使遇到意外，危险性也要比独自外出来得低。调查结果显示，绝大多数的被调查者倾向于结伴出行，选择多人结伴旅游的占 68.6%，但是仍有 9.9%的被调查者选择独自外出，无所谓外出方式也占 21.5%。选择独自外出无疑给社会经验和生存经验尚不丰富，又喜好冒险的学生群体带来比较大的安全隐患。

（二）缺乏防范旅游常见疾病常识

大学生防范旅游常见疾病的意识薄弱。根据调查，认为有必要了解旅游常见疾病的相关知识的大学生占 75%，认为没必要的占 10%，觉得无所谓的占 15%。有 60%的大学生会在出行前根据自身和目的地情况了解可能在旅游过程中出现的疾病并做好防范的准备，有 40%的大学生不会做好防范的准备。

（三）社会原因

大学生是素质比较高的群体，重视有品位有格调的消费方式，现在大学生的自我意识和独立意识较强，注重旅游途中的感受，不希望像旅行团那样走马观花式的旅游，不愿意受限于旅行社的线路和组团的安排。同时，在大多数的大学生眼里，旅行社是高价格，高利润，加之提供服务的质量和水平参差不齐，这些都引发了大学生对旅行社的不信任。因而降低了学生旅游过程中的安全系数。

（四）经济基础

众所周知，大学生经济上不独立，旅游费用主要来源来自于家庭，而经济来源又决定了大学生的旅游消费，因而，不可能支付得起高昂的住宿费用，绝大部分同学在旅游过程中都是居住在中小旅馆，但是中小旅店经营的不规范性和社会环境的复杂性，使得大学生在安全方面存在顾虑。

第二节　大学生旅游中应注意的安全事项

一、旅游中的人身安全

人身安全的威胁主要来自两个方面：人为的和自然环境的。其中人为因素又可分为旅游者自身因素和他人因素。

1．人为因素带来的安全问题

(1) 冒险、探奇。这种由于冒险、探奇造成的意外事故多发生在青壮年的旅游者身上。所以在你决定冒险探奇前千万要考虑装备设施、身体条件，不要用生命作代价。

(2) 旅游中走失。旅游者走失一般出现在游览活动中或自由活动中。在游览活动中旅游者应留意导游每天通报全天的游览日程、游览用餐点的名称和地址、在各个点的抵达时间和逗留时间。在外出自由活动时，请先告知导游或领队你将要去哪里，大概何时回来，最好带上饭店的店徽，记下饭店的地址和电话，以便万一走失时可以与饭店和导游联系。

(3) 发生治安事故。现在社会上各种骚扰、偷窃、抢劫、诈骗、行凶事件仍然存在，因此必要的思想准备和防范措施还是应该有的。

(4) 溺水伤亡。在海滩戏水玩耍或搏击风浪是一件非常愉快的事情，也是大学生十分向往的旅游项目，如果你不识水性，麻痹大意很容易酿成悲剧。

(5) 发生火灾事故。为防止火灾的发生，旅游者应注意以下几点：

1) 在客房内吸烟后，一定要将烟头熄灭，不要随地乱扔。因为饭店地面多为地毯，很容易燃着。

2) 使用客房内电器时要科学，不要将电器烧坏而导致火灾。

3) 不要使用自带的瓦数高的电器，以免超过整个酒店电压负荷后导致火灾。

4) 到酒店后做好一些应付火灾的准备，如熟悉楼层的太平门、安全出口和安全楼梯；仔细阅读客房门后的线路图。

2．自然因素带来的问题

(1) 中毒。一方面要防止饮食方面的中毒，吃腐烂和不洁食物、饮用污染了的水等均可引起中毒；另一方面就是在大自然旅游中，有不少植物是有毒的，特别是到南方热带森林中去旅游更应注意有毒植物对人身的侵害。难以行走的原始森林，旅游者不要一人走进林中。

(2) 动物伤害。蛇是旅游意外伤害中最容易遇到的小动物。为了防止被蛇咬伤，在草深林密的地方旅游时，最好穿长裤长袜，戴草帽或遮阳帽，手中最好拿一拐杖或拿一根竹竿，可以抽打草丛赶跑蛇虫。旅游中遇到了蛇，最好的办法是沉着对付，千万不要惊慌、不能跑动，也不要理会它，只要你不伤害它，离它而去，也就相安无事了。万一被蛇咬伤，千万不要着急，要沉着冷静，只要不做剧烈运动，不会马上就有生命危险。要积极进行处置，首先结扎伤口上部肢体，千万不可用嘴去吸毒液，以防毒液进入口中。要用手一面挤压伤口，一面用水冲洗，涂蛇药粉于伤口处，速送医院进一步处理。

蛇以外的其他猛兽，在旅游风景区极少遇到，偶尔遇到也不必惊慌，悄悄地躲避开它就是了，一般这些猛兽很少主动袭击人。

二、旅游中的财产安全

旅行中携带物品要少而精，必要的物品要带齐，违禁物品不要带。

1．禁带物品

(1) 飞机禁带物品：可燃液体、压缩气体、腐蚀液体、易燃液体和固体、毒品、氧化剂、易聚合物质、磁性物质、放射性物质、有害或有刺激性物质以及可能损坏飞机结构或具有不适宜运输的物品、火器、刀剑和其他类似物品、动物。国家有关法律、政府规章和命令规定运输过程中禁止出入境或过境的物品。

(2) 火车、轮船禁带物品：易燃、易爆、有毒、放射性等危险物品和政府限制运输的物品，妨碍公共卫生的物品、动物以及损坏污染车辆的物品。

2．财物的携带安全

为了保证身上所带现金的安全，建议旅游者每日拿出所需的现金，放在易拿的地方，而把大部分的现金放在贴身安全处。不要向他人特别是陌生人提起。这样可分散风险，即使遭窃也能保住大部分的现金。也可携带信用卡进行旅游。用旅行支票代替现金也是一种方法。

当你身上有贵重物品时，不要将贵重物品连同一般物品进行托运，而应随身携带。在入住饭店后，也不要将贵重物品放在客房内。外出游览时，可以存放在饭店的贵重物品保管处或小保险箱内。

3．为保证财物安全，提醒你三句话

(1) 集小成大件数清。

(2) 随时清点不乱放。

(3) 离开不忘回头看。

4．财物丢失的应急处理

(1) 身份证丢失：由当地旅行社核实后开具证明，失者持证明到当地公安机关报失，经核实后开具身份证明，机场、安检人员才会核准放行。

(2) 财物丢失：财物丢失后，要向导游或领队求助，告诉他们丢失物品的形状、特征、价值，回忆丢失物品可能的时间和地点，积极配合导游人员寻找。

5．旅游购物“四戒”

由于我国旅游市场规范化程度不高，旅游购物往往是“几家欢喜几家愁”。因此在旅游购物时，要力戒四种易导致自己上当受骗的行为和心理。

(1) 一戒随便开口。

(2) 二戒以假作真。

(3) 三戒贪图便宜。

(4) 四戒冲动购物。

三、旅游中应注意的安全事项

(一) 乘车（机、船）安全事项

(1) 游客在机、车、船停稳后方可上下机、车、船，并按机场、车站、港口安全管理规定或指示标志通行及排队上下机、车、船要讲究文明礼貌，先照顾老人、儿童、妇女。切勿拥挤，以免发生意外。请勿携带违禁物品。

(2) 在机、车、船临时停靠期间，服从服务人员安排，请勿远离。

(3) 游客在乘车途中，请不要与司机交谈和催促司机开快车，违章超速和超车行驶；不要将头、手、脚或行李物品伸出窗外，以防意外发生。

(4) 游客下车浏览、就餐、购物时，请注意关好旅游车窗，拿完自己随身携带的贵重物品，否则出现遗失被盗旅行社概不负责。

(5) 游客乘坐飞机时，应注意遵守民航乘机安全管理规定，特别是不要在飞机上使用手机等无线电通信工具或电子游戏等。

(二)住宿安全事项

(1) 游客入住酒店后，应了解酒店安全须知，熟悉酒店的太平门、安全出路、安全楼梯的位置及安全转移的路线。

(2) 注意检查酒店为你所配备的用品（卫生间防滑垫等）是否齐全，有无破损，如有不全或破损，请立即向酒店服务员或导游报告。如因当地条件所限，未能配备，请游客小心谨慎，防止发生意外。

(3) 贵重物品应存放于酒店服务总台保险柜或自行妥善保管，外出时不要放在房间内，若出现丢失，后果自负。

(4) 不要将自己住宿的酒店、房号随便告诉陌生人；不要让陌生人或自称酒店的维修人员随便进入房间；出入房间要锁好房门，睡觉前注意房门窗是否关好，保险锁是否锁上；物品最好放于身边，不要放在靠窗的地方。

(5) 游客入住酒店后需要外出时，应告知随团导游；在酒店总台领一张酒店房卡，卡片上有酒店地址、电话或抄写酒店地址或电话；如果您迷路时，可以按地址询问或搭乘出租车，安全顺利返回住所。

(6) 遇紧急情况千万不要慌张。发生火警时不要搭乘车电梯或随意跳楼；镇定地判断火情，主动地实行自救。若身上着火，可就地打滚，或用重衣物压火苗；必须穿过有浓烟的走廊、通道时，用浸湿的衣物披裹身体，捂着口鼻，贴近地、顺墙爬走；大火封门无法逃出时，可采用浸湿的衣物披裹身体被褥堵门缝或泼水降温的办法等待救援或摇动色彩鲜艳的衣物呼唤救援人员。

(三)饮食卫生安全事项

(1) 在旅游地购买食物需注意商品质量，发现食物不卫生或有异味变质的情况，切勿食用。

(2) 不要接受和食用陌生人赠送的香烟、食物和饮品，防止他人暗算和失窃。

(3) 旅游期间要合理饮食，不要暴饮、暴食或贪食。

(4) 为防止在旅途中水土不服，游客应自备一些常用药品以备不时之需。切勿随意服用他人所提供之药品。

(5) 旅行社不提倡、不安排饮酒，并对游客因饮酒发生的意外不承担责任。喜欢喝酒的游客在旅途中应严格控制自己的酒量，饮酒时最好不超过本人平时的三分之一；若出现酗酒闹事、扰乱社会秩序、侵害他人权益以及造成自身损害的一切责任由肇事者承担。

(四) 游览观景安全事项

(1) 听取当地导游有关安全的提示和忠告，主要应预防意外事故和突发性疾病的发生。

(2) 经过危险地段（如陡峭、狭窄的山路、潮湿泛滑的道路等）不可拥挤；前往险峻处观光时应充分考虑自身的条件是否可行，不要强求和存侥幸心理。

(3) 游客登山或参与活动中根据应自身身体状况进行，注意适当休息，避免过度激烈运动以及自身身体无法适应的活动，同时做好防护工作。

(4) 在水上（包括江河、湖海、水库）游览或活动时，注意乘船安全要穿戴救生衣；不单独前往深水水域或危险河道。

(5) 乘坐缆车或其他载人观光运载工具时，应服从景区工作人员安排；遇超载、超员或其他异常时，千万不要乘坐，以防发生危险。

(6) 游览期间游客应三两成群，不要独行。如果迷失方向，原则上应原地等候导游的到来或打电话求救、求助，千万不要着急。自由活动期间游客不要走得太远。带未成年人的游客，请认真履行监护责任，管好自己的孩子，不能让未成年人单独行动，并注意安全。

(7) 在旅游行程中的自由活动时间，游客应当选择自己能够控制风险的活动项目，并在自己能够控制风险的范围内活动。除特殊团队外，旅行社不安排赛车、赛马、攀岩、滑翔、探险性漂流、滑雪、下海、潜水、滑板、跳伞、热气球、蹦极、冲浪、跳伞等高风险活动，也敬请游客在旅游中的自由活动期间尽量不要去参加这些活动，如若游客坚持参与，请自行承担风险。

(五) 购物娱乐安全事项

(1) 不要轻信流动推销人员的商品推荐。无意购买时，不要向商家问价或还价。

(2) 要细心鉴别商品真伪，不要急于付款购物。购物时应向商家索取正式发票。

(3) 不要随商品推销人员到偏僻地方购物或取物。在热闹拥挤的场所购物或娱乐时，注意保管好自己的钱包、提包、贵重的物品及证件；不要单独行动，不要前往管理混乱的娱乐场所。游客在购物、娱乐时、主要应防止诈骗、盗窃和抢劫事故的发生。

(4) 在景点内娱乐时，应根据自身的条件参与适应的项目；在自由活动期间外出娱乐活动不要单独行动，不要前往管理混乱的娱乐场所，不要参与涉嫌违法的娱乐活动。

(六) 其他安全注意事项

(1) 注意听从导游的安排，记住集中的时间和地点；认清自己所乘坐的车型、车牌号及颜色；不要迟到，因迟到造成的后果由个人负责。

(2) 在旅游活动中，为了防止火灾事故的发生，请不要携带易燃、易爆物品；不要乱扔烟头和火种；遵守各交通运输部门、酒店等有关安全管理规定及各种法律、法规。

(3) 游客乘坐飞机旅游时，应带好自己的有效身份证（小孩应带户口本原件，满 16 岁未办理身份证的需持派出所带照片户籍证明原件），并注意保存好。导游发给你机票时应先行核对自己机票上的姓名、往返时间、抵离目的地、航班号是否正确；请注意保存好机票和火车票并配合导游把票收回。如因游客原因造成不能登机，旅行社概不负责。

四、旅游中应注意的人际交往

(1) 要学会谦虚、容忍、微笑。旅游过程中，自己和他人难免会意见不合，有摩擦，要看是什么情况了，如果是对方不对，他可能当时在气头上，或本来心情就不好，就不要理他，避免和他争吵，等他平静了就会知道他自己不对，也许不会跟你道歉，但只要笑一下就化解了。出来旅游是为了放松休闲，何必给自己找不快呢？如果自己的不对，也不要不好意思道歉，等过会儿，大家都心平气和了再微笑着跟他歉，或者先找什么话题然后再说“今天的事不好意思啊”啥的，这不仅体现你有好的修养，有礼貌，也说不定就交了朋友，多一个朋友多一条路。如果是游客和导游之间的不和，那就尽量不要想那么多，多往积极的方面想，比如自己对景点不熟啊，有人带路和安排岂不很好？如果嫌速度太快，可以和他们耐心的商量。

(2) 注意问路技巧。外出旅游，免不了问路，问路要注意技巧：

1) 首先切记要讲普通话，这也是对他人最起码的尊重；

2) 要有礼貌，问路时必须面带笑容，口气谦和，以取得对方的好感。根据不同的对象用不同的称呼；

3) 要选准对象。一是选当地人问路。二是选异性问路，从心理角度来说，选择异性，容易取得较好的效果。三是选择老年人和恋人问路。四是选择民警和学生问路。值得注意，一般不宜向行色匆匆的路人，面部冷阴或低头沉思的人或依依相偎的恋人问路；

4) 问路记住位置和特征。听人介绍时，要抓住关键，如地名、地物、典型标志位置和基本特征。在对目标情况不明时，应多问几人，利用自己的经验和知识进行判断，从而达到问路的目的。

五、野外旅游的安全注意事项

除了冬季因为天气太冷外，很多同学都会选择在春、夏、秋三个季节到野外进行旅游，不求名山大川，只追求贴近自然，这种野外旅游已逐渐成为当前年轻人的钟爱，但最近几年野外旅游发生的安全事故也相当多，专家建议，野外旅游必须重视安全：

(1) 野外旅游，特别是穿过茂盛的草丛、灌木丛或野外露宿时，要防止蜱虫叮咬。最近两年，国内多个省市报告了多起蜱虫叮咬致死的病例，而且目前疾病的病原体以及传播途径，至今还是个谜。专家提出忠告：在野外旅游，特别是在林区和山区时，应注意自我保护，要穿长袖衣和长裤，要用驱虫剂涂在衣物上防止蜱侵袭。应少在草地、树林等环境长时间坐卧，最好不要露宿，如果发现有虫叮咬，或者皮肤有红斑，应及时到医院检查并将相关情况告知医生，千万不要麻痹大意。

(2) 野外旅游不要随意摘采野菜、野果、野蘑菇吃，像这类误食野菜、野果、野蘑菇中毒的事件，每年都在发生，专家提醒：我们一般人员并不具备辨别野菜、野果、野蘑菇的知识，并不是所有的野菜、野果、野蘑菇都能吃，有的还有剧毒，除非你有十足的把握，否则请不要拿自己的生命作赌注。

(3) 野外旅游不要随意下塘、下河游泳，防止发生溺水事故。因为你对一个新地方的环境不一定很熟，游泳前应当熟悉水深、池壁及周围环境，切忌到水下有暗流、暗礁、淤泥的水域，下水游泳前应做好准备活动，身上沾水后再下水，避免抽筋和拉伤韧带。在大海、江河、池塘等天然游泳场，切不可从高处往水中跳。游泳过程中一旦发生抽搐，要将脚充分伸直，所以为了防止溺水，请尽量不要去深水的地方游泳，游泳尽量在人多的地方。

(4) 野外旅游要防止被蛇咬，出发前要准备一些蛇药。

(5) 野外旅游要防止迷路。首先要预防迷路。在着手出发前，你应该仔细了解并掌握有关目的地的所有信息和相关知识；如果有地图一定带上；制定出行路线，及路线走向，河流方向，高地，显著特征物等能给你的相关信息；于天气不佳或准备不足的情况下，最容易引致迷途。选用有明确路标的山径及于出发前详细计划行程，都可以减少此类意外的发生。远足同学应留意当天的天气报告，避免在天气情况不佳时进行远足。谨记带备必需物品，例如地图、指北针、水、食物、头灯（手电筒）、雨具、收音机、急救药箱、 哨子、手机、记事簿和笔等。 万一迷路了，千万不要惊慌失措，可采取以下措施应对：

1) 应利用指北针及地图设法找出所处位置；

2) 设法记忆曾经走过的途径，并经原路折回起点。若不能依原路折回起点，应留在原地等候救援；

3) 随手折来小树枝按一定方向和规律放置路边和你经过之处，作为沿路标记也可让救援者发现。

4) 切勿再往前进，以免消耗体力及增加救援的困难；若决定继续前进，寻路时应在每一路口留下标记；

5) 如未能辨认位置，应往高地走，居高临下较易辨认方向，亦容易被救援人员发现。切忌走向山涧深谷，身处深谷不易辨认方向，向下走时虽容易，但下山危险性高，要再折回高地时也困难，以致消耗大量体力；

6) 如果天气寒冷而御寒装备不足、雷雨时或遇到山火，可暂离高地待情况好转时，再到较高位置等候救援；

7) 发出求救讯号。

六、自助游（特别是境外游）注意事项

1．与家人、老师沟通好

出行前把自己的行程在网上与朋友分享之余，别忘了也跟家人、老师共享，哪一天在哪个地方，起码不要让你的家人和老师在看到泰国政变或菲律宾的台风新闻而为你担心，万一出了什么事情，家人和老师也知道你大概在哪个城市。另外，最好把保险单也复印一份留给家人，好让家人在紧急情况下知道找保险公司帮忙。

2．紧急求生常识

飞机的事故概率是很低的，就跟你中彩票的概率差不多。很多人都觉得自己没有中彩票的“好运”，所以空难应该很难摊到自己头上。也就是因为这样，很多人都不知道如果空难发生了该做些什么。空难来了，谁也逃不了，但是，懂得求生技巧的人比那些什么都不知道的人，生还概率要大很多！因此，学习一些紧急求生常识非常重要！哪怕你就在飞机上仔细听空姐的紧急逃生示范！

3．保险

中国旅行者往往会忽略这一强大的安全武器。很多人对于买保险不屑一顾地回答：“我很

有经验，没有必要买保险。”当然，经验可以降低危险的发生概率，但是如果运气不好呢？国外的旅行者都非常重视保险，觉得保险和机票一样是旅行的必要条件。

4. 紧急电话号码

随身带一份紧急电话号码，可以的话，设置成单键拨号或者快速拨号，当发生事故的时候可以快速找到适当的人和机构。比如当地的110电话一定要知道，比如，美国的紧急报警电话是911，中国香港是999。如果真的不知道，可以拨打112，它是全球通用的紧急求救号码。其实，就算你手机没有信号，紧急电话号码一样可以拨通的，因此，带个电话出游十分必要。除了紧急电话号码，还要记录中国驻当地领事馆的电话和地址，万一护照丢了，起码可以问领事馆怎么办。这里需要提醒大家的是，最好把护照基本页复印件带着，护照丢了的时候还可以帮上忙！还要记录SOS的电话、保险公司的电话、英语报警专线，如在泰国，类似的电话一定要知道。诸如此类，把有用的电话通通收集打印出来。

5. 紧急清单

当你遇到紧急情况，被送上救护车，一份与你的护照放在一起的紧急清单或许会救你一命！这个清单是什么？它可以包含很多不同的东西，主要用于紧急情况下让别人了解你。我说说我的清单吧，是两面的，一面中文一面英文，上面的主要内容有：

(1) 个人的基本情况。比如姓名、性别、年龄，这个其实跟护照是重复的，可以考虑只写自己的姓名、护照号、身份证号。

(2) 简单病史。如果你有什么病史，当然要写上，还有常用药。如果没有病史，起码要写两项：血型和过敏史。没有过敏史可以不写或者写“没发现”。

(3) 保险状况。写上保险公司的名称、保险单号、保险公司电话、SOS客户号、国际SOS联系电话。

(4) 紧急联系人。建议找个英语好的人或者起码懂点英语的作为你的紧急联系人，因为在国外，不一定人人都会汉语，万一出了什么事情，打给你家人，而你家人又不会英语，那就麻烦了！可以找个老师或者同学，跟他说明情况，让他不要关机。

七、女同学独自出外旅游注意事项

1. 衣着

独自出游的女性，切忌把自己打扮得珠光宝气分外妖娆，除非你不光是为了旅游。首饰佩戴过多，不仅会给别人留下轻浮、暴富的印象，还会因为首饰意外损坏、遗失，给自己的旅行增添烦恼。

独自外出旅游并非去参加时装展示会，一套正装足以；便装中应有一身防雨的，换句话说好洗好干或不用洗的面料衣裤最理想。所带的衣服只要够洗换，越轻装越好。

2．谨慎行事、提高警惕

女性独自旅行，免不了需要别人的帮助。当一个陌生人主动提出要帮助你时，即使同为女性，你也一定不要放松警惕。在离开雷锋的日子里，虽仍不乏雷锋式的好心人，但骗财、骗色之徒亦绝非没有。特别是火车站及长途汽车站这些人来人往的地方，恰恰也是不法之徒最易混迹其中的不安全地带，“独行女侠”一定要注意妥善保护好自己及随身携带的物品。

与陌生人交谈，一定要有保护自己的意识：不要主动吐露自己的真情实底，而要注意对方在交谈时的眼神儿和潜台词，对方询问你最多的问题，基本说明他（她）在这个问题上，对你最关注。

乘坐长途汽车时，尽量提前上车，司机旁边的座位是最佳位置。这个座位相对空间大，便于照管自己的随身物品；另外，这个位置不必与更多的陌生人拥挤在一起，对独行女性来说，更安全一些。为了安全起见，夜里乘搭地铁，应尽量避免走到最后一个车厢去，以免不法之徒有机可乘。避免深夜乘搭火车，一些地方夜里的火车站，往往是醉汉流连的场所。白天和夜晚的地方治安可能差别很大。白天治安良好的地方，到了夜里可能变了样，所以在夜里必须随时提高警惕。找住宿，便宜可以，但一旦发现不妥时，宁愿牺牲已付的定金，另找地方搬迁。旅途中上厕所是件挺麻烦的事，多吃水果少喝水是不错的经验。

去景区游览，最好临时结伴而行。遇到山高、水急、林密、僻远的地方，女性切勿盲目独行，建议你去找当地旅行社帮忙，虽然是有偿服务，但对你的人身安全会有切实保障。

切记入乡随俗。一些清真寺或庙宇，谢绝女访客，没征得管理人同意，请不要擅自闯入；一些国家不欢迎穿着暴露的女性，因此必须尊重他们，以免带来不便或引来不友善的目光。

八、旅游中的保健及旅游常见病的防治与急救

旅游有助于身心健康，为了达到促进健康的目的，在旅游中需注意的一个问题就是防病。为此旅游前要做好各种准备，旅游中要积极进行自我保健，防止意外伤害和事故的发生，并学会防治一些小病和常见病，遇到事故要能做到处乱不惊，遇事不慌。

1．旅游前做好健康检查

请务必注意有下述情况的患者应暂停外出旅游：患急性病未愈者；患有较严重的心血管、肝、肺、肾等重要脏器疾病者；处于各种传染病和炎症发作期的患者；患有慢性疾病正处于急性发作期或活动期者；各种原因所致的严重贫血患者；新近发生脑血管意外病情尚未稳定者，以及大中型手术后，处于恢复期的病人等。

2．旅游前必备药品的准备

如果是出远门旅游，要选择携带以下相关药品：

(1) 抗生素类药物，如乙酰螺旋霉素等，另备黄连素片，专用于肠道感染。

(2) 抗病毒药物，板蓝根等感冒咳嗽类药物。

(3) 解热、镇痛类药物，如阿司匹林、去痛片等。

(4) 消化系统常用药，如胃舒平、痢特灵等。

(5) 抗过敏药物，如扑尔敏、息斯敏等。

(6) 防暑药，如藿香正气丸、清凉油等。

(7) 外伤药，如正红花油、云南白药、碘酒、绷带等。

3．旅游常见病的防治

(1) 晕车晕船防有其法。首先要保持心情愉快，出行前，不要饮酒，勿过饱或过饥。一般出行前半小时先服一片防晕药。如果晕车，可用冷毛巾敷面部和胸部；把视线固定在一个远处不动的目标上凝视；如果恶心想吐，尽量吐得干净为好；如是在车上，打开窗户，吹吹新鲜的风；如果眩晕，应开口呼吸，嚼一块糖，能取得较好的效果。

(2) 旅途中腹泻怎么办。首先要注意饮食卫生，养成良好卫生习惯，严防病从口入。在旅途中，还可以适量服用黄连素等药物预防腹泻的发生。

4．旅游中意外伤害及应急处理

(1) 对溺水者的抢救。在旅游过程中发现有人溺水，不要慌乱。会游泳的脱去鞋袜及厚重的衣服下水救人；不会游泳的人，除了呼喊他人外，应赶快将木板，竹竿等物体抛向溺水者，溺水者被救上岸后，应立即施行人工呼吸。

(2) 旅途中骨折的急救。若伤员休克，应立即让其平卧，骨折处要保暖防凉，并给伤员服用止痛药及镇静药。开放性骨折首先止血。脊椎骨折时，要防止因搬动不慎损伤脊椎引起瘫痪。四肢骨折后，为避免损伤局部的肌肉、血管、神经等，要防止骨折端错动，也不要勉强去复位。

找固定材料如木板、竹板等为伤肢进行固定。

(3) 旅途中踝关节扭伤的治疗。发生踝关节扭伤，要高抬患肢先用冰袋或冷毛巾敷，以减轻疼痛和皮下出血，然后用活血散瘀的药膏外贴患处。在旅途中即无药物又无胶布，还可以用一只手握住扭伤的脚踝，另一只手抓住脚趾，由外向里摇晃，再让脚趾尽量向下弯曲，然后使脚尖尽量向上弯曲，反复多次，会有所好转。如果是严重扭伤，如韧带完全撕裂，踝关节不稳定者，严禁乱按乱揉，要立即送医院。

(4) 路途中小腿抽筋的防治。小腿抽筋的预防比较简单，在活动前、活动后、睡前，按摩腿肚肌肉即可。常常抽筋的人在游泳前将生姜捣烂的生姜汁涂在腿上，充分按摩，便能收到很好的预防效果。治疗的方法较多，如扳脚法：取坐姿，一手用力压迫痉挛的腿肚，一手抓住足趾向后扳脚，使足部背曲，再上下活动一下脚，抽筋就能得到缓解。若是在游泳时发生抽筋，可将大腿尽量向前登，用手使劲往身体方向扳脚拇指，反复多次，直至症状消失。

(5) 旅途中大小外伤的止血方法。旅途中不幸因外伤而出血，应尽快止血。止血的方法有很多，小伤口出血，且伤口内又无异物的可采用局部按压法，就是用手帕、纱布等直接盖在伤口上用手压住，把伤肢放在高过心脏的位置，便能很快止血。或者用手掌稍用力拍打两脚的跟腱，各拍数次，亦能止住小伤口流血。如果用药物止血，云南白药是首选良药。如果是四肢较大面积的伤口出现，可采用止血带或手帕、围巾等，用力绑在伤口靠近心脏的一侧，每隔一小时松开几分钟，再绑扎，在止血的过程中，要保持伤肢高于心脏的水平线。

九、用法律武器保护自己的合法权益

1997 年 10 月 15 日发布的《旅行社管理条例》(以下减称《条例》)对于强化旅游行业管理、维持旅游市场秩序、保障旅游者和旅行社的合法权益有重要意义。以下为《条例》中与旅游者利益关系密切的内容摘要：

(1) 根据《条例》第 21 条、第 22 条和第 23 条规定，旅行社应当维护旅游者的合法权益；旅行社向旅游者提供的旅游服务信息必须真实可靠，不得作虚假宣传；旅行社组织旅游，应当为旅游者办理旅游意外保险，并保证所提供的服务符合保障旅游者人身、财物安全的要求，对于会危及旅游者人身、财物安全的事宜应当向旅游者做出真实的说明和明确的警示，并采取防止危害发生的措施；旅行社对旅游者提供的旅行项目，按照国家规定收费，旅行中增加服务项目需加收费用的，应当事先征得旅游者同意，旅行社提供有偿服务，应当按照国家有关规定向旅游者出具服务单据。

(2) 维护合法权益，进行有效投诉。根据《条例》第 24 条规定，出现下列情况之一，给旅游者造成损失的，旅游者有权向旅游行政管理部门投诉国内组团社。

1) 旅行社因自身过错未达到合同约定的服务质量标准的；

2) 旅行社服务未达到国家标准或行业标准的；

3) 旅行社破产造成旅游者预交旅行费损失的。

第十二章　突发公共事件安全

案例引导

突发公共事件安全

案例 1：2014 年 4 月 30 日晚七点，新疆乌鲁木齐火车南站发生爆炸事件。暴徒在乌鲁木齐火车南站出站口接人处持刀砍杀群众，同时引爆爆炸装置。截至 2014 年 5 月 1 日凌晨 3 点，造成 3 人死亡，79 人受伤，其中 4 人重伤（暂无生命危险）。

案例 2：2014 年 5 月 6 日 11 时 30 分许，广州火车站广场有人持刀伤害过往旅客，民警经口头警告无效后果断开枪，击中一名持刀的男性嫌疑人并将其制服。经初步了解，事件造成 6 名群众受伤，均送往医院救治。多名目击者称，旅客出站时，有手持长约半米砍刀的年轻男子突然砍人。

第一节 突发公共事件的概念、分类与分级

一、突发公共事件的定义

《中华人民共和国突发事件应对法》提出，“突发事件，是指突然发生，造成或者可能造成严重社会危害，需要采取应急处置措施予以应对的自然灾害、事故灾害、公共卫生事件和社会安全事件。”

二、突发公共事件的构成要素

突发公共事件主要由以下要素构成：

(1) 突然发生。

(2) 后果是人员伤亡、财产损失、生态环境破坏和危害社会 、危及公共安全。

(3) 程度为重大。

(4) 状态为紧急。

三、突发公共事件的分类及分级

按照社会危害程度、影响范围等因素，自然灾害、事故灾难、公共卫生事件、社会安全事

件分为特别重大、重大、较大和一般四级。

突发事件的分级标准由国务院或者国务院确定的部门制定。

四、突发事件的发生和发展

一般说来，突发事件的发生和发展有四个阶段或时期，即潜在期、爆发期、持续期、消除期。

1．潜在期

潜在期即突发事件出现的先兆阶段，尽管这一阶段稍纵即逝，很难估量，但是，发现这一阶段却有着非凡的意义。

2003 年，欧洲出现大范围的持续高温，法国有近万人因此而丧生。法国媒体认为，卫生行政部门的麻木不仁是导致这一后果的主要原因。这个麻木不仁首先表现在，法国卫生管理部门对高温这个可能引发突发事件的先兆缺乏必要的认识，对可能造成的危害估计不足，没有及时果断采取有力措施避免或减少高温天气带来的损失。这些部门对酷热可能引发的疾病、并可能导致大量患者死亡没有预警，没能及时准确地向卫生部通报情况和采取有效措施，从而错过了处理突发事件的最佳时间。

2．爆发期

爆发期是突发事件全面表现出来，并不断造成破坏的阶段，往往防不胜防，甚至一发而不可收。一般而言，在危险尚未完全显露的时候，公众往往会忽视危险的存在，而当处于突发事件爆发期，危险已经逼近时，又往往会夸大危险。

在 2003 年的“非典”时期，早期有病人被漏诊，而后期又有大量的病人被误诊，在某种意义上说，即是这一心态的反映和表现。

3．持续期

持续期指事件发展的势头得到了遏制，但破坏仍在继续，事件尚未得到有效控制，问题尚未得到彻底解决。处在这一时期，切忌盲目乐观，不能把治标的成效看成治本的效果，否则，死灰尚可复然，局势可能逆转。而一旦出现再次的爆发，局面将很难收拾。

4．消除期

事件的影响分为两个部分，直接影响和间接影响。在消除期，直接影响得以消除，但间接影响可能才刚刚出现。如四川汶川大地震带给公众尤其是灾区公众的心理上的打击，远不是随着时间而逝去的。

第二节 公共场所突发安全事件

近期,火车站暴力恐怖案时有发生,继昆明火车站暴恐案和乌鲁木齐火车站砍人事件之后,广州火车站广场有人持刀砍伤过往旅客。

2014 年 5 月 6 日中午,广州火车站广场发生一起砍人事件,6 名群众(3 男 3 女)受伤,目前均暂无生命危险。当时民警正在火车站西巡逻,发现男子正持刀伤害现场旅客,民警拔枪喝止,嫌疑人挥刀砍向民警,民警连开 2 枪将其击倒并控制。经查,行凶嫌疑人确认为 1 人,其身上无任何身份证件。

近些年来,全国各地暴力事件不断的发生,希望大家出门在外时,一定要注意人身、财产安全。

一、突发暴力事件的自我保护方法

(1) 当预知或遇到公共场所有突发暴力事件时,应在第一时间报警,并配合警察。请专业人员来制止、处理危害公共安全事件的发生。

(2) 无重要事情，少去或不去人流量大的地方。由于人流量大的地方，是各种事件最容易发生的地点，因此，应尽量躲避。

(3) 不去或少去人员集中的场所。人员集中场所，是公共场所暴力事件发生伤害性最大的地方，往往伤害手法比较专业，比较残忍。

(4) 见义勇为，量力而行。很多进口的国外电影，推崇个人英雄主义，救世于危难之中。我国影视剧的侠文化，也脍炙人口。可这些都是为了吸引观众，研究观者心理，专业设计出来的。实际生活中，在机械、科学技术面前，我们的生命显得多么的脆弱。因此智慧之勇永远高于肌体之勇。遇事务必量力而行，量代价比而行。

(5) 面对突发事件，不要围观。我们多年来养成的从众及看热闹的不良习惯很不好。在公共场所有突发事件发生时，实施者多是以暴力威胁公共安全为手段，制造社会影响。实施者自己清晰地知道后果如何，往往都做了充分准备。现场很有可能伴随有爆炸、释放有毒化学气体等情况。所以一旦有突发公共事件时，一定远离，也为我们的警务人员开展营救减少干扰。

(6) 如果正处在公共场所暴力事件当中无法逃避，应找大型器物遮掩自己及卧倒。一旦有爆炸、有毒气体等发生时，根据其特性，尽量减少对自己的伤害。

(7) 切勿激怒暴力事件实施者。

(8) 心里不要产生惧怕感，尽量稳定情绪。观察现场情况，为配合警察、救已、救他人做好准备。一旦现场被控制或时机成熟，迅速撤走、远离现场。

(9) 经历事件后，禁忌传播。这种经历不是光荣的，所以忌讳宣扬、炫耀。一旦宣扬、炫耀可能会给自己带来更大的麻烦及伤害。

(10) 树立自信，成为生活强者。常言讲“宝剑锋从磨砺出”,个人的成长都是在不断地摔打中成熟并成长起来的。成为生活的强者还是弱者，只看自己的选择。

二、突发公共安全事件的应对方法

(一) 遇到炸弹袭击

1. 遇到炸弹袭击怎么办

(1) 自救的第一步，“趴下”，寻找掩体，最大程度降低爆炸所带来的伤害，还可以防止吸入过多有毒烟雾。

(2) 观察有无二次爆炸以及二次伤害，切忌莫惊慌乱跑，容易成为袭击者的目标，或受到二次伤害。

(3) 身上着火不要奔跑，就地打滚或用厚重衣物压灭。

(4) 不要因贪恋财物浪费逃生时间。

2. 如何识别可疑爆炸物

在不触动可疑物的前提下：

(1) 看。由表及里、由近及远、由上到下无一遗漏地观察，识别、判断可疑物品或可疑部位有无暗藏的爆炸装置。

(2) 听。在寂静的环境中用耳倾听是否有异常声响。

(3) 嗅。如黑火药含有硫磺，会放出臭鸡蛋（硫化氢）味；自制硝酸铵炸药的硝酸铵会分解出明显的氨水味等。

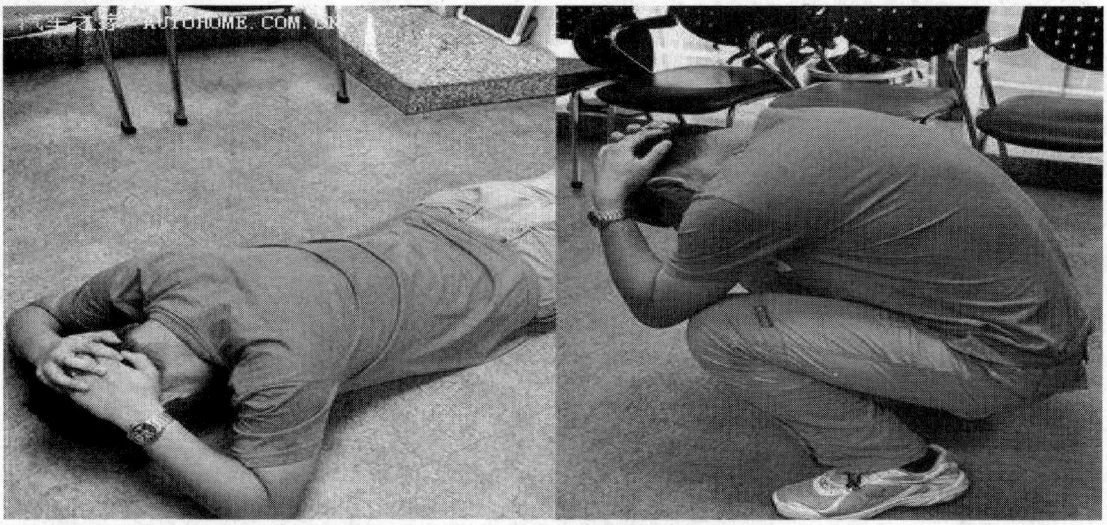

3．爆炸物可能放置的场所

(1) 标志性建筑物或其他建筑物内外；

(2) 重大活动如大型运动会、检阅、演出、朝拜、展览等场所；

(3) 人口相对聚集的场所，如体育场馆、影剧院、宾馆、运动员村、商场、超市、车站、机场、码头、学校等；

(4) 行李、包裹、手提包及各种日用品中；

(5) 宾馆、饭店、洗浴中心、歌舞厅及其他易于隐蔽且闲杂人员容易进出的地点；

(6) 各种交通工具上；

(7) 易于接近且能够实现其爆炸目的的地点。

4．发现可疑爆炸物的处置办法

(1) 不要触动；

(2) 及时报警；

(3) 迅速撤离。疏散时，有序撤离，不要互相拥挤，以免发生踩踏造成伤亡；

(4) 协助警方的调查。目击者应尽量识别可疑物发现的时间、大小、位置、外观，有无人动过等情况，如有可能，用手中的照相机进行照相或录像，为警方提供有价值的线索。

5. 遇爆炸威胁时的做法

遇匿名爆炸威胁或扬言爆炸，不能心存侥幸，应做好以下几点。

(1) 信。要“宁可信其有，不可信其无”。

(2) 快。尽快从“现场”撤离。

(3) 细。细致观察周围的可疑人、事、物。

(4) 报。迅速报警、让警方了解情况。

(5) 记。用照相机等记录“现场”。

6. 娱乐场所发生爆炸时的做法

(1) 迅速就近隐蔽或者卧倒，就近寻找简易遮挡物护住身体重要部位和器官；

(2) 寻找、观察安全出口；

(3) 不要用打火机点火照明，以免形成二次爆炸或燃烧；

(4) 服从工作人员和专门人员的指挥；

(5) 迅速有序撤离现场，避免出现踩踏等事件；

(6) 不要因顾及贵重物品而浪费宝贵的逃生时间；

(7) 迅速报警，客观详细地向警方描述事件发生、发展的经过；

(8) 注意观察现场可疑人、可疑物，协助警方调查。

7. 地铁内发生爆炸时的做法

(1) 迅速按下列车报警按钮，使司机在监视器上获取报警信号；

(2) 依靠车内的消防器材进行灭火；

(3) 列车在运行期间，不要有拉门、砸窗、跳车等危险行为；

(4) 在隧道内疏散时，听从指挥，沉着冷静、紧张有序地通过车头或车尾疏散门进入隧道，向邻近车站撤离；

(5) 寻找简易防护物，如衣服、纸巾等捂鼻，采用低姿势撤离；视线不清时手摸墙壁撤离；

(6) 受到火灾威胁时，不要盲目跟从人流相互拥挤、乱冲乱摸，要注意朝明亮处，迎着新鲜空气跑；

(7) 身上着火不要奔跑，就地打滚或用厚重衣物压灭；

(8) 注意观察现场可疑人、可疑物，协助警方调查；

(9) 在平时乘坐地铁时要注意熟悉环境，留心地铁的消防设施和安全装置。

(二) 如何识别恐怖嫌疑人

实施恐怖袭击的嫌疑人脸上不会贴有标记，但是会有一些不同寻常的举止行为可以引起我们的警惕，例如：

(1) 神情恐慌、言行异常；

(2) 统一着装，穿带有特殊 Logo 的衣服，有意遮盖面部特征，携带物品与其身份明显不符或与季节不协调；

(3) 冒称熟人、假献殷勤；

(4) 在检查过程中，催促检查或态度蛮横、不愿接受检查；

(5) 频繁进出大型活动场所；

(6) 反复在警戒区附近出现；

(7) 疑似公安部门通报的嫌疑人员。

(三) 如何识别可疑车辆

(1) 状态异常。观察车辆结合部位及边角外部的车漆颜色与车辆颜色是否一致、确定车辆是否改色；车的门锁、后备厢锁、车窗玻璃是否有撬压破损痕迹；车灯是否破损或用异物填塞，车体表面是否附有异常导线或细绳。

(2) 车辆停留异常。违反规定停留在水、电、气等重要设施附近或人员密集场所。

(3) 车内人员异常。如车内人员在检查过程中，神色惊慌、催促检查或态度蛮横、不愿接受检查；发现警察后启动车辆躲避。

(四) 遇到枪战时的做法

第一要素，依旧趴下！快速降低身体姿势，寻找一切掩体，不要尝试与子弹赛跑。挡子弹的掩体包括墙体、立柱、大树干、汽车前部发动机以及轮胎等。不挡子弹的掩体包括木门、玻璃门、灌木丛、柜台、汽车门和尾部。

(五) 化学袭击的判断方法

(1) 异味的气体。如大蒜味、苦仁味、辛辣味等。

(2) 大量昆虫死亡、浓烟、植物异常变化等异常的情况。

(3) 一般人遇到化学袭击的时候，会出现恶心、惊厥、胸闷、皮疹等症状。

(4) 现场出现异常物品，如遗弃的防毒面具。

(六) 遇到化学袭击时的做法

遇到化学袭时尽快掩蔽，利用随身的物品掩盖口鼻，避免吸入有害气体，寻找出口，尽量逆风撤离。

(七)遇到纵火恐怖袭击时的做法

(1) 熟悉环境，暗记出口。在陌生的环境里，如入住酒店、商场购物、进入娱乐场所时，为自身安全，要留心疏散通道、安全出口及楼梯方位等，以便需要时能尽快逃离现场。

(2) 扑灭小火，惠及他人。如果发现火势并不大，尚未对人造成很大威胁时，可用消防器材，如灭火器、消防栓等，奋力将小火控制，扑灭；不要惊慌失措地乱叫乱窜，置小火于不顾而酿成大灾。

(3) 保持镇静，明辨方向，迅速撤离。面对浓烟和烈火，要保持镇静，迅速判断危险地点和安全地点，决定逃生的办法，尽快撤离险地。

(4) 不入险地，不贪财物。尽快撤离，不要因害羞或顾及贵重物品，把时间浪费在穿衣或寻找、搬离贵重物品上。已逃离险境的人员，切莫重返险地。

(5) 简易防护，捂鼻匍匐。可用毛巾、口罩捂鼻，匍匐撤离。烟雾较轻飘于上部，贴近地面撤离是避免烟气吸入、滤去毒气的最佳方法。穿过烟火封锁区时，可向头部、身上浇冷水或用湿毛巾、湿棉被、湿毯子等将头和身体裹好，再冲出去。

(6) 善用通道，莫入电梯。要根据情况选择进入相对较为安全的楼梯通道。

(7) 火已及身，切勿惊跑。如果身上着了火，不可跑动或用手拍打，这样会形成风势，加速氧气的补充，促旺火势。当身上衣服着火时，应当赶紧设法脱掉衣服或就地打滚，压灭火苗；及时跳进水中或让人向身上浇水，使用灭火器材灭火更有效。

(8) 缓降逃生，滑绳自救。高层、多层公共建筑内一般都设有高空缓降器或救生绳，人员可以通过这些设施安全地离开危险的楼层。如果没有这些专门设施，而安全通道又被堵，救援人员不能及时赶到的情况下，迅速利用身边的绳索或床单、窗帘、衣服等自制简易救生绳，并用水打湿从窗台或阳台沿绳缓滑到下面楼层或地面，安全逃生。

(9) 避难场所，固守待援。假如用手摸房门已感到烫手，此时一旦开门，火焰与浓烟势必迎面扑来。如果逃生通道被切断且短时间内无人救援。这时候，可采取创造避难场所、固守待援的办法：首先应关紧迎火的门窗，打开背火的门窗，用湿毛巾、湿布塞堵门缝或用水浸湿棉被蒙上门窗；然后不停用水淋透房间，防止烟火渗入；固守在房内，直到救援人员到达。

(10) 缓晃轻抛，寻求援助。应尽量待在阳台、窗口等易于被人发现和能避免烟火近身的地方。在白天，可以向窗外晃动鲜艳衣物，或外抛轻型晃眼的东西；在晚上，可以用手电筒不停地在窗口闪动或者敲击东西，及时发出有效的求救信号，引起救援者的注意。

(八)被劫持时的做法

(1) 保持冷静，不要反抗，相信营救人员。

(2) 不对视，不对话，趴在地上，动作要缓慢。

(3) 尽可能保留和隐藏自己的通信工具，及时把手机改为静音，适时用短信等方式向警方(110)求救，短信主要内容：自己所在位置，人质人数，恐怖分子人数等。

(4) 注意观察恐怖分子人数，头领，便于事后提供证言。

(5) 在警方发起突击的瞬间，尽可能趴在地上，在警方掩护下脱离现场。

(九) 球场骚乱事件的应对

在观看足球、篮球、排球等大型比赛时，若发生球迷骚乱，极易造成群死群伤的严重事件，产生不良的社会影响。应急要点如下：

(1) 遇到少数人起哄、煽动闹事时，不要盲目跟从；

(2) 周围人群处于混乱时，应选择安全地点停留（如待在自己的座位上），以保证自己不被挤伤；

(3) 不要在看台上来回跑动。要迅速、有序地向自己所在看台的安全出口疏散；

(4) 远离栏杆，以免栏杆被挤折而伤及自身；

(5) 不要在看台上拥挤或翻越栏杆，以免造成人员伤亡；

(6) 疏散时应注意礼让和保护老人、儿童、妇女等弱势群体。

专家提醒：

◆ 应自觉遵守球场规定，维护赛场秩序。

◆ 观众进场时，要注意观察活动现场情况和识别警示标志，主动了解现场安全通道和出入口的位置。在发生危险时要尽快从最近的安全出口撤离。

(十) 避免公共场所踩踏事故的发生

人员稠密的公共场所，如公园、商场、体育馆、影剧院、歌舞厅、网吧等，一旦发生突发事件，极易造成混乱，后果不堪设想。应急要点如下：

(1) 发生拥挤或遇到紧急情况时，应保持镇静，在相对安全的地点做短暂停留；

(2) 人群拥挤时，要用双手抱住胸口，防止内脏被挤压受伤；

(3) 在人群中不小心跌倒时，应立即收缩身体，紧抱着头，尽量减少伤害；

(4) 注意收听广播，服从现场工作人员引导，尽快就近从安全出口有序疏散；

(5) 切勿逆着人流行进或抄近路。行走时尽量靠边，保护好自己。

专家提醒：

◆ 进入公共场所时，要提前观察好安全通道和应急出口的位置。

◆ 参加大型集会时，应穿平底鞋，以保持身体平衡和行动自如。

三、防空袭常识及自救与互救常识

(一)空袭

空袭是现代战争中一方利用航空、航天飞行兵器对另一方城镇及陆地、水域等目标进行攻击的行为。空袭分常规与非常规两种。

非常规空袭是指使用核武器、化学武器、生物武器等大规模杀伤性和破坏性武器的空袭，除此之外都属于常规空袭。

随着城乡现代化水平的提高，战争中空袭的威胁也日益增大，有必要了解、掌握一些基本的防空知识。

(二)防空警报信号

防空警报信号有三种：

(1) 预先警报：鸣 36 秒，停 24 秒，反复 3 次为一个周期。

(2) 空袭警报：鸣 6 秒，停 6 秒，反复 15 次为一个周期。

(3) 解除警报：连续鸣 3 分钟。

(三)空袭前的防护准备

一般情况下，人防部门首先会组织群众对一般防护方法进行有计划的教育学习，人员防护高技术常规空袭的方法，主要包括一些自我防护、自救互救的生存技能。

(1) 熟悉重点目标和地域环境。战时，要经常收听广播和电视台关于敌情和防护的指示。要熟悉附近人防工事的位置、昼夜入口标志；还要熟悉附近危险地域或可能遭袭的目标，掌握在警报后各种条件下，最快到达安全地域的路线及方法。

(2) 学会突然遭袭时的快速防护。当没有空袭警报而发现爆炸闪光、烟雾骤起、建筑物震动、附近爆炸声响等，都要视为附近突然遭袭轰炸的信息。室外人员在突然遭袭时应立即、就近利用地形地物背面或其他遮挡物进行防护。没有任何遮盖物可利用时，也要蹲下，减少暴露面积，并设法保护头部等重要部位。室内人员在突然遭袭时应立即在墙内拐角或墙根卧倒，最好在靠近墙角的桌下或床下卧倒，减少建筑物构件倒塌对人员的间接伤害。当袭击过去之后，应尽快开展外伤的自救互救。

(3) 遵守防空信息管制规定。防空信息管制规定是为了保障防空袭斗争的顺利进行而采取的强制性措施。高技术条件下防空袭特点是首先要防止敌人发现，要避免被敌人发现，就必须全民遵守人防信息管制规定。任何人不得冒用人防名义传递信息，不得占用人防专用频率，不得混用防空警报相似频率的音响信号；另外，又不得任意熏烟、生火、改变建筑材料的光学、电磁性质及人员活动等，以防暴露目标。

此外，高技术空袭对人们应急防空技能的要求是全面的。为减少空袭对人员安全的次生和长期危害，人们还应有灭火、堵漏、减缓污染的技能。有获得洁净水、保护食品不被污染和基本救护技术等生存技能。

(4) 次生危害区、安全区人员的防护。次生危害包括由于空袭或自然灾害造成的毒气外泄、煤气爆炸、火灾、堤坝决口、放射性物质和病菌微生物泄漏、建筑物倒塌和山体滑坡等。对于较危险的，要相应采取防火、戴防毒面具、穿防毒服等防护措施，并根据次生危害的性质，迅速判定并转移到安全方向和地区。如毒物、放射性或病菌泄漏、火灾，人员就要在上风方向找安全地。

对于处于发展过程中的可以控制的危害，每个居民都应根据可能参加一些初期抢险，防止危害扩大和蔓延。在安全区，人员相对密集，生活条件、环境标准较低，人员都须有讲究卫生、保护环境的知识和自觉性；同时要主动安置避难人员、积极支持参加遭袭击区消除空袭后果工作。

注意：人防部门会定期进行防空警报信号演练，平时多留意媒体的通知，切勿将正常的演练当作空袭，不要恐慌，更不要信谣、造谣、传谣。

第三节　常见突发公共卫生事件应急知识

一、预防甲型 H1N1 流感

甲型 H1N1 流感又称为 A(H1N1)型流感，旧称人感染猪流感。甲型 H1N1 流感潜伏期一般为 1～7 天，较普通流感、禽流感潜伏期长。甲型 H1N1 流感的早期症状与普通流感相似，包括发热、咳嗽、喉痛、身体疼痛、头痛等，有些患者还会出现腹泻或呕吐、肌肉痛或疲倦、眼睛发红等症状。部分患者病情来势凶猛，迅速进展，突然高热，体温超过 39℃，甚至继发严重肺炎、急性呼吸窘迫综合征、肺出血、胸腔积液、全身血细胞减少、肾功能衰竭、败血症、休克及急性脑病合并内脏脂肪变性综合征、呼吸衰竭及多器官损伤，严重者可导致死亡。患者原有的基础疾病亦会加重。具体预防措施如下：

(1) 减少到人群密集的公共场所的机会，避免和那些出现身体不适、发烧和咳嗽症状的人密切接触。

(2) 养成良好的个人卫生习惯，包括睡眠充足、吃有营养的食物、多锻炼身体、勤洗手，要使用香皂或洗手液等彻底洗净双手。

(3) 在洗涤生猪肉、家禽（尤其是水禽）时应特别注意。皮肤有破损时，应尽量减少接触机会。烹饪猪肉时，要高温煮熟再食用。

(4) 外出时要戴口罩，降低被传染的可能性。

(5) 定期服用板蓝根、大青叶、薄荷叶、金银花，可代茶饮。

(6) 突发高热、结膜潮红、咳嗽、流脓涕等症状时，要及时到医院就诊。

二、预防传染性非典型性肺炎（SARS）

传染性非典型性肺炎（SARS）简称非典，是一种病毒性呼吸道传染病。非典的特征是起病较急，病情发展较快。常常首先发热，体温多在 39℃左右，同时伴有怕冷、头痛及全身关节疼痛、全身无力、咳嗽等症状，但痰比较少，部分患者痰中带有血丝。随着病情的进展，患者出现胸闷、呼吸困难，并逐渐加重，并有口唇及皮肤发绀等缺氧表现。

急、热、咳、闷是非典的特征，如果出现这些特征，特别是发病前接触过非典患者的人应立即去医院检查，对可疑患者实施隔离观察治疗并及时上报。在到达医院之前，可以酌情服用解热镇痛药物，但不要轻易服用消炎药。具体预防措施如下：

(1) 尽可能远离患者及人群密集的场所，或在上述情况下做好个人防护。

(2) 维护家庭卫生，勤开窗通风，定期大扫除。

(3) 养成良好的个人卫生习惯，勤洗手，勤晒被褥，分餐饮食，不随地吐痰，咳嗽及打喷嚏时要用手帕捂住口、鼻等。

(4) 积极锻炼身体，合理饮食，提高免疫力。

三、鼠疫的预防与自救

鼠疫是鼠疫杆菌导致的烈性传染病，老鼠及旱獭是最常见的病菌携带者。鼠疫可通过 3 种途径进行传播：鼠类身上的跳蚤沾染了病菌，通过叮咬传染给人；鼠疫患者呼吸、咳嗽及打喷嚏时呼出的大量带菌的飞沫，通过空气传播给他人；人在宰杀、捕猎带有病菌的动物或对其毛皮进行加工时，如果皮肤有破损，也会被传染。病菌进入人体后一般在 2～3 天后发病，患者表现为发热，体温可高达 39℃以上，同时很快出现淋巴结肿胀、疼痛，部分患者有呼吸困难、胸痛、咳嗽、咳痰、痰中带血、眼睑水肿、腹痛、腹泻、皮疹及血性水疱、剧烈头痛、昏睡、昏迷、血压下降及休克等症状。鼠疫病势凶险，如果得不到治疗，死亡率较高。

1．应急办法

(1) 立即去医院诊疗，并尽快向卫生部门报告。

(2) 如果患者在一定时间内无法到达医院，有条件时可选择磺胺类药物及链霉素治疗。

(3) 患者入院前患者家属及陪护人员应做好防护工作，避免被传染。

(4) 鼠疫确认后应在相应地域采取严格的隔离及封锁措施。

2．重要预防措施

(1) 做好灭鼠工作，减少鼠密度，杜绝鼠疫的传染源。

(2) 搞好家庭及个人卫生，消灭衣物及居住地的跳蚤及其他昆虫。

(3) 不吃病死的动物。

(4) 在疫区做好隔离和防护工作，妥善处理患者的物品及死者的遗体。

四、狂犬病的预防与自救

狂犬病又称“恐水症”，是人被带有狂犬病毒的动物（如狗、猫等）咬伤后导致的传染病。发病初始多有低热、头痛、倦怠、恐惧、烦躁不安，已愈合的咬伤处出现痛、痒、麻木或蚁走感；然后心率加快、血压升高，有强烈的恐惧感，常极度兴奋，流涎、流汗，可因某些刺激，尤其是听到水声等而引起强烈的喉肌痉挛或惊厥；最后渐趋安静，出现全身弛缓性瘫痪，终因呼吸循环衰竭而死亡。狂犬病的潜伏期平均为 3～8 周，最长者可达 20 余年，发病后极其危险，病死率达 100%。所以防治狂犬病的关键在于预防，而不是治疗。

1．应急办法

(1) 伤口处理：只要被咬部位有局部皮肤破损，所有患者无论伤情轻重都需要按狂犬病预防程序处理。伤口处理刻不容缓，应立即用肥皂彻底清洗伤口，清洗时间不能少于 20 分钟，然后用酒精消毒，伤口不可做缝合和包扎。

(2) 立即送伤者去相关部门接种狂犬疫苗，对头面部咬伤者还要足量注射狂犬病免疫血清。

2．应急注意事项

(1) 被狗咬伤后未及时处理，在数天到一年内，出现怕光、怕声、怕水、怕风等症状，甚至抽搐，则有感染狂犬病的可能，应立即去医院医治。

(2) 在被狗咬伤后短期内，愈合的伤口周围出现刺痛、麻痒或四肢蚁走感等表现，也应该警惕为狂犬病的可能，可咨询当地狂犬病预防门诊。

(3) 被猫、蝙蝠、狐狸、狼、猫鼬、浣熊、臭鼬、马、猪、猴子、鼠等动物抓咬伤时，应参照上述办法处理。

3．重要预防措施

(1) 管理好犬类动物，一旦发现行为异常的犬类，应尽快找专业人员将其控制，识别狂犬后予以捕杀并焚烧或深埋。

(2) 家中养犬者应定期给犬做狂犬病预防接种。

第十三章　急救技能和常识

案例引导

近日，江西省南昌市湾里区人民法院对此案做出一审判决，判令旅游公司承担此次事故20%的民事责任，向死者父母赔偿死亡赔偿金等各项损失合计48 728元。

死者郭某生前系华东交通大学学生。2008年9月13日，郭某与其同学10余人购买门票后一起进入某旅游公司经营的景区游玩。在景区指定烧烤点进行烧烤活动期间，郭某与同学先后下到距烧烤点约10余米处的一片水域嬉水，在此过程中，郭某不慎掉入该水域一塌陷水沟内溺水身亡。

事发后，郭某父母认为郭某的死是因为旅游公司未尽到旅游经营者应尽的保障游客安全的法定义务造成的，应向其赔偿死亡赔偿金等各项损失合计341 659.98元。但旅游公司根据当地政府及当地旅游局出具的事发地点不属于其经营范围，认为其没有管理义务，更加不应承担相应民事责任为由而拒绝赔偿，双方因此而陷入僵局。

法院经审理认为：死者郭某作为一名完全民事行为能力的成年人，在不懂水性、不明深浅的情况下，明知下水存有极大的危险却贸然下水，主动将自己置身于危险状态之中，并最终导致溺水事故发生，其自身过错是造成本次事故的主要原因；旅游公司在其烧烤点附近存在可能危及游客人身安全水域的情况下，未设置必要的隔离和明显的安全警示，并对这一重点区域加强安全巡视，其未尽到必要的安全防范义务，应承担此次事故的次要责任。法院综合本案案情，酌定旅游公司承担此次事故20%的民事责任，并最终做出了上述判决。

第一节　生活急救技巧

一、中风急救

中风是由于脑血管破裂或脑血管阻塞而使脑组织血液供应发生障碍而造成的损害。又叫脑卒中、脑血管意外。

1．前兆

频频出现哈欠，突发头晕或神志改变、手脚麻木、嘴角或某一肢体抽搐、一侧或四肢无力、讲话困难或失语

2．急救措施

(1) 镇静，尽量减少不必要的搬动，拨打 120 急救电话；

(2) 把病人轻轻放平头抬高约 15°～30°并侧向一边，以免口腔分泌物及舌堵塞气道；

(3) 保持呼吸道通畅，必要时用干净布包手指伸进口腔掏分泌物。

二、溺水的急救

溺水可使溺水者 4～6 分钟内死亡，必须争分夺秒地进行现场急救，切不可急于送医院而失去宝贵的抢救时机。

(1) 自救。采取仰面位，努力使口鼻露出水面呼吸，也可憋气尽量不吸气，以免呛水。

(2) 他救。会泳者最好脱衣下水从溺水者的后面托着他的头或颈，把面部托出水面，或抓住腋窝，然后仰泳，把溺水者救上岸来。急救者不要游到溺水者的前面，这样容易被溺水者抱住，这时可推他的脸使其松手。

(3) 上岸后，立即清除其口、鼻内的异物及呕吐物。

(4) 吐水。利用头低、脚高的体位，方法是救护人一腿跪地，另一腿屈膝，将溺水者的腹部放在膝盖上使其头下垂，然后再按压其背部，也可用两手抱起溺水者腹部，使头部下垂，水也可流出。

(5) 不能过分强调吐水而耽误进行人工呼吸，人工呼吸和胸外心脏按压是溺水抢救工作的最重要措施。(方法略)

(6) 自动呼吸恢复后，可活动四肢，用干毛巾擦遍全身，自四肢、躯干向心脏方面摩擦，促进血液循环，保暖后送医院继续抢救。

三、冠心病急救法

冠心病是冠状动脉性心脏病的简称。冠状动脉是供给心脏血液的血管，分左右两条环绕在心脏表面，当冠状动脉粥样硬化或痉挛时可引起心肌缺血。当劳累、饱餐、受寒和情绪激动时出现胸骨后或胸前区疼痛，或紧缩样疼痛，向左肩、左上臂放射，伴心慌、胸闷、心悸、压榨感甚至濒死感。

(1) 立即平卧，舌下含化硝酸甘油片，1～2 分钟即能止痛，或含服消心痛 1～2 片，5 分钟奏效，如患者情绪紧张，可口服安定一片。

(2) 若当时无解救药，也可掐内关穴(前臂掌侧横纹上 2 寸，两条筋之间)。

(3) 先不要随意搬动，不要急于就诊，如不缓解，必须和急救中心联系。

四、晕车晕船的急救

现代人的旅行，离不开车、船，而晕车、晕船的人不少，这虽不是什么大病，但往往给旅途生活蒙上一层不快的阴影，令人烦恼。甚至有不少人因此而取消旅游。

为什么会发生晕车晕船呢？这是因为有些人的内耳前庭和半规管过度敏感，当乘坐车船时，由于直线变速运动、颠簸、摆动或旋转时，内耳迷路受到机械性刺激，出现前庭功能紊乱，从而导致晕车、晕船等。它主要表现是在途中突然发生头晕、恶心、呕吐，面色苍白，出冷汗、精神抑郁、脉搏过缓或过速，严重者可有血压下降、虚脱。这种眩晕，属于周围性眩晕之一，多见于体质虚弱者，尤以女性为多。睡眠不足，饮食不当(过多或过少、饮酒等)，精神紧张，焦虑、抑郁以及噪声、汽油味、腥味等不良刺激，均可诱发或加重症状。有些人则是因为从未乘过车船，对车船没有适应所致。

怎样防治晕车晕船呢？首先要加强身体的锻炼，使体质健壮；睡眠要充足，饮食宜清淡易消化，不要过饥或过饱，不要喝酒；保持良好的精神状态也是一个重要的方面。当晕车晕船一旦发生或即将发生，患者最好能平卧休息。如无条件平卧，可将头靠在椅背上，闭目休息，最好能换坐在近窗的位置上，空气清新有利于缓解、减轻症状。口服以下药物对本症有一定作用：

(1) 乘晕宁(眩晕停)：每次 25mg，如无效，30 分钟后可以再服 1 次。

(2) 苯海拉明：每次 25 mg，每日 3 次。

(3) 安其敏：每次 25 mg，每日 1～2 次。(以上三药可任选一种服用)

(4) 东莨菪碱：每次 0.2～0.5 mg，必要时每日服 3 次。

(5) 灭吐灵：每次 10 mg，每日 3 次。

(6) 维生素 B6：每次 20 mg，每日 3 次。

(7) 人丹丸：每次取少许，置口内含服。

(8) 生姜 1 小片，口中含服，频频咽下唾液。姜味淡后可再换 1 片含。

(9) 口含或嚼食芒果、话梅、姜片糖、酸味糖果等食品。

下列外治法对防治晕车晕船亦有较好的作用：

(1) 头部涂药：可用清凉油或风油精等药涂擦在头额部位。

(2) 脐部敷药：取生姜 1 片，贴在肚脐上，外用胶布或伤湿止痛膏固定，如无生姜，在肚脐上直接贴上 1 块伤湿止痛膏，亦有防治作用。

(3) 鼻部用药：把薄荷精或食醋滴在口罩上或手帕上，然后置于鼻孔下闻；也可将鲜生姜 1～2 片放在口罩里，再把口罩戴上。

(4) 姜贴内关穴：生姜 1 片，按男左女右的原则，贴在手上内关穴处，外用胶布或手帕包扎固定。

(5) 针刺或以手指按压内关、合谷穴。

五、鱼刺刺伤急救法

吃鱼时，不慎将鱼刺卡在喉咙里，也会引起很多麻烦，如果引起火症，说不定要长期求医。

急救措施如下：

较小的鱼刺，有时随着吞咽，自然就可滑下去了。如果感觉刺痛，可用手电筒照亮口咽部，用小勺将舌背压低。仔细检查咽喉部，主要是喉咽的入口两边，因为这是鱼刺最容易卡住的地方，如果发现刺不大，扎得不深，就可用长镊子夹出。

对较小的细刺，也可用食醋或威灵仙煎汤含漱，效果也较为理想。

注意事项如下：

较大的或扎得较深的鱼刺，无论怎样做吞咽动作，疼痛不减，喉咙的入口两边及四周如果均不见鱼刺，就应去医院治疗。

当鱼刺卡在嗓子里时，千万不能让患者囫囵吞咽大块馒头、烙饼等食物。虽然有时这样做可以把鱼刺除掉，但有时这样不恰当的处理，不仅没把鱼刺除掉，反而使其刺得更深，更不宜取出，严重时感染发炎就更麻烦了。

如果大口咽饭鱼刺扔不掉时，自己就不要再动手。有时鱼刺已掉，但还遗留有刺的感觉，所以要等待观察一下，如果仍感到不适，一定要到医院请医生诊治。这也是鱼刺刺伤时最恰当的处理方法。

鱼刺刺着喉头的说法并不正确，多数是鱼刺刺在舌根或咽喉的入口处。

六、中暑的处理

中暑是暴露于人为的或天然的高温环境中发生的一种疾病，一般可分为热射病和日射病二种。在锅炉房、炼铁炉房、机舱等高温而通风不良的环境工作，容易发生热射病。这是因为人体此时通过大量出汗的方式散热，若不及时补充水和钠盐，可造成水和钠的大量丢失而脱水。患者先感觉头痛、头晕、心慌、乏力，然后出现面色苍白、恶心呕吐、大量出汗、脉搏细速，甚至出现抽搐和昏迷。夏季在强烈的日光下工作、劳动或军训，暴晒过久，尤其在未戴帽子而使头部遭受日光直射时，容易发生日射病。这是因为日光不仅使身体受到高温影响，而且通过长时间照射头部会使脑膜充血、大脑皮层贫血。患者常常猝然昏倒并抽搐，面色发红，呼吸急促，脉搏快速有力，皮肤干燥无汗，体温达40℃以上。

抢救中暑患者，首先立即把患者抬到阴凉通风处。平卧不用枕，松解衣扣。劝说围观人群散开，保持安静、通风的环境。迅速用冷水或冰水擦拭和湿敷头部，同时不断用扇子或电扇扇风，还可用酒精擦身，以降低过高的体温。但已出现虚脱(体温较低)的患者不宜冷敷、扇风和酒精擦澡。对于能饮水的患者要给予凉的淡盐水，这样不仅能降温，而且补充了身体丢失的水和钠盐。服用仁丹、十滴水、藿香正气丸等解暑药，也有一定的好处。经过上述处理，一般在1～2 小时内恢复。但对昏迷不醒的患者，要在降温的同时，尽快送往医院，并且在运送过程中注意遮阳。为防止中暑发生，夏季要合理安排劳动或军训的时间和强度；避免在烈日直射下长时间暴晒，特别要注意戴好遮阳帽；高温作业要多喝盐开水；出现头晕、胸闷、心悸、乏力、口渴、恶心等先兆时，立即移到阴凉通风处休息，使用解暑药，喝含盐的清凉饮料，很快就能恢复。

七、烫伤、烧伤的急救

烫伤、烧伤是日常生活工作中常见的突发事件。许多烧伤患者在烧伤现场未做紧急冷处理就急于赶往医院求治，实际上是一个误区。 正确的处理方法和步骤如下：

(1) 衣服着火后，最好立即卧倒就地慢慢滚动或立即将衣物脱去，或用水浇，或以衣被等物扑盖灭火，切勿惊慌乱跑、呼喊，以免火借风之助烧得更旺和烧伤呼吸道，中小面积的四肢烧伤，可将肢体浸泡于洁净的冷水中，以减轻疼痛和损害，一般应持续 10～30 分钟。如是深伤则不要浸入水中防感染。

(2) 热水、热液、酸、碱或其他化学药品浸湿之衣服应立即脱去或剪去，迅速用大量流动清水冲洗创面。

(3) 严重烫伤或烧伤将创面用清洁的被单、衣物、毛巾等物简单包裹，不要盲目用药，送医院处理。

(4) 如烧伤面积较大，运送途中可口服含盐饮料，忌饮大量开水，防低渗性脱水和低血容量休克。

八、休克的急救措施

所谓休克是指病人有效循环血量不足，引起组织和器官微循环系统不良，于短时间内出现意识模糊、全身无力、额出冷汗、体温下降、面色苍白、四肢发冷、瞳孔放大、脉搏微弱、呼吸浅快、大小便失禁、失去知觉等一系列全身循环衰竭症状。如不及时救治，有生命危险。休克的起因不一，要按具体情况处理。一般处理方法如下：

(1) 平卧位，下肢应略抬高，以利于静脉血回流。如有呼吸困难可将头部和躯干抬高一点，以利于呼吸。

(2) 保持呼吸道通畅，尤其是休克伴昏迷者。方法是将病人颈部垫高，下颌抬起，使头部最大限度的后仰，同时头偏向一侧，以防呕吐物和分泌物误吸入呼吸道。

(3) 注意给体温过低的休克病人保暖，盖上被、毯。但伴发高烧的感染性休克病人应给予降温。

(4) 必要的初步治疗。因创伤骨折所致的休克给予止痛，骨折固定；烦躁不安者可给予适当的镇静剂；心源性休克给予吸氧等。

(5) 注意病人的运送。家里抢救条件有限，需尽快送往有条件的医院抢救。对休克病人搬运越轻越少越好。应送到离家最近的医院为宜。在运送途中，应有专人护理，随时观察病情变化，最好在运送中给病人采取吸氧和静脉输液等急救措施。

(6) 因出血引起的，要设法迅速止血。

(7) 极度疼痛刺激神经引起的，要设法止痛或给以止痛药物，减少疼痛。

(8) 因寒冷导致休克的，需注意保温。要让患者安静休息，尽量减少搬动，禁止惊吵。

(9) 因神经受到冲击发生休克的患者，使其安睡一些时候，对患者有很大的帮助。睡时一般应头低脚高。脚部可高出头部约 30 厘米，以免发生贫血。

此外，根据情况对患者给以精神上的安慰，喝些热茶，嗅芳香氨酯或注射强心针，施行人工呼吸等进行抢救。

(10) 脑贫血休克。因身体衰弱、精神紧张、过度疲劳、饥饿、恐惧等发生头昏、眼花、恶心、呕吐、出现冷汗、脸色苍白而突然昏倒。

处理方法：迅速地让患者头低脚高地睡，头要偏向一侧，以免舌头阻塞呼吸。头上敷热毛巾，嗅芳香氨酯，必要时要打强心针。

(11) 脑溢血休克。面色泛红，口角流涎，呼吸发出鼾声，有时两眼瞳孔大小不一，突然昏厥。

处理方法：这种情况比较严重，要迅速使病人头高脚低地睡，不要翻动病人，注意保温，头偏向一侧，头上敷冷毛巾，可能时，把脚浸到热水里泡，立刻找医生治疗。注意不能用兴奋刺激药物。

(12) 中暑休克。一般先感疲乏、头痛、头昏、呼吸急促、突然昏倒。如果不及时处理，可进一步发生体温升高、四肢抽筋、呕吐、脉搏微弱，有生命危险。

处理方法：轻者将患者移至阴凉处，解开衣服，饮凉盐水，用毛巾冷敷头部及擦洗身体即可恢复。有高烧时，用物理降温，用凉水擦浴，并同时用降温药水氯丙嗪 25～50 mg 肌肉注射，或服十滴水。昏迷时，用氨水给患者嗅，或施人工呼吸法使其醒过来。

(13) 心脏病患者休克。一般表现为疲乏无力、胸闷、呼吸困难、头晕、突然昏倒等。

处理方法：暂时不要急于搀扶去医院，而应让病人平仰在松软的座椅上或床上。将保健盒内的急救药，如：苏冰滴、速效救心丸或苏盒丸、益心丸等含服于口内，并让其休息。同时，立即请急救站的医生前来诊治。

九、外伤止血法

如果是毛细血管破裂，血液断续像水珠样流出，不久会自然凝固止血，只要注意勿受污染即可。

如果是静脉血管破裂时，血液流出缓慢，呈紫红色；如果是动脉血管破裂，血液急射喷出，呈鲜红色，不及时处理会有生命危险。遇到这种意外情况时，在未得到医生治疗前，及时采取适当急救措施，一般可改善病情，减轻患者的痛苦，预防并发感染，甚至可能挽救生命。止血的方法可根据情况及条件，采取以下办法：

(1) 一般止血法。用于小伤口出血。用生理盐水冲洗局部，涂上消炎药，局部用消毒纱布包扎(也可采用创可贴直接包扎)。

(2) 指压止血法。用拇指压住出血的部位，以断血流。压迫时间不宜过长。

(3) 加垫绷扎止血法。此法是用纱布、棉花等做成软垫，放在伤口上，再加绷带包扎，以增加压力，达到止血的目的。

(4) 使用止血带法。止血带是一种特制的止血带子。临时用带子紧紧缠绕在肢体上，强压血管，中断血流的强度。这种方法患者会感觉到痛苦，时间太久，肢体会有坏死的危险。所以只有大血管破伤出血，用其他方法无效时才能用此方法。紧缠止血带时，要铺垫一些纱布、手巾等，以免勒伤皮肤。每隔 1 小时放松一次，不能过久。

此外，使流血部位抬高，可降低出血部位的血压，也能帮助止血。但时间不能太久，以免皮肤坏死。

十、触电的急救

(1) 脱离电源。

(2) 急救者迅速关闭电源或拔掉插座，千万不要用手直接去拉触电人的身体。

(3) 用干燥的竹竿、木棍等不导电的东西拉开触电人身上的电线或电器。

(4) 急救者站在干燥的木板(或木凳)上，或穿上不带钉子的胶底鞋，用一只手(千万不能同时两只手)去拉触电人的干燥衣服等，使他脱离电源。

(5) 高压电源在 18 米内也可致命，切勿走进，应通知消防队或电力公司。

(6) 人在高处触电，防止脱离电源后从高处跌下。

(7) 紧急救护。

1) 如果触电人未失去知觉，应平卧静养，防止继发休克和心衰，由医务人员诊治。

2) 呼吸停止，心搏存在者，就地平卧解松衣扣，通畅气道，立即口对口人工呼吸。

3) 心搏停止，呼吸存在者，立即做胸外心脏按压。

4) 呼吸、心跳均停止者，则应同时施行人工呼吸和心脏按压。抢救应坚持不间断，包括在救护运送途中也不可停止。

5) 对电灼伤的伤口或创面可用清洁布块包扎送医院处理。

十一、脚踩铁钉的处理

足部被铁钉刺进后，首先须立即把钉子完全拔除，然后进行下述应急处理：

(1) 拔除钉子后，应挤出一些血液，因为钉子常扎得很深，容易感染。

(2) 去除伤口上的污泥、铁锈等物，用纱布简单包扎后，速去医院进一步诊治。

(3) 踩到细铁钉或铁针，如铁钉或铁针是断钉、断针，切勿丢弃，可将相同的钉针一起带到医院，供医生判断伤口深度做参考。

(4) 扎进钉子，尤其是锈钉子、带泥土的钉子，最易患破伤风，须速去医院注射破伤风抗毒素。

十二、流鼻血的急救

流鼻血的原因很多，如外伤、挖鼻孔、气候异常、鼻炎、鼻病、高血压、妇女经期代谢性出血、各种原因的血小板减少、发热等。鼻血流不止时需迅速采取以下措施止血。

(1) 将流血一侧的鼻翼推向鼻梁，并保持 5～10 分钟，使其中的血液凝固，即可止血。如两侧均出血，则捏住两侧鼻翼。鼻血止住后，鼻孔中多有凝血块，不要急于将它弄出，尽量避免用力打喷嚏和用力揉，防止再出血。

(2) 左(右)鼻孔流血，举起右(左)手臂，数分钟后即可止血。

(3) 患者左(右)鼻孔流血时，另一人用中指勾住患者的右(左)手中指根并用力弯曲，一般几十秒钟即可止血；或用布条扎住患者中指根，左(右)鼻孔流血扎右(左)手中指，鼻血止住后，解开布条。

(4) 取大蒜适量，去皮捣成蒜泥，敷在脚心上，用纱布包扎好，可较快止血。

(5) 让患者坐在椅子上，将双脚浸泡在热水中，可止鼻血。

(6) 如经常流鼻血，需去医院进一步诊治。

十三、手指割破的急救

手指被刀、玻璃、铁器等划伤割破，是日常生活中容易发生的事，如果不予重视或处理不当，可能会使伤口恶化，轻者发炎、疼痛，重者引发严重疾患。

正确的处理方法如下：

(1) 如伤口不大不深，出血不多，伤口干净，可用酒精消毒伤口周围，不要将消毒液弄进伤口内，待干后用消毒纱布覆盖包扎，或用创可贴粘贴。

(2) 不干净的伤口，要先用碘酒沿周围皮肤消毒一次，再用酒精消毒二次，然后用加少量食盐的冷开水冲洗伤口，冲洗时用药棉轻轻擦拭伤口，去除泥土和其他异物，最后再对伤口周围的皮肤消毒一次，以纱布覆盖包扎。

(3) 如果伤口切缘整齐并且干净，长度在 2cm 之内，深度不超过 1cm，或虽不干净，但经过消毒处理后，在受伤后 8 小时内，可用创可贴或止血消炎粘贴合，使伤口合拢，促使其愈合。

(4) 如无创可贴，也可用胶布覆盖伤口。但伤口切忌直接接触胶布。可在伤口上涂以消炎药等敷料，或衬以小块消毒纱布。

(5) 为了防止感染，可以服些消炎药，如麦迪霉素每次 0.2g，每日 4 次；或复方新诺明 2 片，每日 2 次。

(6) 若伤口较深，接触泥土或脏物，还须速去医院注射破伤风抗毒素。

十四、鼻、耳、眼进入异物的处置

1．异物入鼻

鼻孔内进入异物，不能用手指抠鼻孔，也不能用探针之类的东西捅鼻孔，否则会把异物推向鼻孔深处，造成严重后果。

应急处理：

(1) 如果异物塞进一侧鼻孔，可用纸捻、小草、头发等刺激另一侧鼻孔，使患者打喷嚏，鼻子里的异物会因此被喷出来。

(2) 如上述方法无效，说明异物很大或堵塞很紧，须立即去医院诊治。

2．异物入耳

耳朵进入异物，切不可用耳勺等尖锐物品伸入耳内掏挖，以免异物越陷越深，刺伤耳膜，引起严重后果。

应急处理：

(1) 如小虫进入耳内，可用电灯(或手电筒)靠近耳朵照射外耳道，虫子喜光线，会顺着光线爬出来也可将卫生香的烟徐徐吹入耳内，虫子就会自动爬出。

(2) 如果水液进入耳内，可用脱脂棉球把耳内水液吸出。也可让进水一侧的耳道向下，单脚蹦跃，水液即或流出。

(3) 小豆粒、小弹丸之类的东西进入耳内，可将身体弯向有异物的耳朵一侧，单脚蹦跃，直至异物掉出。

(4) 上述办法如果不能奏效，或耳朵内因有异物而致疼痛、发炎，应速去医院诊治。

3．异物入眼

俗话说，“眼里揉不得沙子”眼睛里一旦进入异物，很是难受。出现此种情况不应惊慌，而应区别情况，慎重处理。

应急处理：

(1) 当灰沙、昆虫、铁屑等进入眼内时，万勿揉眼睛，以免异物擦伤眼球或陷进组织。应轻轻将上眼皮向前拉起，使眼皮和眼球之间有一空隙，让泪水向下冲刷，有时几秒钟即可将异物排除，一次不行，可多做几次。

(2) 如泪水冲不出异物，可轻闭眼睛，不要转动眼球，请别人把眼皮翻开，可发现异物黏附在眼皮内面。然后用棉签或干净的手帕蘸点凉开水轻轻将异物擦掉。如果找不到异物，可在电灯下或用手电筒照着寻找异物。如粘在角膜(黑眼珠)上，则应立即去医院请医生处理。切忌用指甲、火柴梗、铁丝等胡乱挑剔，以免造成更大的损伤和将病菌带入引起发炎。

(3) 酸碱腐蚀性物质如氨水、生石灰(水)、盐酸、硫酸等进入眼内时，应立即在现场找到水源如自来水、井水、河水，迅速冲洗眼睛 15 分钟以上。具体方法：将上眼皮尽量拉开，用水壶等倾注水流，使水柱直接流过眼球表面，一定要冲洗到眼球、眼皮内侧，决不可闭眼冲洗；或用脸盆盛满水，将面部直接浸入水中，连续做睁眼闭眼动作，或用力睁大眼睛，头部在水中左右轻轻摆动。冲洗完后，立即去医院急诊。

十五、“闪腰”的应急处理

“闪腰”在医学上称为急性腰扭伤，为一种常见病，多由姿势不正、用力过猛、超限活动及外力碰撞等造成软组织受损所致。伤后立即出现腰部疼痛，呈持续剧痛，次日可因局部出血、肿胀、腰部活动受限，不能挺直，俯、仰、扭转感困难，咳嗽、打喷嚏、大小便时可使疼痛加剧。一旦发生“闪腰”，可酌情选用以下方法：

1．按摩法

闪腰者取俯卧姿势，家人用双手掌在脊柱两旁，从上往下边揉边压，至臀部向下按摩到大腿下面、小腿后面的肌群，按摩几次后，再在最痛的部位用大拇指按摩推揉几次。

2．背运法

让闪腰者与家人靠背站立，双方将肘弯曲相互套住，然后家人低头弯腰，把患者背起并轻轻左右摇晃，同时让患者双足向上踢，约3～5分钟放下，休息几分钟再做。一般背几次之后，腰痛会逐步好转，以后每天背几次，直至痊愈。

3．热敷法

用炒热的盐或沙子包在布袋里，热敷扭伤处，每次半小时，早晚各一次，注意不要烫伤皮肤。

4．药物外敷法

取新鲜生姜，将内层挖空，把研细的雄黄放入生姜片盖紧，放瓦上焙干，把生姜焙成老黄色，放冷，研细末，撕在伤湿膏上，贴患处，痛止去药。

十六、洗澡时突然晕倒急救法

洗澡是一件十分舒服的事，它可以消除疲劳，增进健康。但是，有的人在洗澡时常会出现心慌、头晕、四肢乏力等现象。严重时会跌倒在浴堂，产生外伤。这种现象也叫“晕塘”，“晕塘”者多有贫血症状，是洗澡时水蒸气使皮肤至细血管开放，血液集中到皮肤，影响全身血液循环引起的；也可因洗澡前数小时未进餐、血糖过低引起。

急救措施：

(1) 出现这种情况不必惊慌，只要立即离开浴室躺下，并喝一杯热水慢慢就会恢复正常。

(2) 如果较重，也要放松休息，取平卧位，最好用身边可取到的书、衣服等把腿垫高。待稍微好一点后，应把窗户打开通风，用冷毛巾擦身体，从颜面擦到脚趾，然后穿上衣服，头向窗口，就会恢复。

注意事项：

(1) 为防止洗澡时出现不适，应缩短洗澡时间或间断洗澡。另外，洗澡前喝一杯温热的糖开水。

(2) 有心绞痛、心肌梗死等心脏病的患者避免长时间洗澡。

(3) 平时注意锻炼身体，提高体质，稳定肌体神经调节功能。

(4) 为了预防洗澡时突然昏倒，浴室内要安装换气电风扇，这样可保持室内空气新鲜。

(5) 洗澡时禁忌吸烟，洗完之后立即离开浴室。

十七、被蛇咬伤的急救

毒蛇有毒牙和毒腺，头部大多为三角形，颈部较细，尾部较短粗，色斑较鲜艳，牙齿较长。

被毒蛇咬伤的，一般可在患处发现有2～4个大而深的牙痕，局部疼痛。

被无毒蛇咬伤的，一般有两排“八”字形牙痕。小而浅，排列整齐，伤处无明显疼痛。对一时无法确定的，则应按毒蛇咬伤处理。

(1) 立即就地自救或互救，千万不要惊慌、奔跑，那样会加快毒素的吸收和扩散。

(2) 立即用皮带、布带、手帕、绳索等物在距离伤口3～5cm的地方缚扎，以减缓毒素扩散速度。每隔20分钟需放松2～3分钟，以避免肢体缺血坏死。

(3) 用清水冲洗伤口，用生理盐水或高锰酸钾液冲洗更好。此时，如果发现有毒牙残留必须拔出。

(4) 冲洗伤口后，用消过毒或清洁的刀片，联结两毒牙痕为中心做“十”字形切口，切口不宜太深，只要切至皮下能使毒液排出即可。

(5) 有条件的话，可以用拔火罐或者吸乳器反复抽吸伤口，将毒液吸出。紧急时也可用嘴吸，但是吸的人必须口腔无破溃，吐出毒液后要充分漱口。吸完后，要将伤口温敷，以利毒液继续流出。

(6) 可点燃火柴，烧灼伤口，破坏蛇毒。

(7) 尽快食用各类蛇药，咬伤24小时后再用药无效。同时可用温开水或唾液将药片调成糊状，涂在伤口周围的2cm处，伤口上不要包扎。

(8) 经处理后，要立即送附近医院。

十八、骨折的应急处理

骨折，指人体的骨骼部分或者完全断裂，大多数骨折是因受到强力的冲击造成的。发生骨折后，骨折部位有疼痛感，并伴有肿胀、瘀血和变形，人的活动受到限制，无法负重，严重的还会出现出血、休克、感染、内脏损伤等。发生骨折应当怎样进行应急处理呢？

(1) 使患者平卧，不要盲目搬动患者，更不能对受伤部位进行拉拽、按摩。

(2) 检查受伤部位，及时就地取材选用树枝、木板、木棍等，对受伤部位进行固定，防止伤情加重。

(3) 没有用于固定的物品时，对受伤的上肢可以用手帕、布条等悬吊并固定在其胸前，下肢可以与未受伤的另一下肢捆绑固定在一起。

(4) 开放性骨折(即骨折处皮肤或黏膜破裂，骨头外露)，要注意保持伤处清洁，防止感染。

(5) 做完应急处理后，立即送往医院救治，要注意运送途中不可碰撞受伤部位。避免人为加重伤情。

第二节　常见急救方式

一、人工呼吸术

人工呼吸术对于外伤、触电、溺水、中暑或中毒等意外事故引起的呼吸骤停的抢救非常重要。实践表明，伤病员呼吸停止后，若能及时采用人工呼吸术，往往会收到起死回生的效果。

常用的人工呼吸术有：

1. 口对口人工呼吸法

患者平卧，头部尽量后仰，急救者一手托起伤病员下巴，另一手捏住伤病员的鼻孔以防气体由鼻孔逸出。急救者先深吸一口气，然后对准伤病员的口腔，用力吹气，吹气后，听有无回气声，如有回气声，既表示气道通畅，可再吹气。吹完一口气后，要放松病人鼻孔，让其“呼”气。这样一口一口地有规律地吹入，每分钟 16～20 次，直到伤病员恢复自主呼吸或确诊死亡为止。

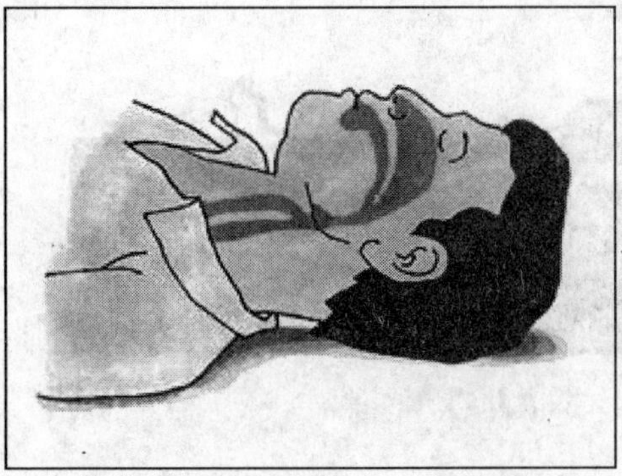

1．使病人仰卧、头后仰，将病人的衣领解开，腰带放松。

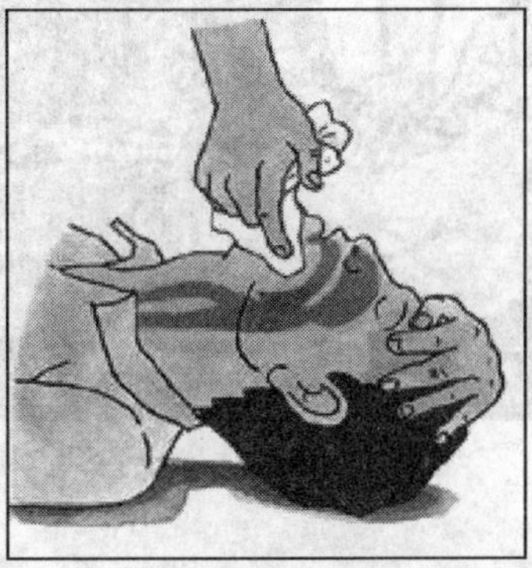

2．清除病人口鼻内的异物和污物，保持呼吸道通畅。

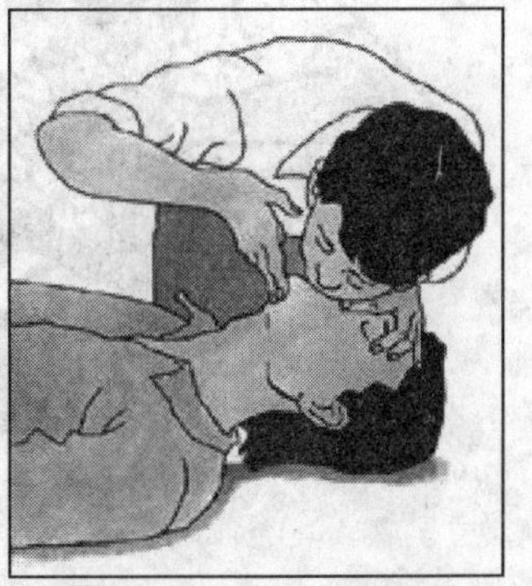

3．救护者一只手托起病人的下颌，另一只手捏紧病人的鼻孔，然后深吸一口气，对着病人的口部用力吹入

2. 口对鼻吹气法

如果遇到伤病员牙关紧闭，张不开口，无法进行口对口人工呼吸时，可采用口对鼻吹气法。口对鼻吹气法与口对口吹气法基本相同，只是将气由伤病员的鼻孔吹入，同时将伤病员的嘴捏

紧，防止漏气，若患者为小儿或婴幼儿，则可以口对鼻吹气。

3. 单臂压胸人工呼吸法

伤病员平卧，两上肢分别平放于躯干两则，急救者用双手握住伤病员的两前臂(接近肘关节处)，将其双臂向上拉，与躯体呈直角；再将双臂向外拉，使伤病员的肢体呈十字状，此姿势2秒钟，使伤病员的胸廓扩张，引气入肺，接着再将伤病员的两臂收回，使之屈肘放于胸廓的前外侧，往内(对着肋骨)挤压，使其胸廓缩小持续2秒钟，挤气出肺，如此反复。

实施前两法时，应清除患者口鼻腔内异物，且最好能用纱布或手帕将伤病员的口鼻隔盖一下。

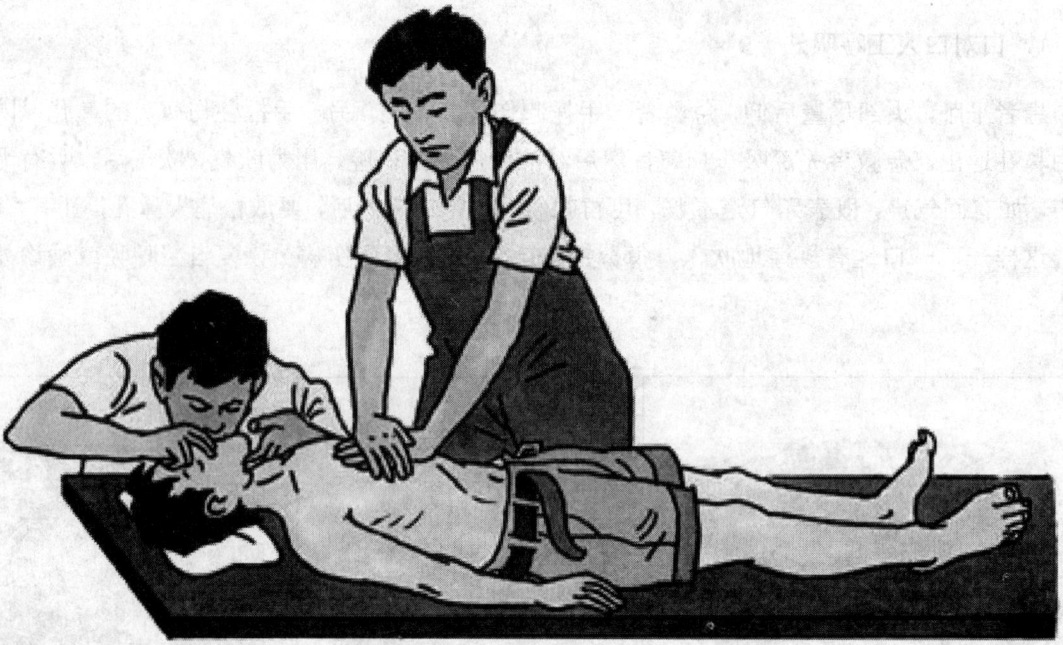

二、胸外心脏按压术

胸外心脏按压就好像“人工心跳”，暂时帮助心脏进行工作，将血液压出去，流回来，使血液仍能继续循环。

由于心脏按压的部位在胸部，此时又必须同时做人工呼吸，而俯卧压背、仰卧压胸、仰卧牵臂式人工呼吸法就不易实施，只能做口对口吹气式人工呼吸。两个人可以协调进行，一人做心脏按压，另一人做口对口吹气。为了使操作顺利，病人要躺卧在木板或平整的地面上，以便救护人按压时背面有硬物支撑。

具体方法是让病人仰卧，抢救者站或跪在一侧，用一手的掌根贴在病人胸骨上 2/3 与下 1/3 交界处，另一手叠在这只手背上，两臂肘关节伸直，靠上身重量作快速按压，使胸骨下陷约 3～4cm，心脏间接受到压迫，然后放松，有节奏地一压一松，每分钟约 60～70 次，口对口吹气与胸外心脏按压常同时进行，一般每吹一口气，做 4～5 次心脏按压，如果现场抢救时，只有一人操作，则可以先吹两口气，然后做 10 次心脏按压，按比例反复进行。

若病人出现面色转红，瞳孔缩小，可触及脉搏或测到血压，说明心跳已经恢复。反之，身体冰冷、关节强硬、肌肉变硬、瞳孔散大，对光反射消失，则病人已真正死亡。

三、怎样打急救电话

如果身边有人突发急病。不少人由于紧张在拨打“120”叫救护车时常常语无伦次。因此，虽然打了电话，却不能准确地说明情况，常常会延误对病人的急救。

请牢记下述报告要领：

(1) 报告需救护的事故、伤病情况。

(2) 患者姓名、住址、住址标记(以便寻找)。

(3) 什么事故？几人受伤或者什么病？什么症状？

(4) 电话号码。

(5) 如有时间，还可报告已在进行什么样的紧急处理。若不知道该怎样处理，也不妨用电话请教处理方法。可以叫救护车送往指定医院。

如果，已给患者作了急救处理，又叫来救护车把病人送到了医院，好像是可以放心了，但此时，决不可放松警惕，而应当把病人病倒时的状况，已作过什么应急处理，以及现在患的什么病，过去患过什么病等向医师作详细报告。医师根据报告才好找病因，才能尽早进行相应的适当的治疗。

四、“人中穴”的急救术

人中穴位于人体鼻唇沟的中点，是一个重要的急救穴位。平掐或针刺该穴位，可用于救治中风、中暑、中毒、过敏以及手术麻醉过程中出现的昏迷、呼吸停止、血压下降、休克等。刺激人中穴为何有急救作用呢？这是因为节律性、连续弱性或强性刺激人中，能使动脉血压升高，而在危急情况下，升高血压可以保证机体各个重要脏器的血液供应，维持生命活力。刺激人中穴位，还可影响人的呼吸活动，如连续刺激人中，可以引起呼气持续性抑制，适当地给予节律性刺激，则有利于节律性呼吸活动的运行。然而，人中穴对呼吸的影响并非都是有利的。如连续刺激引起吸气兴奋或抑制，均可以导致呼吸活动暂停，因此，在实际应用中要注意刺激手法的应用。

经研究表明，适当地节律性刺激最为合适。在实际操作中用拇指尖掐或针刺人中穴，以每分钟揿压或捻针 20～40 次，每次连续 0.5～1 秒为佳。

五、急救搬运术

伤病员在现场进行初步急救处理和随后送往医院的过程中，必须要经过搬运这一重要环节。正确的搬运术对伤病员的抢救、治疗和预后都至关重要。从整个急救过程来看，搬运是急救医疗不可分割的重要组成部分，仅仅把搬运看成简单体力劳动的观念是一种错误观念。

搬运方法：

1．徒手搬运

(1) 单人搬运：由一个人进行搬运。常见的有扶持法、抱持法、背法。

(2) 双人搬运法：椅托式、轿杠式、拉车式、椅式搬运法、平卧托运法。

2．器械搬运法

将伤员放置在担架上搬运，同时要注意保暖。在没有担架的情况下，也可以采用椅子、门板、毯子、衣服、大衣、绳子、竹竿、梯子等制作简易担架搬运。

工具运送：如果从现场到转运终点路途较远，则应组织、调动、寻找合适的现代化交通工具，运送伤病员。

3．危重伤病员的搬运

(1) 脊柱损伤：硬担架，3～4 人同时搬运，固定颈部不能前屈、后伸、扭曲。

(2) 颅脑损伤：半卧位或侧卧位。

(3) 胸部伤：半卧位或坐位。

(4) 腹部伤：仰卧位、屈曲下肢，宜用担架或木板。

(5) 呼吸困难病人：座位。最好用折叠担架(或椅)搬运。

(6) 昏迷病人：平卧，头转向一侧或侧卧位。

(7) 休克病人：平卧位，不用枕头，脚抬高。

注意事项：

(1) 搬运抽风患者时，要在其上下牙齿间垫塞纱布或缠上纱布的筷子。

(2) 上止血带的患者，每隔 40 分钟放松止血带一次，每次约 1～2 分钟。

(3) 途中患者发生呼吸心搏骤停时，要积极抢救。

(4) 患者在车上应横卧，身体与前进方向成垂直角度。

(5) 夏天注意防暑，冬天预防冻伤。

附　录

附录A　普通高等学校学生安全教育及管理暂行规定

第一章　总　　则

第一条　为了加强高等学校管理，维护正常的教学和生活程序，保障学生人身和财物的安全，促进身心健康发展，特制定本暂行规定。

第二条　高等学校学生安全教育及管理的主要任务是，宣传、贯彻国家有关安全管理工作的方针、政策、法律、法规，对学生实施安全教育及管理，妥善处理各类安全事故，引导学生健康成长。

第三条　高等学校学生安全教育及管理，要以预防为主，本着保护学生、教育先行、明确责任、教管结合、实事求是、妥善处理的原则，做好教育、管理和处理工作。

第四条　本暂行规定所称学生指在普通高等学校学习取得学籍的全日制学生，即按国家任务、用人单位委托培养、自费三种计划形式录取的学生。

第二章　安 全 教 育

第五条　高等学校应将对学生进行安全教育作为一项经常性工作，列入学校工作的重要议事日程，加强领导。学校各部门和有关群众团体或组织要相互配合，积极开展安全教育，普及安全知识，增强学生的安全意识和法制观点，提高防范能力。

第六条　学生安全教育应根据不同专业及青年学生的特点，从学生入学到毕业，在各种教学活动和日常生活中，特别是节假日前适时进行，并善于利用发生的安全事故教育学生，防患于未然。学校应根据环境、季节及有关规律进行防盗、防火、防特、防病、防事故等方面的教育，并使之经常化、制度化。

第七条 学校对学生进行安全教育须注重心理疏导，加强思想政治工作，教育学生注意保持健康的心理状态，帮助学生克服因各种原因造成的心理障碍，把事故消除在萌芽状态。

第三章 安全管理

第八条 高等学校要做好学生日常安全管理工作，加强安全防范，建立和健全规章制度，严格管理，学校要把安全教育及管理工作纳入领导任期的责任目标，落实到年级、班主任，学校应由一名校领导主要负责。

第九条 高等学校应确定学生安全教育及管理工作的主管部门，明确其职责，具体组织实施安全教育及其管理工作。各有关部门应分工协作，积极配合。

第十条 全体教职工要从关心学生、爱护学生出发，树立安全思想，努力做好本职工作和改善环境与条件，保护学生人身和财产安全。

第十一条 学生发生意外事故以及学生要求保护人身或财物安全等情况时，学校应迅速采取有效措施。

第十二条 学生必须严格遵守国家法律、法规和学校的各项规章制度，注意自身的人身和财物安全，防止各种事故的发生。

第十三条 学生在日常教学及各项活动中，应遵守纪律和有关规定，听从指导，服从管理；在公共场所，要遵守社会公德，增强安全防范意识，提高自我保护能力。

第十四条 学生组织集体课外活动，须经学校同意，按学校规定进行。学校须认真进行安全审查，条件不具备时不得批准。

第十五条 学生应严格遵守宿舍管理的规定，自觉维护宿舍的安全与卫生，提高自我管理能力。

第十六条 发现刑事、治安案件或交通、灾害等事故，在场学生应保护现场，及时报告学校或公安部门并协助处理，在学校范围内的，学校应迅速采取措施，控制事态发展，减轻伤害和损失。

第四章 事故处理

第十七条 学生人身和财产发生一般伤害后，学校要及时调查处理，根据当事人或他人的过错，责令其赔偿损失，并给予批评教育或相应的行政、纪律处分。

在校园内，发生学生非正常死亡、重伤或被窃、失火等造成财产重大损失事故后，学校应迅速采取措施进行抢救、保护现场，同时加强思想政治工作，稳定情绪，恢复秩序，并协同地方有关部门妥善处理。

第十八条　学校对事故调查后认为涉及追究刑事责任的，要及时与公安部门联系，协助调查处理。重大事故学校有关领导应亲自参与调查工作，并认真研究调查报告，及时处理。

第十九条　在安全管理或事故处理过程中，学校认为有必要需搜查学生住处，须报请公安部门依法进行。调查处理案件中要以事实为依据，不得逼供或诱供。

第二十条　重大事故发生后，学校应在一天内向所在省(自治区、直辖市)有关主管部门报告，并及时通知学生家长。事故处理结束后一周内书面报告有关主管部门。

第二十一条　学生在教学、实习过程与日常生活中，因学校或有关单位责任发生死亡、重伤或残疾，由学校或有关单位承担责任，做好处理及善后工作。在教学、实习过程与日常生活中，学生因不遵守纪律或不按要求活动而发生意外事故，学校不承担责任。

第二十二条　因忽视安全生产，管理不善，工作不负责任，违章指挥，玩忽职守，徇私舞弊等，对学生造成严重的人身、财物损害的，由其所在单位或上级部门，视具体情况对有关责任人员分别给予责令检查、赔偿损失、行政处分，直到依法追究刑事责任。

第二十三条　学生未经批准擅自离校不归发生意外事故的，学校不承担责任。对擅自离校不归，学校不知去向的学生，学校应及时寻找并报告当地公安部门，及时通知学生家长。半月未归且不说明原因者，学校可张榜公布，按自动退学除名。

第二十四条　学生假期或办理离校手续后发生意外事故的，学校不承担责任。

第二十五条　在校内正常生活及由学校在外组织的活动中，由于不能避免的原因或自然灾害而发生的事故，由学校视具体情况处理。

第二十六条　有条件的高等学校可为学生办理人身保险。

第二十七条　凡经学校指定的专业医院确诊为精神病、癫痫病患者的学生，应予退学，由其监护人负责领回。学生及其监护人不得无理纠缠，扰乱学校教学、生活秩序。

第二十八条　因事故伤残的学生，经治疗后病情稳定，学校认为生活能自理，能坚持在校学习，可留校继续学习，不能坚持在校学习者，应予退学，由学校按其实际学习年限发给肄业证书，并根据事故性质和伤残程度一次性给予适当经济补助。退学学生回其监护人所在地，当地民政等有关部门应协助做好接收、落户等工作，由当地劳动部门按国家关于残疾人劳动就业有关规定安置。

第二十九条　学生因病死亡和责任不由学校承担的意外死亡，学校不承担丧葬费。如家庭确有困难者，学校可酌情予以一次性经济补助。

第三十条　因责任不在本人的意外死亡学生，由学校或有关单位参照国家关于事业单位职工死亡丧葬有关规定处理，负担丧葬费的全部，学校可一次性给予适当经济补助 。

无论何种情况(事故)给予的经济补助，一般不超过国家规定的学生在校期间(以四年计)的平均奖学金数。凡是事故责任由学校以外的其他单位、个人承担的，学校不再给予经济补助。

第三十一条　因保护国家财产和他人人身安全，见义勇为而致残或英勇牺牲的学生，学校应报请所在省(自治区、直辖市)人民政府授予荣誉称号，并给予相应的待遇。

第三十二条　对事故处理不服或持有异议者，可向学校或学校上一级部门申诉，或者依法向人民法院提起民事诉讼。

第五章　附　　则

第三十三条　普通高等学校研究生事故处理，参照本办法执行。

第三十四条　本暂行规定结合《普通高等学校学生管理规定》、《高等学校校园秩序管理若干规定》试行。

第三十五条　各省、自治区、直辖市教育行政部门和各高等学校可根据本暂行规定制定实施细则。

第三十六条　本暂行规定由国家教育委员会解释。

第三十七条　本暂行规定自发布之日起试行。

国家教育委员会

一九九二年四月十五日

附录 B　普通高等学校学生管理规定

第一章　总　　则

第一条　为维护普通高等学校正常的教育教学秩序和生活秩序，保障学生身心健康，促进学生德、智、体、美全面发展，依据教育法、高等教育法以及其他有关法律、法规，制定本规定。

第二条　本规定适用于普通高等学校、承担研究生教育任务的科学研究机构(以下称高等学校或学校)对接受普通高等学历教育的研究生和本科、专科(高职)学生的管理。

第三条　高等学校要以培养人才为中心，按照国家教育方针，遵循教育规律，不断提高教育质量；要依法治校，从严管理，健全和完善管理制度，规范管理行为；要将管理与加强教育相结合，不断提高管理水平，努力培养社会主义合格建设者和可靠接班人。

第四条　高等学校学生应当努力学习马克思列宁主义、毛泽东思想、邓小平理论和“三个代表”重要思想，确立在中国共产党领导下走中国特色社会主义道路、实现中华民族伟大复兴的共同理想和坚定信念；应当树立爱国主义思想，具有团结统一、爱好和平、勤劳勇敢、自强不息的精神；应当遵守宪法、法律、法规，遵守公民道德规范，遵守《高等学校学生行为准则》，遵守学校管理制度，具有良好的道德品质和行为习惯；应当刻苦学习，勇于探索，积极实践，努力掌握现代科学文化知识和专业技能；应当积极锻炼身体，具有健康体魄。

第二章　学生的权利与义务

第五条　学生在校期间依法享有下列权利：

(一) 参加学校教育教学计划安排的各项活动，使用学校提供的教育教学资源；

(二) 参加社会服务、勤工助学，在校内组织、参加学生团体及文娱体育等活动；

(三) 申请奖学金、助学金及助学贷款；

(四) 在思想品德、学业成绩等方面获得公正评价，完成学校规定学业后获得相应的学历证书、学位证书；

(五) 对学校给予的处分或者处理有异议，向学校或者教育行政部门提出申诉；对学校、教职员工侵犯其人身权、财产权等合法权益，提出申诉或者依法提起诉讼；

(六) 法律、法规规定的其他权利。

第六条　学生在校期间依法履行下列义务：

(一) 遵守宪法、法律、法规；

(二) 遵守学校管理制度；

(三) 努力学习，完成规定学业；

(四) 按规定缴纳学费及有关费用，履行获得贷学金及助学金的相应义务；

(五) 遵守学生行为规范，尊敬师长，养成良好的思想品德和行为习惯；

(六) 法律、法规规定的其他义务。

第三章　学 籍 管 理

第一节　入学与注册

第七条　按国家招生规定录取的新生，持录取通知书，按学校有关要求和规定的期限到校办理入学手续。因故不能按期入学者，应当向学校请假。未请假或者请假逾期者，除因不可抗力等正当事由以外，视为放弃入学资格。

第八条　新生入学后，学校在三个月内按照国家招生规定对其进行复查。复查合格者予以注册，取得学籍。复查不合格者，由学校区别情况，予以处理，直至取消入学资格。

凡属弄虚作假、徇私舞弊取得学籍者，一经查实，学校应当取消其学籍。情节恶劣的，应当请有关部门查究。

第九条　对患有疾病的新生，经学校指定的二级甲等以上医院(下同)诊断不宜在校学习的，可以保留入学资格一年。保留入学资格者不具有学籍。在保留入学资格期内经治疗康复，可以向学校申请入学，由学校指定医院诊断，符合体检要求，经学校复查合格后，重新办理入学手续。复查不合格或者逾期不办理入学手续者，取消入学资格。

第十条　每学期开学时，学生应当按学校规定办理注册手续。不能如期注册者，应当履行暂缓注册手续。未按学校规定缴纳学费或者其他不符合注册条件的不予注册。

家庭经济困难的学生可以申请贷款或者其他形式资助，办理有关手续后注册。

第二节　考核与成绩记载

第十一条 学生应当参加学校教育教学计划规定的课程和各种教育教学环节(以下统称课程)的考核，考核成绩记入成绩册，并归入本人档案。

第十二条　考核分为考试和考查两种。考核和成绩评定方式，以及考核不合格的课程是否重修或者补考，由学校规定。

第十三条　学生思想品德的考核、鉴定，要以《高等学校学生行为准则》为主要依据，采取个人小结，师生民主评议等形式进行。

学生体育课的成绩应当根据考勤、课内教学和课外锻炼活动的情况综合评定。

第十四条　学生学期或者学年所修课程或者应修学分数以及升级、跳级、留级、降级、重修等要求，由学校规定。

第十五条　学生可以根据学校有关规定，申请辅修其他专业或者选修其他专业课程。

学生可以根据校际间协议跨校修读课程。在他校修读的课程成绩(学分)由本校审核后予以承认。

第十六条　学生严重违反考核纪律或者作弊的，该课程考核成绩记为无效，并由学校视其违纪或者作弊情节，给予批评教育和相应的纪律处分。给予留校察看及以下处分的，经教育表现较好，在毕业前对该课程可以给予补考或者重修机会。

第十七条　学生不能按时参加教育教学计划规定的活动，应当事先请假并获得批准。未经批准而缺席者，根据学校有关规定给予批评教育，情节严重的给予纪律处分。

第三节　转专业与转学

第十八条　学生可以按学校的规定申请转专业。学生转专业由所在学校批准。

学校根据社会对人才需求情况的发展变化，经学生同意，必要时可以适当调整学生所学专业。

第十九条　学生一般应当在被录取学校完成学业。如患病或者确有特殊困难，无法继续在本校学习的，可以申请转学。

第二十条　学生有下列情形之一，不得转学：

(一) 入学未满一学期的；

(二) 由招生时所在地的下一批次录取学校转入上一批次学校、由低学历层次转为高学历层次的；

(三) 招生时确定为定向、委托培养的；

(四) 应予退学的；

(五) 其他无正当理由的。

第二十一条 学生转学，经两校同意，由转出学校报所在地省级教育行政部门确认转学理由正当，可以办理转学手续；跨省转学者由转出地省级教育行政部门商转入地省级教育行政部门，按转学条件确认后办理转学手续。须转户口的由转入地省级教育行政部门将有关文件抄送转入校所在地公安部门。

第四节　休学与复学

第二十二条　学生可以分阶段完成学业。学生在校最长年限(含休学)由学校规定。

第二十三条　学生申请休学或者学校认为应当休学者，由学校批准，可以休学。休学次数和期限由学校规定。

第二十四条　学生应征参加中国人民解放军(含中国人民武装警察部队)，学校应当保留其学籍至退役后一年。

第二十五条　休学学生应当办理休学手续离校，学校保留其学籍。学生休学期间，不享受在校学习学生待遇。休学学生患病，其医疗费按学校规定处理。

第二十六条　学生休学期满，应当于学期开学前向学校提出复学申请，经学校复查合格，方可复学。

第五节　退　　学

第二十七条　学生有下列情形之一，应予退学：

(一) 学业成绩未达到学校要求或者在学校规定年限内(含休学)未完成学业的；

(二) 休学期满，在学校规定期限内未提出复学申请或者申请复学经复查不合格的；

(三) 经学校指定医院诊断，患有疾病或者意外伤残无法继续在校学习的；

(四) 未请假离校连续两周未参加学校规定的教学活动的；

(五) 超过学校规定期限未注册而又无正当事由的；

(六) 本人申请退学的。

第二十八条　对学生的退学处理，由校长会议研究决定。

对退学的学生，由学校出具退学决定书并送交本人，同时报学校所在地省级教育行政部门备案。

第二十九条　退学的本专科学生，按学校规定期限办理退学手续离校，档案、户口退回其家庭户籍所在地。

退学的研究生，按已有毕业学历和就业政策可以就业的，由学校报所在地省级毕业生就业部门办理相关手续；在学校规定期限内没有聘用单位的，档案、户口退回其家庭户籍所在地。

第三十条　学生对退学处理有异议的，参照本规定第六十一条、第六十二条、第六十三条、第六十四条办理。

第六节　毕业、结业与肄业

第三十一条　学生在学校规定年限内，修完教育教学计划规定内容，德、智、体达到毕业要求，准予毕业，由学校发给毕业证书。

第三十二条　学生在学校规定年限内，修完教育教学计划规定内容，未达到毕业要求，准予结业，由学校发给结业证书。结业后是否可以补考、重修或者补作毕业设计、论文、答辩，以及是否颁发毕业证书，由学校规定。对合格后颁发的毕业证书，毕业时间按发证日期填写。

第三十三条　符合学位授予条件者，学位授予单位应当颁发学位证书。

第三十四条 学满一学年以上退学的学生，学校应当颁发肄业证书。

第三十五条　学校应当严格按照招生时确定的办学类型和学习形式，填写、颁发学历证书、学位证书。

第三十六条　学校应当执行高等教育学历证书电子注册管理制度，每年将颁发的毕(结)业证书信息报所在地省级教育行政部门注册，并由省级教育行政部门报国务院教育行政部门备案。

第三十七条　对完成本专业学业同时辅修其他专业并达到该专业辅修要求者，由学校发给辅修专业证书。

第三十八条　对违反国家招生规定入学者，学校不得发给学历证书、学位证书；已发的学历证书、学位证书，学校应当予以追回并报教育行政部门宣布证书无效。

第三十九条　毕业、结业、肄业证书和学位证书遗失或者损坏，经本人申请，学校核实后应当出具相应的证明书。证明书与原证书具有同等效力。

第四章　校园秩序与课外活动

第四十条　学校应当维护校园正常秩序，保障学生的正常学习和生活。

第四十一条　学校应当建立和完善学生参与民主管理的组织形式，支持和保障学生依法参与学校民主管理。

第四十二条　学生应当自觉遵守公民道德规范，自觉遵守学校管理制度，创造文明、整洁、优美、安全的学习和生活环境。

学生不得有酗酒、打架斗殴、赌博、吸毒，传播、复制、贩卖非法书刊和音像制品等违反治安管理规定的行为；不得参与非法传销和进行邪教、封建迷信活动；不得从事或者参与有损大学生形象、有损社会公德的活动。

第四十三条　任何组织和个人不得在学校进行宗教活动。

第四十四条　学生可以在校内组织、参加学生团体。学生成立团体，应当按学校有关规定提出书面申请，报学校批准。

学生团体应当在宪法、法律、法规和学校管理制度范围内活动，接受学校的领导和管理。

第四十五条　学校提倡并支持学生及学生团体开展有益于身心健康的学术、科技、艺术、文娱、体育等活动。

学生进行课外活动不得影响学校正常的教育教学秩序和生活秩序。

第四十六条　学校应当鼓励、支持和指导学生参加社会实践、社会服务和开展勤工助学活动，并根据实际情况给予必要帮助。

学生参加勤工助学活动应当遵守法律、法规以及学校、用工单位的管理制度，履行勤工助学活动的有关协议。

第四十七条　学生举行大型集会、游行、示威等活动，应当按法律程序和有关规定获得批准。对未获批准的，学校应当依法劝阻或者制止。

第四十八条　学生使用计算机网络，应当遵循国家和学校关于网络使用的有关规定，不得登录非法网站、传播有害信息。

第四十九条　学校应当建立健全学生住宿管理制度。学生应当遵守学校关于学生住宿管理的规定。

第五章　奖励与处分

第五十条　学校、省(自治区、直辖市)和国家有关部门应当对在德、智、体、美等方面全面发展或者在思想品德、学业成绩、科技创造、锻炼身体及社会服务等方面表现突出的学生，给予表彰和奖励。

第五十一条　对学生的表彰和奖励可以采取授予“三好学生”称号或者其他荣誉称号、颁发奖学金等多种形式，给予相应的精神鼓励或者物质奖励。

第五十二条　对有违法、违规、违纪行为的学生，学校应当给予批评教育或者纪律处分。学校给予学生的纪律处分，应当与学生违法、违规、违纪行为的性质和过错的严重程度相适应。

第五十三条纪律处分的种类分为：

(一) 警告；

(二) 严重警告；

(三) 记过；

(四) 留校察看；

(五) 开除学籍。

第五十四条 学生有下列情形之一，学校可以给予开除学籍处分：

(一) 违反宪法，反对四项基本原则、破坏安定团结、扰乱社会秩序的；

(二) 触犯国家法律，构成刑事犯罪的；

(三) 违反治安管理规定受到处罚，性质恶劣的；

(四) 由他人代替考试、替他人参加考试、组织作弊、使用通信设备作弊及其他作弊行为严重的；

(五) 剽窃、抄袭他人研究成果，情节严重的；

(六) 违反学校规定，严重影响学校教育教学秩序、生活秩序以及公共场所管理秩序，侵害其他个人、组织合法权益，造成严重后果的；

(七) 屡次违反学校规定受到纪律处分，经教育不改的。

第五十五条 学校对学生的处分，应当做到程序正当、证据充足、依据明确、定性准确、处分恰当。

第五十六条 学校在对学生做出处分决定之前，应当听取学生或者其代理人的陈述和申辩。

第五十七条 学校对学生做出开除学籍处分决定，应当由校长会议研究决定。

第五十八条 学校对学生做出处分，应当出具处分决定书，送交本人。对学生开除学籍的处分决定书报学校所在地省级教育行政部门备案。

第五十九条 学校对学生做出的处分决定书应当包括处分和处分事实、理由及依据，并告知学生可以提出申诉及申诉的期限。

第六十条 学校应当成立学生申诉处理委员会，受理学生对取消入学资格、退学处理或者违规、违纪处分的申诉。

学生申诉处理委员会应当由学校负责人、职能部门负责人、教师代表、学生代表组成。

第六十一条 学生对处分决定有异议的，在接到学校处分决定书之日起5个工作日内，可以向学校学生申诉处理委员会提出书面申诉。

第六十二条 学生申诉处理委员会对学生提出的申诉进行复查，并在接到书面申诉之日起15 个工作日内，做出复查结论并告知申诉人。需要改变原处分决定的，由学生申诉处理委员会提交学校重新研究决定。

第六十三条 学生对复查决定有异议的，在接到学校复查决定书之日起 15 个工作日内，可以向学校所在地省级教育行政部门提出书面申诉。

省级教育行政部门在接到学生书面申诉之日起 30 个工作日内，对申诉人的问题给予处理并答复。

第六十四条 从处分决定或者复查决定送交之日起，学生在申诉期内未提出申诉的，学校或者省级教育行政部门不再受理其提出的申诉。

第六十五条 被开除学籍的学生，由学校发给学习证明。学生按学校规定期限离校，档案、户口退回其家庭户籍所在地。

第六十六条 对学生的奖励、处分材料，学校应当真实完整地归入学校文书档案和本人档案。

第六章　附　则

第六十七条 对接受成人高等学历教育的学生、港澳台侨学生、留学生的管理参照本规定实施。

第六十八条　高等学校应当根据本规定制定或修改学校的学生管理规定，报主管教育行政部门备案(中央部委属校同时抄报所在地省级教育行政部门)，并及时向学生公布。

省级教育行政部门根据本规定，指导、检查和督促本地区高等学校实施学生管理。

第六十九条　本规定自 2005 年 9 月 1 日起施行。原国家教育委员会发布的《普通高等学校学生管理规定》(国家教育委员会令第 7 号)、《研究生学籍管理规定》(教学 C1995]4 号)同时废止。其他有关文件规定与本规定不一致的，以本规定为准。

附录 C　学生伤害事故处理办法

第一章　总　则

第一条　为积极预防、妥善处理在校学生伤害事故，保护学生、学校的合法权益，根据《中华人民共和国教育法》、《中华人民共和国未成年人保护法》和其他相关法律、行政法规及有关规定，制定本办法。

第二条　在学校实施的教育教学活动或者学校组织的校外活动中，以及在学校负有管理责任的校舍、场地、其他教育教学设施、生活设施内发生的，造成在校学生人身损害后果的事故的处理，适用本办法。

第三条　学生伤害事故应当遵循依法、客观公正、合理适当的原则，及时、妥善地处理。

第四条　学校的举办者应当提供符合安全标准的校舍、场地、其他教育教学设施和生活设施。

教育行政部门应当加强学校安全工作，指导学校落实预防学生伤害事故的措施，指导、协助学校妥善处理学生伤害事故，维护学校正常的教育教学秩序。

第五条　学校应当对在校学生进行必要的安全教育和自护自救教育；应当按照规定，建立健全安全制度，采取相应的管理措施，预防和消除教育教学环境中存在的安全隐患；当发生伤害事故时，应当及时采取措施救助受伤害学生。

学校对学生进行安全教育、管理和保护，应当针对学生年龄、认知能力和法律行为能力的不同，采用相应的内容和预防措施。

第六条　学生应当遵守学校的规章制度和纪律；在不同的受教育阶段，应当根据自身的年龄、认知能力和法律行为能力，避免和消除相应的危险。

第七条　未成年学生的父母或者其他监护人(以下称为监护人)应当依法履行监护职责，配合学校对学生进行安全教育、管理和保护工作。

学校对未成年学生不承担监护职责，但法律有规定的或者学校依法接受委托承担相应监护职责的情形除外。

第二章　事故与责任

第八条　学生伤害事故的责任，应当根据相关当事人的行为与损害后果之间的因果关系依法确定。

因学校、学生或者其他相关当事人的过错造成的学生伤害事故，相关当事人应当根据其行为过错程度的比例及其与损害后果之间的因果关系承担相应的责任。当事人的行为是损害后果发生的主要原因，应当承担主要责任；当事人的行为是损害后果发生的非主要原因，承担相应的责任。

第九条　因下列情形之一造成的学生伤害事故，学校应当依法承担相应的责任：

(一)学校的校舍、场地、其他公共设施，以及学校提供给学生使用的学具、教育教学和生活设施、设备不符合国家规定的标准，或者有明显不安全因素的；

(二)学校的安全保卫、消防、设施设备管理等安全管理制度有明显疏漏，或者管理混乱，存在重大安全隐患，而未及时采取措施的；

(三)学校向学生提供的药品、食品、饮用水等不符合国家或者行业的有关标准、要求的；

(四)学校组织学生参加教育教学活动或者校外活动，未对学生进行相应的安全教育，并未在可预见的范围内采取必要的安全措施的；

(五)学校知道教师或者其他工作人员患有不适宜担任教育教学工作的疾病，但未采取必要措施的；

(六)学校违反有关规定，组织或者安排未成年学生从事不宜未成年人参加的劳动、体育运动或者其他活动的；

(七)学生有特异体质或者特定疾病，不宜参加某种教育教学活动，学校知道或者应当知道，但未予以必要的注意的；

(八)学生在校期间突发疾病或者受到伤害，学校发现，但未根据实际情况及时采取相应措施，导致不良后果加重的；

(九)学校教师或者其他工作人员体罚或者变相体罚学生，或者在履行职责过程中违反工作要求、操作规程、职业道德或者其他有关规定的；

(十)学校教师或者其他工作人员在负有组织、管理未成年学生的职责期间，发现学生行为具有危险性，但未进行必要的管理、告诫或者制止的；

(十一)对未成年学生擅自离校等与学生人身安全直接相关的信息，学校发现或者知道，但未及时告知未成年学生的监护人，导致未成年学生因脱离监护人的保护而发生伤害的；

(十二)学校有未依法履行职责的其他情形的。

第十条　学生或者未成年学生监护人由于过错，有下列情形之一，造成学生伤害事故，应当依法承担相应的责任：

(一)学生违反法律法规的规定，违反社会公共行为准则、学校的规章制度或者纪律，实施按其年龄和认知能力应当知道具有危险或者可能危及他人的行为的；

(二)学生行为具有危险性，学校、教师已经告诫、纠正，但学生不听劝阻、拒不改正的；

(三)学生或者其监护人知道学生有特异体质，或者患有特定疾病，但未告知学校的；

(四)未成年学生的身体状况、行为、情绪等有异常情况，监护人知道或者已被学校告知，但未履行相应监护职责的；

(五)学生或者未成年学生监护人有其他过错的。

第十一条　学校安排学生参加活动，因提供场地、设备、交通工具、食品及其他消费与服务的经营者，或者学校以外的活动组织者的过错造成的学生伤害事故，有过错的当事人应当依法承担相应的责任。

第十二条　因下列情形之一造成的学生伤害事故，学校已履行了相应职责，行为并无不当的，无法律责任：

(一)地震、雷击、台风、洪水等不可抗的自然因素造成的；

(二)来自学校外部的突发性、偶发性侵害造成的；

(三)学生有特异体质、特定疾病或者异常心理状态，学校不知道或者难于知道的；

(四)学生自杀、自伤的；

(五)在对抗性或者具有风险性的体育竞赛活动中发生意外伤害的；

(六)其他意外因素造成的。

第十三条　下列情形下发生的造成学生人身损害后果的事故，学校行为并无不当的，不承担事故责任；事故责任应当按有关法律法规或者其他有关规定认定：

(一)在学生自行上学、放学、返校、离校途中发生的；

(二)在学生自行外出或者擅自离校期间发生的；

(三)在放学后、节假日或者假期等学校工作时间以外，学生自行滞留学校或者自行到校发生的；

(四)其他在学校管理职责范围外发生的。

第十四条　因学校教师或者其他工作人员与其职务无关的个人行为，或者因学生、教师及其他个人故意实施的违法犯罪行为，造成学生人身损害的，由致害人依法承担相应的责任。

第三章　事故处理程序

第十五条　发生学生伤害事故，学校应当及时救助受伤害学生，并应当及时告知未成年学生的监护人；有条件的，应当采取紧急救援等方式救助。

第十六条　发生学生伤害事故，情形严重的，学校应当及时向主管教育行政部门及有关部门报告；属于重大伤亡事故的，教育行政部门应当按照有关规定及时向同级人民政府和上一级教育行政部门报告。

第十七条　学校的主管教育行政部门应学校要求或者认为必要，可以指导、协助学校进行事故的处理工作，尽快恢复学校正常的教育教学秩序。

第十八条　发生学生伤害事故，学校与受伤害学生或者学生家长可以通过协商方式解决；双方自愿，可以书面请求主管教育行政部门进行调解。成年学生或者未成年学生的监护人也可以依法直接提起诉讼。

第十九条　教育行政部门收到调解申请，认为必要的，可以指定专门人员进行调解，并应当在受理申请之日起60日内完成调解。

第二十条　经教育行政部门调解，双方就事故处理达成一致意见的，应当在调解人员的见证下签订调解协议，结束调解；在调解期限内，双方不能达成一致意见，或者调解过程中一方提起诉讼，人民法院已经受理的，应当终止调解。调解结束或者终止，教育行政部门应当书面通知当事人。

第二十一条　对经调解达成的协议，一方当事人不履行或者反悔的，双方可以依法提起诉讼。

第二十二条　事故处理结束，学校应当将事故处理结果书面报告主管的教育行政部门；重大伤亡事故的处理结果，学校主管的教育行政部门应当向同级人民政府和上一级教育行政部门报告。

第四章　事故损害的赔偿

第二十三条　对发生学生伤害事故负有责任的组织或者个人，应当按照法律法规的有关规定，承担相应的损害赔偿责任。

第二十四条　学生伤害事故赔偿的范围与标准，按照有关行政法规、地方性法规或者最高人民法院司法解释中的有关规定确定。

教育行政部门进行调解时，认为学校有责任的，可以依照有关法律法规及国家有关规定，提出相应的调解方案。

第二十五条　对受伤害学生的伤残程度存在争议的，可以委托当地具有相应鉴定资格的医院或者有关机构，依据国家规定的人体伤残标准进行鉴定。

第二十六条　学校对学生伤害事故负有责任的，根据责任大小，适当予以经济赔偿，但不承担解决户口、住房、就业等与救助受伤害学生、赔偿相应经济损失无直接关系的其他事项。

学校无责任的，如果有条件，可以根据实际情况，本着自愿和可能的原则，对受伤害学生给予适当的帮助。

第二十七条　因学校教师或者其他工作人员在履行职务中的故意或者重大过失造成的学生伤害事故，学校予以赔偿后，可以向有关责任人员追偿。

第二十八条　未成年学生对学生伤害事故负有责任的，由其监护人依法承担相应的赔偿责任。

学生的行为侵害学校教师及其他工作人员以及其他组织、个人的合法权益，造成损失的，成年学生或者未成年学生的监护人应当依法予以赔偿。

第二十九条　根据双方达成的协议、经调解形成的协议或者人民法院的生效判决，应当由学校负担的赔偿金，学校应当负责筹措；学校无力完全筹措的，由学校的主管部门或者举办者协助筹措。

第三十条 县级以上人民政府教育行政部门或者学校举办者有条件的，可以通过设立学生伤害赔偿准备金等多种形式，依法筹措伤害赔偿金。

第三十一条 学校有条件的，应当依据保险法的有关规定，参加学校责任保险。

教育行政部门可以根据实际情况，鼓励中小学参加学校责任保险。

提倡学生自愿参加意外伤害保险。在尊重学生意愿的前提下，学校可以为学生参加意外伤害保险创造便利条件，但不得从中收取任何费用。

第五章 事故责任者的处理

第三十二条 发生学生伤害事故，学校负有责任且情节严重的，教育行政部门应当根据有关规定，对学校的直接负责的主管人员和其他直接责任人员，分别给予相应的行政处分；有关责任人的行为触犯刑律的，应当移送司法机关依法追究刑事责任。

第三十三条 学校管理混乱，存在重大安全隐患的，主管的教育行政部门或者其他有关部门应当责令其限期整顿；对情节严重或者拒不改正的，应当依据法律法规的有关规定，给予相应的行政处罚。

第三十四条 教育行政部门未履行相应职责，对学生伤害事故的发生负有责任的，由有关部门对直接负责的主管人员和其他直接责任人员分别给予相应的行政处分；有关责任人的行为触犯刑律的，应当移送司法机关依法追究刑事责任。

第三十五条 违反学校纪律，对造成学生伤害事故负有责任的学生，学校可以给予相应的处分；触犯刑律的，由司法机关依法追究刑事责任。

第三十六条 受伤害学生的监护人、亲属或者其他有关人员，在事故处理过程中无理取闹，扰乱学校正常教育教学秩序，或者侵犯学校、学校教师或者其他工作人员的合法权益的，学校应当报告公安机关依法处理；造成损失的，可以依法要求赔偿。

第六章 附 则

第三十七条 本办法所称学校，是指国家或者社会力量举办的全日制的中小学(含特殊教育学校)、各类中等职业学校、高等学校。本办法所称学生是指在上述学校中全日制就读的受教育者。

第三十八条 幼儿园发生的幼儿伤害事故，应当根据幼儿为完全无行为能力人的特点，参照本办法处理。

第三十九条　其他教育机构发生的学生伤害事故，参照本办法处理。

在学校注册的其他受教育者在学校管理范围内发生的伤害事故，参照本办法处理。

第四十条　本办法自 2002 年 9 月 1 日起实施，原国家教委、教育部颁布的与学生人身安全事故处理有关的规定，与本办法不符的，以本办法为准。

在本办法实施之前已处理完毕的学生伤害事故不再重新处理。

附录 D　高等学校校园秩序管理若干规定

第一条　为了优化育人环境，加强高等学校校园管理，维护教学、科研、生活秩序和安定团结的局面；建立有利于培养社会主义现代化建设专门人才的校园秩序，制定本规定。

第二条　本规定所称的高等学校(以下简称“学校”)是指全日制普通高等学校和成人高等学校。本规定所称的师生员工是指学校的教师(包括外籍教师)、学生(包括外国在华留学生)、教育教学辅助人员、管理人员和工勤人员。

第三条　学校的师生员工以及其他到学校活动的人员都应当遵守本规定，维护宪法确立的根本制度和国家利益，维护学校的教学、科研秩序和生活秩序。学校应当加强校园管理，采取措施，及时有效地预防和制止校园内的违反法律、法规、校规的活动。

第四条　学校应当尊重和维护师生员工的人身权利、政治权利、教育和受教育的权利以及法律规定的其他权利，不得限制、剥夺师生员工的权利。

第五条　进入学校的人员，必须持有本校的学生证、工作证、听课证或者学校颁发的其他进入学校的证章、证件。未持有前款规定的证章、证件的国内人员进入学校，应当向门卫登记后进入学校。

第六条　国内新闻记者进入学校采访，必须持有记者证和采访介绍信，在通知学校有关机构后，方可进入学校采访。外国新闻记者和港澳台新闻记者进入学校采访，必须持有学校所在省、自治区、直辖市人民政府外事机关或港澳台办的介绍信和记者证，并在进校采访前与学校外事机构联系，经许可后方可进入学校采访。

第七条　外国人、港澳台人员进入学校进行公务、业务活动，应当经过省、自治区、直辖市或者国务院有关部门同意并告知学校后，或按学术交流计划经学校主管领导研究同意后，方可进入学校。自行要求进入学校的外国人、港澳台人员，应当在学校外事机构或港澳台办批准后，方可进入学校。接受师生员工个人邀请进入学校探亲访友的外国人、港澳台人员，应当履行门卫登记手续后进入学校。

第八条　依照本规定第五条、第六条、第七条的规定进入学校的人员，应当遵守法律、法规、规章和学校的制度，不得从事与其身份不符的活动，不得危害校园治安。对违反本规定第五条、第六条、第七条和本条前款规定的人员，师生员工有权向学校保卫机构报告，学校保卫机构可以要求其说明情况或者责令其离开学校。

第九条　学生一般不得在学生宿舍留宿校外人员，遇有特殊情况留宿校外人员，应当报请学校有关机构许可，并且进行留宿登记，留宿人离校应注销登记。不得在学生宿舍内留宿异性。违反前款规定的，学校保卫机构可以责令留宿人离开学生宿舍。

第十条　告示、通知、启事、广告等，应当张贴在学校指定或者许可的地点。散发宣传品、印刷品应当经过学校有关机构同意。对于张贴、散发反对我国宪法确立的根本制度、损害国家利益或者侮辱诽谤他人的公开张贴物、宣传品和印刷品的当事者，由司法机关依法追究其法律责任。

第十一条　在校园设置临时或者永久建筑物以及安装音响、广播、电视设施，设置者、安装者应当报请学校有关机构审批，未经批准不得擅自设置。师生员工或者有关团体、组织使用学校的广播、电视设施，必须报请学校有关机构批准，禁止任何组织或者个人擅自使用学校广播、电视设施。在校内举行文化娱乐活动，不得干扰学校的教学、科研和生活秩序。违反第一款、第二款、第三款规定的，学校有关机构可以劝其停止设置、安装或者停止活动，已经设置、安装的，学校有关机构可以拆除，或者责令设置者、安装者拆除。

第十二条　在校内从事集会、讲演等公共活动，组织者必须在七十二小时前向学校有关机构提出申请，申请中应当说明活动的目的、人数、时间、地点和负责人的姓名，学校有关机构应当最迟在举行时间的四小时前将许可或者不许可的决定通知组织者，逾期末通知的，视为许可。集会、讲演等应符合我国的教育方针和相应的法规、规章，不得反对我国宪法确立的根本制度，不得干扰学校的教学、科研和生活秩序，不得损害国家财产和其他公民的权利。

第十三条　在校内组织讲座、报告等室内活动，组织者应当在七十二小时前向学校有关机构提出申请，申请中应当说明活动的内容、报告人和负责人的姓名。学校有关机构应当最迟在举行时间的四小时前将许可或者不许可的决定通知组织者。逾期未通知的，视为许可。讲座、报告等不得反对我国宪法确立的根本制度，不得违反我国的教育方针，不得宣传封建迷信，不得进行宗教活动，不得干扰学校的教学、科研和生活秩序。

第十四条　师生员工应当严格按照学校的安排进行教学、科研、生活和其他活动，任何人都不得破坏学校的教学、科研和生活秩序，不得阻止他人根据学校的安排进行教学、科研、生活和其他活动。禁止师生员工赌博、酗酒、打架斗殴以及其他干扰学校的教学、科研和生活秩序的行为。

第十五条　师生员工组织社会团体，应当按照《社会团体登记管理条例)的规定办理。成立校内非社会团体的组织，应当在成立前由其组织者报请学校有关机构批准，未经批准不得成立和开展活动。校内非社会团体的组织和校内报刊必须遵守法律、法规、规章，贯彻我国的教育方针和遵守学校的制度，接受学校的管理，不得进行超出其宗旨的活动。

第十六条　违反本规定第十二条、第十三条、第十四子和第十五条规定的，学校有关机构可以责令其组织者以及其他当事人立即停止活动。违反本规定第十二条第二款的规定，损害国家财产的，学校有关机构可以责令其赔偿损失。

第十七条　禁止无照人员在校园内经商，设在校园内的商业网点必须在指定地点经营。违反前款规定的，学校有关机构可以责令其停止经商活动或者离开校园。

第十八条　对违反本规定，经过劝告、制止仍不改正的师生员工，学校可视情节给予行政处分或者纪律处分：属于违反治安管理行为的，由公安机关依法处理，情节严重构成犯罪的，由司法机关处理。师生员工对学校的处分不服的，可以向有关教育行政部门提出申诉，教育行政部门应当在接到申诉的三十日内做出处理决定。违反本规定的，经劝告、制止仍不改正的校外人员，由公安、司法机关根据情节依法处理。

第十九条　各高等学校可以根据本规定制定具体管理制度。

本规定自发布之日起施行。

参 考 文 献

[1] 侯光明．大学生安全知识．北京：机械工业出版社，2002．
[2] 樊富珉．大学生心理素质教程．北京：北京大学出版社，2002．
[3] 欧晓霞，曲振国．大学生心理健康．北京：清华大学出版社，2006．
[4] 孙景仙，安永勇．网络犯罪研究．北京：知识产权出版社，2006．
[5] 吴超，吴宗之．公共安全知识读本．北京：化学工业出版社．
[6] 吴超．大学生安全文化．北京：机械工业出版社，2005．
[7] 刘晓晨．首都市民防灾应急手册．北京：北京出版社，2006．